Reparação

FÓSFORO

Reparação

Memória e reconhecimento

Organização por
IBIRAPITANGA E LUCIANA DA CRUZ BRITO

Apresentação por
EBOMI CICI DE OXALÁ

Posfácio por
LUCIANA DA CRUZ BRITO

7 INTRODUÇÃO
Instituto Ibirapitanga
15 APRESENTAÇÃO
Ebomi Cici de Oxalá

25 Raízes da memória negra: ancestralidade e resistência no silêncio e na voz
Conceição Evaristo, Antônio Bispo dos Santos e Tássia Mendonça

45 Nada os trará de volta: políticas de reparação e seus limites
Edson Lopes Cardoso, Salloma Salomão e Ynaê Lopes dos Santos

73 O que deve a branquitude? Memória como dispositivo de poder
Lia Vainer Schucman, Alex de Jesus e Fernando Baldraia

109 Memórias da luta: reparação já! Da política de cotas à garantia plena de direitos
Fernanda Thomaz, Valdecir Nascimento, Vilma Reis e Selma Dealdina

143 Da memória à reparação: caminhos de reconhecimento da dívida histórica
Justin Hansford e Nathália Oliveira

175 Memória em disputa: monumentos, acervos e museus nas políticas de reparação
Ana Maria Gonçalves, Galo de Luta e Mario Chagas

209 Justiça racial e violência: enfrentando o legado da escravidão
Juliana Borges, Mônica Cunha e Luciana da Cruz Brito

237 Memória, reconhecimento e reparação: pensando futuros negros possíveis
Nikole Hannah-Jones e Bianca Santana

270 POSFÁCIO
Sobre a importância vital e revolucionária de lembrar
Luciana da Cruz Brito

275 SOBRE OS AUTORES E AUTORAS
280 VÍDEOS DO SEMINÁRIO
281 REFERÊNCIAS BIBLIOGRÁFICAS
286 ÍNDICE REMISSIVO

Introdução

Na declaração produzida durante a Conferência de Durban, em 2001, contra o racismo, a discriminação racial, a xenofobia e intolerâncias correlatas, a Organização das Nações Unidas (ONU) reconheceu a escravidão e o tráfico de africanos como crimes contra a humanidade. Passados 22 anos, esse reconhecimento — que, nos dias atuais, pode parecer óbvio — significou à época uma conquista fundamental para as populações negras da diáspora. A partir daquele momento, o cativeiro transatlântico e a escravidão deixariam de ser vistos como inevitáveis (naturais) e localizados num passado a ser esquecido, para serem compreendidos como eventos históricos que ainda impactam de forma determinante a estrutura social do presente. O ganho político do reconhecimento firmado em Durban foi relevante, sobretudo, para nações que, a exemplo do Brasil, negavam o racismo como fator acumulador de riquezas e privilégios e produtor de pobreza e desigualdade.

Atendendo às reivindicações dos movimentos sociais e das lideranças negras, chefes de Estado presentes na conferência também deram outros passos importantes em direção a uma agenda global igualitária e antirracista. No caso do Brasil, a partir da premissa de que o passado escravista justificaria a necessidade de políticas públicas específicas para a população afro-brasileira, acordou-se que enfrentá-lo seria condição fundamental para construir uma sociedade alicerçada em valores de igualdade, solidariedade e justiça. Ganhava força aqui, portanto, o conceito de reparação: era preciso honrar as vítimas do cativeiro e restituir sua dignidade por meio de iniciativas de memória e ações reparatórias sobre o passado escravista.

Também foi objeto de reflexão a maneira como as políticas de reparação poderiam contribuir para a construção de um novo lugar social para pessoas que foram escravizadas, humilhadas e destituídas materialmente, não apenas durante a escravidão, mas também no pós-abolição. Com isso, reconhecia-se que a reparação, além de seu caráter simbólico, também envolvia políticas públicas de combate à pobreza, com investimento nas áreas da saúde, educação e renda para a população negra.

É necessário reconhecer que as ações afirmativas, como a política de cotas nas universidades (Lei nº 12 711/2012), os programas específicos de saúde para a população negra, a obrigatoriedade do ensino da história afro-brasileira (como a Lei nº 10 639/2003), entre outros exemplos, viriam na esteira dos compromissos estabelecidos em Durban, fruto de décadas de militância do movimento negro brasileiro.

A despeito dos retrocessos, nos últimos anos o Brasil avançou de forma significativa no reconhecimento dos impactos do racismo sobre a população negra. Contudo, o desafio se atualiza e se renova, hoje, em um novo contexto. O debate em torno da questão do direito à memória como política de reparação, que em Durban apareceu como um direito das vítimas do cativeiro, ainda nos parece um campo indefinido: como reparar dores e perdas imensuráveis e, de certa forma, irreparáveis? Como contar histórias de dor sem naturalizar a violência e perpetuar narrativas históricas que desumanizam povos africanos e afrodescendentes? Como lidar com o silêncio de gerações mais antigas que desejam que tais memórias sejam esquecidas? Como o reconhecimento do legado presente da escravidão pode contribuir com a sua ruptura? Através de que forma, ou método, o conhecimento histórico sobre o lugar de negros e brancos na sociedade brasileira pode colaborar com a construção de uma sociedade mais democrática, igualitária e que promova bem-estar para os grupos sociais que vivem vulnerabilizados pela naturalização de desigualdades históricas?

A partir da experiência do programa Equidade racial, voltado ao fortalecimento das organizações negras brasileiras, o Ibirapitanga entende que as questões em torno dos nexos entre memória e reparação e do seu próprio conceito — hoje sendo chamado à tona entre os movimentos negros e no debate público brasileiro e internacional de forma geral — precisam ganhar força e contundência.

O seminário Memória, Reconhecimento e Reparação, realizado nos dias 12 e 13 de setembro de 2023, no Museu da História e da Cultura Afro-Brasileira (MUHCAB), Rio de Janeiro, organizado pelo Instituto Ibirapitanga com curadoria da historiadora Luciana da Cruz Brito, buscou oferecer caminhos e contornos para essas questões. Longe de esgotar o tema, mas debatendo novas direções, o seminário apresentou reflexões sobre memória, reconhecimento e reparação a partir de oito diálogos.

No primeiro dia, Ebomi Cici de Oxalá abriu o encontro de forma solene junto ao Afoxé Filhos de Gandhi do Rio de Janeiro, em um momento de contação de histórias a partir de sua própria trajetória de vida e conexões com as experiências sociais coletivas negras. Em seguida, chamou Antônio Bispo dos Santos, na época ainda entre nós, para iniciar o primeiro diálogo "Raízes da memória negra: ancestralidade e resistência no silêncio e na voz", com Conceição Evaristo e mediação de Tássia Mendonça, buscando entender e reconhecer como a população afro-brasileira elaborou tecnologias e formas de sobreviver aos impactos do passado e o legado no presente, produzindo e mobilizando tradições afrodiaspóricas.

Edson Lopes Cardoso e Salloma Salomão, mediados por Ynaê Lopes dos Santos, compuseram o segundo diálogo, "Nada os trará de volta: políticas de reparação e seus limites", que teve como proposta refletir sobre as diversas estratégias de fabulação crítica, narrativa literária e pesquisa histórica que contribuem com o refazimento da memória negra como mecanismo de revelação do legado presente da escravidão.

Conectando-se à discussão sobre branquitude, Alex de Jesus e Lia Vainer Schucman participaram do terceiro diálogo, "O que deve a branquitude? Memória como dispositivo de poder", mediado por Fernando Baldraia. O diálogo teve como objetivo analisar a interface entre branquitude e a construção de narrativas históricas hegemônicas que sistematicamente garantiram a perpetuação de dinâmicas de exclusão e segregação racial, além de compreender de que forma o desvelar da branquitude pode ensejar o desenho de políticas reparatórias.

O primeiro dia de seminário terminou com o quarto diálogo, "Memórias da luta: reparação já! Da política de cotas à garantia plena de direitos", com Fernanda Thomaz, Valdecir Nascimento, Vilma Reis e mediação de Selma Dealdina, buscando refletir sobre a construção, histórica e atual, de uma agenda de políticas públicas de reparação, considerando os avanços no campo da educação e os desafios a serem enfrentados tanto nessa área quanto no acesso a terra, trabalho, saúde e desenvolvimento econômico.

O segundo dia do seminário começou com o quinto diálogo, "Da memória à reparação: caminhos de reconhecimento da dívida histórica", em formato de entrevista com Justin Hansford e coordenado por Nathália Oliveira. Teve por objetivo examinar o poder político da memória e sua relevância para a transformação social, a partir de um olhar sobre como o suporte à memória de determinados grupos sociais pode intervir como meio de reparação, salientando a importância na sustentação de políticas públicas e iniciativas que visam reduzir desigualdades antigas e persistentes.

O sexto diálogo, "Memória em disputa: monumentos, acervos e museus nas políticas de reparação", contou com a presença de Ana Maria Gonçalves, Galo de Luta e mediação de Mario Chagas. Considerando o papel histórico que arquivos e coleções museológicas desempenharam no apagamento e na invisibilização da memória negra, bem como a atuação de acervos independentes organizados por comunidades e movimentos negros, a conversa buscou refletir sobre a promoção de políticas públicas de memória que dialoguem com as tecnologias e tradições afro-brasileiras, e sobre os limites e as possibilidades da atuação das instituições de memória.

Juliana Borges e Mônica Cunha participaram do sétimo diálogo, "Justiça racial e violência: enfrentando o legado da escravidão". Mediado pela cocuradora do seminário, Luciana da Cruz Brito, o debate abordou de que formas o conhecimento histórico e a reflexão filosófica sobre o legado presente da escravidão transatlântica podem colaborar com a elaboração de políticas públicas para o enfrentamento da violência racial e a promoção de justiça.

Finalizando as discussões propostas pelo seminário, o último diálogo, "Memória, reconhecimento e reparação: pensando futuros negros possíveis", em formato de entrevista, contou com Nikole Hannah-Jones e Bianca Santana para refletir sobre o futuro das políticas reparatórias considerando o papel do Estado e dos movimentos negros.

Ao reunir pessoas com experiências, trajetórias, projetos e interesses diversos, o seminário buscou construir um painel de diálogos com os atuais desafios, necessidades e possibilidades de avanço nesse campo no Brasil, em conexão com outros contextos da diáspora. Panorama este que agora será mais acessível por meio deste livro, editado de forma cuidadosa e sensível pela Editora Fósforo em parceria com o Instituto Ibirapitanga.

Recontar a história é produzir memória, e esta pode nos levar para um caminho de reconhecimento, justiça, igualdade, respeito e democratização de territórios e direitos. Assim, ao discutir a memória enquanto meio de reparação, destacamos a sua importância na sustentação de políticas públicas e nas iniciativas que visam reduzir desigualdades antigas e persistentes, mas que já promoveram mudanças sociais que ainda precisam ser defendidas e aprofundadas. Portanto, a produção da memória sobre a história do Brasil, sob a perspectiva das lembranças e experiências das pessoas negras, é tarefa urgente, mas também sensível e delicada, que deve ser promovida e defendida por todas as pessoas comprometidas com a democracia.

INSTITUTO IBIRAPITANGA

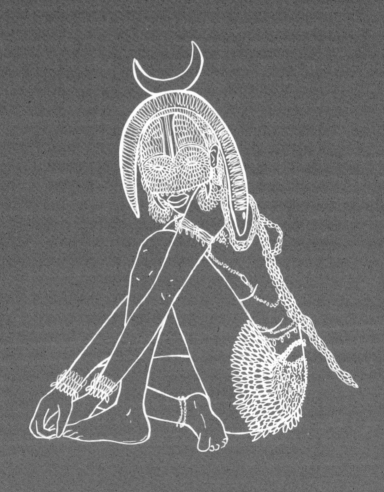

Apresentação

EBOMI CICI DE OXALÁ

Primeiramente, peço a benção aos meus mais novos, aos meus mais velhos, aos que já estiveram nesse lugar, aos que já passaram e aos que ainda vão passar. Devo dizer que sou Cici de Oxalá, apenas quatro letras, e gosto de contar histórias da cultura afro-brasileira. Devo dizer também que sou uma pessoa muito simples e que estou aberta para todas, todos e todes.

Para mim, costumamos ser produtos do meio em que vivemos. Eu sou o produto de um meio que não é onde vivo atualmente. Venho de outra situação social, na qual eu não me reconhecia, porque, de modo geral, as pessoas querem sempre apagar a memória de um grupo.

Toda a minha vida, sempre li muito, tive essa oportunidade. Nasci na rua Haddock Lobo, no bairro da Tijuca, Rio de Janeiro. Meu pai era sapateiro, produzia sapatos ortopédicos, e minha mãe fazia e vendia comida. Eu tenho que começar daí. Nasci em 1939 e, com cinco ou seis anos, já tinha consciência do momento que a gente estava passando, que era plena Segunda Guerra Mundial. Desse momento, as memórias que eu tenho não são nada religiosas e sim da sociedade da época. Nós fomos educados naquela sociedade.

O primeiro momento da minha vida é no bairro de Santa Teresa, com uma família alemã. Estudei na escola Francisco Cabrita e lá misturava as duas línguas: alemão e português. Devo dizer que essa família tinha dois filhos, um se chamava Peta e o outro Johann, e eles brincavam comigo como se eu fosse igual a eles. Eu só fui descobrir o defeito de cor, como diz a doutora escritora,* depois que cresci entre os meus e os outros. Até então não tinha esse conhecimento, era criada com os outros. Quando fui para a escola é que entendi determinadas coisas, as diferenças entre as pessoas e as diferenças que aconteciam naquele momento, ou seja, briga entre raças, religiões e ideias políticas, que até hoje estão à nossa volta de formas diferentes.

A minha mãe nunca me levou para a igreja. Quem foi me levar para a Igreja católica foi a minha vó, que era chamada de "negra rica". Minha mãe foi empregada de minha vó, que criava meu pai. Então, eu tenho essa mistura. No tempo da minha vó, a casa dela no Rio de Janeiro era pensão para estudantes de todo o Brasil. Fui mais ou menos criada entre essas situações de educação, de vestir, de tudo. A gente diria hoje, talvez, "classe média", porque muitas crianças como eu estavam com o pé no chão, usando tamanquinho, e eu tinha sapato de verniz e meia de seda. Aí eu pedia à minha mãe um sapato de madeira, o tamanquinho (quem tem minha idade se lembra dele), e eu queria fazer trança. Mas ela dizia: "Não, isso é coisa de menina de morro". Eu morava na Haddock Lobo e atrás tinha o morro do Turano, que ainda está lá. Eu achava bonito as meninas irem de coque, trança e sapatinho de madeira para a escola. Eu queria aquilo, mas minha mãe não me dava.

---

* Referência à obra *Um defeito de cor*, de Ana Maria Gonçalves (Rio de Janeiro: Record, 2006). (Todas as notas são da edição, exceto se indicado de outra maneira.)

Tenho duas fases na minha vida: essa primeira, em que eu vivo no asfalto, em que vou ter outra educação. Estudei no ginásio São Francisco, na rua Mariz e Barros. Era um ginásio pago, sendo que na primeira fase tinha sido escola pública. Uma das primeiras decepções da minha vida é que eu queria entrar no colégio Pedro II e não consegui. Então, comecei a amadurecer, a ver quais eram as diferenças. Até ali, eu não sabia que eu era o que sou hoje: negra. Não conhecia a minha história, não conhecia a minha raiz. Fui conhecer quem sou eu, o que é raça, tudo isso, depois de fazer a minha iniciação no culto de orixá. Os livros me ensinavam as coisas sociais, que a gente vê hoje, mas ser eu, não. Não era eu, eu era produto de um meio. Todo mundo é produto de um meio em que vive.

Agora, a minha realidade, a realidade da favela, só vim conhecer depois. A realidade de pentear cabelo. Hoje em dia Cici sabe o que é trança, sabe o significado de uma trança na cabeça de um negro.

Muita gente usa tranças como vaidade ou como um símbolo de tradicionalidade negra, assim como o rastafári. Mas por que cabeça rastafári? Por que cabelo de trança? Qual é a origem? Eu não sei se vocês sabem, mas, no Antigo Testamento da Bíblia, o livro de Salomão conta que à época existia uma rainha, nascida provavelmente no Iêmen, próximo à Etiópia, chamada Shebá. Hoje ela é conhecida como Rainha de Sabá.

Ao tempo de Salomão, essa mulher negra era considerada a mais astuciosa do mundo. Todo mundo sabe o que é astúcia. Astúcia, ela vem com a sabedoria. Falando em português claro, é um tipo de malandragem junto com sabedoria. Essa mulher, na época de Salomão, era a mais inteligente do mundo conhecido. Toda noite Salomão rezava a Deus, e um dia teve um sonho: virá do outro lado do mundo uma mulher inteligente, muito inteligente, a mais sábia do tempo dela. Essa mulher vai trazer uma prova a ele, que também é o mais sábio da época.

Há outras histórias, mas estou falando a que foi verdade, porque tudo meu é verdadeiro, e essa está escrita na Bíblia. A minha história, que vem do Orum, no entanto, ainda não está escrita. É cultura oral, passada de um para o outro.

Uma mulher superinteligente, superastuciosa, chega e faz uma prova. Salomão lhe apresenta toda a corte. O palácio dele era todo aberto, cheio de arcos, e todo o povo ficou embaixo e toda a elite em cima para ver a chegada daquela rainha. Ela então trouxe para o Extremo Oriente os tambores, que ainda não eram conhecidos, as danças, os animais e uma raça que também era desconhecida, com a pele mais negra do que aquela raça a que Salomão pertencia. E ela faz uma prova para o rei, trazendo um buquê de rosas, já que a rosa é muito importante por aqueles lugares.

A rainha traz dois buquês, um artificial e um verdadeiro. Chega com toda a pompa e circunstância na frente de Salomão e pergunta: "O senhor é o mais sábio dos reis. Eu queria que o senhor me dissesse: dessas flores, qual é a verdadeira?". Ele não sabia dizer, porque ela tinha uma réplica muito perfeita e matara os artesãos que a haviam feito, para que ninguém mais soubesse como consegui-la.

Salomão então chega à rainha e pergunta: "Você me dá licença?", ela diz: "Sim". O que ele faz? Pega as flores e bota na varanda. De repente, vem uma abelha e pousa na verdadeira. Ele olha para a rainha e diz: "É essa". E ela responde: "Realmente, você é sábio", porque um insetinho pequenininho, humilde, não ia se enganar com uma coisa da natureza. "Realmente, você é o mais sábio", diz a rainha, e o rei responde: "Você é a mais astuciosa".

Assim nasce uma história de amor, que vai produzir a única etnia de Israel que é negra. Estou contando toda essa história para falar da trança, para dizer que, dessa união, surge a dinastia de Haile Selassie com o nascimento do chamado Leão da Tribo de Judá.

Os etíopes o seguiam e eram chamados de rastafáris para marcar a sua dinastia. Seu povo passou a usar tranças como descendentes diretos do Leão de Judá. Essa trança, normalmente usada para trás, é a juba do leão que representa a força e a autoridade.

Já as tranças desenhadas não representam a mesma coisa. Elas contam a história de um orixá. As pessoas que cultuam Oxum têm um tipo de trança, as que cultuam Oyá têm outro. As que cultuam Xangô são as que vocês mais conhecem. É aquela que começa para trás, direto. Essas são as nossas marcas, que a gente pega dos outros e não sabe contar, porque as nossas são diferentes.

Tudo que o negro tem ele marca em si! A tradição está guardada dentro da roça dos candomblés, não tem outro local. É no culto de orixá que a gente vai aprender costumes, toques, danças, histórias. Vocês só vão aprender tradicionalmente sobre uma raça dentro de uma casa de candomblé.

Quando eu saí do Brasil e cheguei à África, achei que a África seria uma beleza, terra de negros. Que nada! Muito diferente! Encontrei as mesmas coisas que encontro por aqui. O que a gente encontra nos lugares? Uma pessoa querer ser melhor que a outra.

Estive na costa da África, a costa dos escravos, e conheci o Monumento dos Não Retornados. Foi muito duro para mim. Esse monumento fica no antigo Daomé, hoje, Benim. Era o lugar onde os escravizados passavam pela última vez. Tinha uma árvore em que os homens davam sete voltas e as mulheres, cinco. Sabe para quê? Para esquecer. Para esquecer a África, para esquecer tudo, para esquecer quem ele era. Mas não foi assim, nós não nos esquecemos. Nós estamos aqui!

Historicamente, um culto ou qualquer elemento de orixá é muito distante de uma cidade para outra. Essas pessoas eram de grupos que nem se davam uns com os outros, que foram se dar apenas dentro do navio negreiro, dentro da senzala. O negro era visto como mercadoria.

A história continua. Eu tive a oportunidade de ir na terra do negociador. É complicado entrar na Nigéria, digo, politicamente. Mas no Benim, por questões religiosas, é muito mais fácil. Hoje, o Islã toma conta da África, principalmente no norte da Nigéria. Qual é o orixá que vem de lá? Xangô!

Um dos reinos mais poderosos era o de Oyó, onde se cultuava e cultuá Xangô, o reino dos reis. Dentro dessa área dos negros de origem iorubá, um dos reis da família de Xangô era muçulmano.

No Benim, a religião é livre, você pode praticar todas, mas na Nigéria nem tanto. Eu estive em lugar que tinha todas as religiões, praticamente vários templos no mesmo lugar. É impressionante, porque, meio-dia em ponto, os muçulmanos, em qualquer lugar, se ajoelham e vão rezar. As pessoas passam respeitosamente, ninguém pisa ali. Infelizmente, hoje eu sei que tem lugares, inclusive no meu Rio de Janeiro, que eu não poderia estar com roupa branca, nem poderia estar com as minhas contas no pescoço.

Eu venho de uma casa tradicional. As pessoas de Xangô não botam porco na boca, como todo o povo de Oxalá. Por quê? Porque o culto de Oxalá, o culto de Ifá, vem de Meca. Na nossa religião que cultua orixás, que sabe a origem do orixá, guardamos as suas histórias, não apagamos a sua origem, as suas danças. Cici está aqui para tentar preservar a origem. Não tenho essa capacidade, mas uma dança, uma história, uma roupa, um *ewó*, provavelmente eu sei falar um pouquinho.

Dentro do culto de orixá é preciso ter o maior respeito, porque eles chegaram no Brasil dentro de navios negreiros. Quem vai a Benim, quem vai ao mercado de escravos, vê todos misturados, todos juntos. Então, entende como nós, aqui, conseguimos guardar a nossa religião, o culto dos orixás, mesmo que esteja com outras misturas. Entende que ninguém consegue dizer: "Eu sou tradicional!".

Você tenta, não é? Você tenta ser. Eu tento ser ao máximo, defender ao máximo. Ensino minhas crianças. Na Fundação Pierre Verger, ensinamos tudo que pudermos sobre cultura de tudo. Em etnografia da música afro-brasileira, a gente usa três tambores: *rum*, *rumpi* e *lé*. Dentro do tambor mora um orixá, dono do tambor, que é Ayangalu. Por isso, não se pode deixar o tambor cair. O menor chama *lé*, que quer dizer pequeno. *Rum* e *rumpi* não vêm do iorubá, é jeje. Na língua iorubá não tem o som *fre*, *rre*. Canta-se diferente. A língua iorubá é uma língua tonal, tem quatro tons, tem sinalizações. Dependendo do sinal, uma mesma palavra tem significados diferentes.

Quando a gente canta, é importante saber o tom. O *rum* é o que mexe com o corpo. Os deuses da dança são, primeiramente, Xangô, o coreógrafo, que faz um monte de sinais quando dança e é dono do tambor e ritmo *batá*. O ritmo *batá*, por sua vez, é o ritmo sagrado de Egungun, de Iansã e de Xangô.

[*Cantam e tocam o ritmo* batá]*

Depois do ritmo *batá*, a gente tem o ritmo *ijexá*, oriundo do culto de Oxum, na cidade de Ilexá, a nordeste da Nigéria, mas também muito conhecido em Cuba.

[*Cantam e tocam o* ijexá]

---

* Ao longo do livro, assista a trechos emblemáticos do seminário apontando o celular para os QR Codes da página.

Sabe o que quer dizer essa cantiga? A mulher mais linda da alta sociedade é a mãe *xirê*, a que dança, a que tem arte e uma coroa de riqueza. Ela dança para todos vocês com muita beleza.

O toque de Oxóssi, *agueré*, já é mais conhecido, e significa o caçador que com seus pés faz o barulho de mil caçadores.

[*Cantam e dançam o agueré*]

Essa cantiga fala desse orixá que é muito silencioso e cismado. O povo de Oxóssi é muito cismado. Alguns dão pra conversar muito e outros dão pra ficar só olhando. É um orixá que anda muito em silêncio. Quando ele entra em um lugar, ele já sabe tudo que tem dentro, porque o olho dele é de caçador, daquele que observa a caça.

[*Cantam e dançam uma cantiga*]

Ao longo das cantigas de Oxóssi, o ritmo é modificado, porque ele está ensinando os filhos a caçar. Oxóssi é o responsável pela comunidade, pela alimentação das pessoas, é aquele que muito louvamos para que não falte comida para a gente.

A última cantiga, para tirar as negatividades do corpo, é o *adaró*.

Que Oyá nos tire da morte, que Oyá nos tire da doença, que ela leve todas as coisas negativas de nossas vidas.

[*Cantam e dançam o adaró*]

Para eu ir embora, toquem um de Ogum.

[*Deixam o palco, enquanto cantam e dançam*]

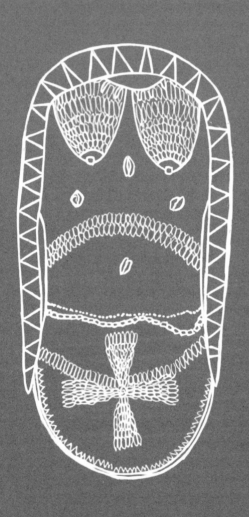

Raízes da memória negra: ancestralidade e resistência no silêncio e na voz

CONCEIÇÃO EVARISTO, ANTÔNIO BISPO DOS SANTOS
E TÁSSIA MENDONÇA

Tássia Mendonça
Sob as bênçãos de Oxalá, começo com a honra, o privilégio e também o desafio de conversar com esses dois ancestrais do futuro: Conceição Evaristo e mestre Antônio Bispo dos Santos. Pretendemos tratar de ancestralidade e resistência, seja no silêncio ou na voz. Aliás, foi Conceição Evaristo que nos ensinou a ouvir o silêncio, o engasgo e a revolta, sussurrando um caminho para as próximas gerações. A ideia é refletir, a partir da obra dos dois, sobre as formas nas quais o passado é objeto de produção, de significado, de sentido e de saberes, os quais, segundo mestre Bispo, são afroconfluentes. Também aprendemos com Bispo e Ebomi Cici que não somos só povo de teoria. A gente é circularidade: começo, meio e começo. Com essas pílulas, gostaria de perguntar o quanto e como a população negra brasileira, afroconfluente, guardou na memória e preservou no segredo os próprios saberes e modos, também chamados de tecnologia, de feitiço.

Conceição Evaristo
Eu gosto muito de pensar o silêncio. Não o silêncio como impo-

sição, mas justamente o silêncio que se resguarda, que, de certa forma, quando nós o quebramos e chegamos com uma força descomedida, muitas vezes deixamos quem nos vê em silêncio, sem acreditar.

E como essa memória ancestral é guardada? Tem um poeta que foi crítico literário e político nas Antilhas, o Édouard Glissant. Ele localiza três tipos de imigrantes nas Américas: o imigrante descobridor, o imigrante que veio trabalhar, lavrar, ser dono de terra, e o imigrante nu, que chegou sem nada. Os imigrantes nus, justamente, são os africanos que chegaram para serem escravizados nas Américas. Esses não trouxeram nada. Glissant diz que, normalmente, aquele que sai da terra tem tempo de pegar alguma coisa: um livro de receita da avó, do avô, ou um instrumento de trabalho, por exemplo. Ele tem alguma coisa concreta que vai lembrar a terra de onde saiu. Já o africano que veio escravizado não teve tempo de pegar nada. A única coisa que ele trouxe é a memória. Glissant diz que essa memória é reconstruída nas Américas por traços, sinais e pedaços.* Quando li isso, me lembrei muito da minha experiência como mineira.

Em Minas Gerais, a não ser bem recentemente, as religiões afro-brasileiras foram meio que despistadas. Por exemplo, é muito raro encontrar em Minas uma pessoa com roupa de terreiro. Não é que não encontre, mas é raro. E isso vem de uma influência católica muito grande. Eu nasci e me criei em uma religião católica, mas é o que Leda Martins, Helena Theodoro e Edimilson de Almeida Pereira chamam de catolicismo negro.**

---

* Édouard Glissant, *Introdução a uma poética da diversidade*. Trad. de Enilce do Carmo Albergaria Rocha. Juiz de Fora: Editora da UFJF, 2005, pp. 16-7.

** Leda Maria Martins, *Afrografias da memória: o reinado do Rosário no Jatobá*. São Paulo: Perspectiva, 2021; Helena Theodoro, *O negro no espelho: implicações para a moral social brasileira do ideal de pessoa humana na cultura negra*.

Cresci ouvindo que menina que passava debaixo de um arco-íris virava menino e vice-versa, tanto que o romance *Ponciá Vicêncio** começa com o personagem olhando um arco-íris. Nunca entendia o porquê, só tinha realmente medo de passar debaixo de um arco-íris. Carolina Maria de Jesus, que é mineira, em *Diário de Bitita*,** também traz essa imagem. Carolina queria passar debaixo do arco-íris, porque queria virar menino, achava que os homens tinham o poder e as mulheres, não.

Quando fui para o Rio de Janeiro, meu marido era ogã, e comecei a ir à Casa de Axé. A primeira que fui foi a de Mãe Meninazinha. Até que, um dia, em Santa Teresa, eu vejo um arco-íris. Fui tomada de uma emoção muito grande, me veio a minha infância, me veio o livro *Ponciá Vicêncio*, que já estava pronto, embora não publicado, e me veio na cabeça: arco-íris, passar debaixo de arco-íris, Oxumaré. A minha emoção me permitiu justamente constatar que nós, os povos africanos nas Américas, encontramos alguma forma de guardar vestígio na memória.

Por mais que a religião católica fosse uma imposição do colonizador, alguma coisa escapava disso. É igual segurar as águas entre os dedos. E aí, eu fui relembrando. Depois de conhecer as religiões de matriz africana, fui vendo quanta coisa no catolicismo escapava pelos dedos, quanta coisa que a gente tinha em casa que a memória conservou no silêncio.

A gente pode observar os negros americanos, a maneira que eles assumiram o cristianismo. A própria performance do pastor, de certa forma, relembra o griô, o contador de histórias. Então, acho que esse silêncio que a gente soube guardar, esses pedaços

---

→ Rio de Janeiro: Universidade Gama Filho, 1985. Tese (Doutorado em Filosofia); Núbia Pereira de M. Gomes e Edimilson de Almeida Pereira, *Negras raízes mineiras: os Arturos*. 2. ed. Belo Horizonte: Mazza Edições, 2000, p. 149.

* Conceição Evaristo, *Ponciá Vicêncio*. Rio de Janeiro: Pallas, 2017.

** Carolina Maria de Jesus, *Diário de Bitita*. São Paulo: Sesi-SP Editora, 2014.

de segredo, de memória, sem sombra de dúvidas, distinguem a cultura negra no Brasil, a nossa maneira de estar. Ainda ouso dizer: mesmo as pessoas que estão hoje vivendo uma fé cristã têm algo das culturas ancestrais. A gente está cansada de ver, nas igrejas cristãs, o momento do transe, que é típico das culturas africanas. A gente encontrou maneiras de driblar uma cultura que é imposta sobre nós.

Tássia Mendonça
Muito obrigada, Conceição. Estava mergulhada no que a senhora disse, pensando nessas águas que escapam entre os dedos. A gente pensou em falar de memória não a partir da violência, do trauma e da tragédia colonial, mas do que veio antes e do que foi conservado no silêncio, como você bem colocou. Então, devolvo a pergunta para o mestre Bispo, para que ele também comente sobre o que se conservou, o que se guardou e o que é memória para nós.

Antônio Bispo dos Santos
Fui criado na caatinga, lá no estado do Piauí, naquele lugar que as árvores não têm folhas. Para quem não conhece, os rios não têm água e a morte é mais presente do que a vida. Eu vivo lá há 63 anos. Fui criado com a minha avó falando do avô dela. E o que ela me dizia? "Meu avô ia todos os anos passear na primeira capital do estado do Piauí, montado em um cavalo de estrada." (Isso é como pegar hoje um carro top, um cavalo 1.8.) "E quando ele passava na estrada, levando a companheira dele na garupa" (a minha tataravó tinha os cabelos longos), "o povo dizia: 'Que mulher, que cavalo!', e ele dizia: 'Que negro'." Ponto.

Ele chegava na igreja em Oeiras, a primeira capital do Piauí. Ainda era do tempo do coro. Na entrada, tinha um espaço onde o pessoal ficava fazendo coral. Ele ficava na frente e, de lá, o pessoal cuspia na cabeça dele. Seus cabelos não cresciam de tão enrolados, era ainda mais um pouquinho do que o meu. O povo cuspia na cabeça dele, ele passava a mão nela e dizia: "Cabelinho de nossa mãe Maria Santíssima". Ou seja, meu tataravô era tão poderoso que ele não se incomodava com esse gesto, que era muito pequeno para ele, porque nós fomos criados nas melhores terras do lugar onde nascemos, nós tínhamos as melhores roças e nós sabíamos de tudo que precisávamos saber para viver. Então, esses comentários eram insignificantes.

Mas o que eu ouvi também do meu bisavô, do filho do seu Márcio? Meu bisavô sabia fazer de tudo, desde a carroça a carro de boi, desde tirar uma madeira para fazer uma coluna até o teto mais sofisticado. Eu vi todos os meus tios-avós fazendo tudo isso. Eles diziam que eu deveria aprender também. E o gesto, falando sobre memória, mais marcante na minha vida é quando um dos meus tios, tio Norberto, que é um dos meus mestres, me chama dentro de um quarto na casa dele, fecha a porta por dentro, tira a chave e diz: "Vamos conversar". E ele começa me dizendo: "Eu não tive filhos, mas ajudei a criar muitos filhos. Eu nunca fui rico, mas sempre comi e dei de comer". (Lá, a gente fala "dar de comer". Dar de comer é alimentar as pessoas.) E aí, ele começou a chorar. E eu perguntei: "E o choro, qual o motivo?". Ele disse: "Eu lhe ensinei tudo que eu sabia, tudo! Mas eu não sabia tudo que eu queria lhe ensinar". Como uma pessoa chora porque ensinou tudo que sabe, mas não sabe tudo que quer ensinar? Esse foi um gesto marcante.

A segunda etapa veio na sequência. O que mais ele me disse? "A comida que eu como já não me alimenta mais. O remédio já não enfraquece a doença. Cada dia, eu estou mais fraco. Eu não sei quantos dias ainda tenho, mas são poucos. E, enquanto você ensinar tudo que eu lhe ensinei, eu estarei vivo, mesmo que esteja enterrado. Mas, no dia em que você deixar de ensinar para quem precisa o que eu lhe ensinei, nesse dia, você me matará. A minha vida, a partir de hoje, está nas suas mãos, porque a minha vida é a continuidade do nosso saber. É o nosso saber que nos alimenta. É o nosso saber que nos defende. É o nosso saber que garante a nossa permanência." Portanto, eu recebi do tio Norberto a obrigação, o compromisso de passar toda a memória que me foi entregue para as próximas gerações. Não sei se estou dando conta, mas tenho me esforçado muito para isso, e alguns resultados a gente já tem percebido. Por exemplo, quando eu vejo o meu neto sentar comigo para discutir o que está escrito em *A terra dá, a terra quer*,* um livro que é a escrituração da oralidade, mas também é a oralização da escritura.

Nós estamos vivendo essa fase, da oralização das escrituras. Até o ano 2000, as pessoas que sabiam ler — e não éramos nós — se vangloriavam em dizer que sabiam ler e tentavam nos subjugar por isso. Às vezes, nós até nos reconhecíamos como subjugados. E aí, diziam: "Vocês não sabem ler". Nós dizíamos: "Sabemos não, senhor". "Então, se você não sabe ler, você não sabe de nada." E a gente dizia: "Sei não, senhor".

Só que, agora, tudo mudou. O mundo das escrituras para no ano 2000, e o mundo da oralidade continua. E, agora, nós também estamos escrevendo. Eles nos obrigaram a aprender a ler e nós estamos escrevendo. Só que é diferente hoje, nós estamos dizendo o seguinte: "De fato, nós não sabíamos ler, mas vocês não sabiam falar, aliás, não sabiam não, vocês não sabem falar".

Tenho dito, ultimamente, que, cada vez mais, temos que alimentar a nossa trajetória, dar de comer à nossa trajetória, porque uma trajetória alimentada nos mantém. Tem gente que perde muito tempo falando mal da vida alheia ao invés de falar bem da sua vida. Alimentar a trajetória é falar bem de si. Nem precisa

---

* Antônio Bispo dos Santos, *A terra dá, a terra quer*. São Paulo: Ubu, 2023.

falar dos outros, mas, se falar, fale bem. Porque você chama o bem e ele vem.

Por exemplo, hoje, a minha trajetória se alimentou. Vocês imaginam o que é o Nego Bispo sair lá dos cafundós da caatinga, daquele lugar que chamam de pior estado, e ser convidado para compor uma mesa com Vovó Cici e na sequência outra com Conceição Evaristo? Isso é o maior presente que posso receber. Amanhã eu vou para Minas, e vou chegar lá dizendo: "Eu estou vindo de um encontro com Vovó Cici e com Conceição Evaristo". Isso alimenta a minha trajetória. Vão dizer: "Esse Nego tá com moral".

Então, pessoal, é isso. Trago a memória do meu tataravô para citar essa cena do tio Norberto e dizer que o que nos mantém com toda essa força é, de fato, a nossa memória. Nós somos os povos da força, nós não somos da violência. Da violência é outro povo, não somos nós.

Nossa força também está no fato de nós estarmos dando a pauta nesse país. Não se fala mais em marxismo, não tem ninguém aqui para defender Karl Marx, coitado. Largaram ele lá, abandonado. Pouco se fala em Paulo Freire, pouco se fala no povo das teorias. Nós estamos falando dos povos das memórias, dos povos das trajetórias. Para isso, a grande confluência que nós tivemos aqui foi: povos africanos com os povos originários. Essa confluência não tem quem suporte. Os cristãos monoteístas, que saíram do Jardim do Éden, acompanharam Moisés em direção à terra prometida. Nunca chegaram lá, ficaram chateados com Moisés, e agora estão voltando, através de uma coisa chamada permacultura. A permacultura é o caminho que eles estão achando para chegar no Jardim do Éden. E nós, que nunca saímos do Jardim do Éden, estamos lá e vamos recebê-los, porque nós somos diferentes. Agora, vamos recebê-los na condição de agregados. E como tal, eles têm que se comportar.

Tássia Mendonça
Vamos continuar a nossa conversa a partir do que o mestre Bispo traz e daquilo que o tio Norberto falou. O trabalho da memória é o da preservação do futuro no diálogo com o passado. Tem uma obra da Conceição, *Becos da memória*,* em que há um mergulho nesse percurso de passado e presente. Enquanto uma favela está sendo desalojada, ao mesmo tempo é preservada nos olhos de uma menina. E a voz invade o texto. Há ali uma oralização da escritura também. Acho que ler essa obra me fez entender o que o mestre Bispo fala sobre oralizar o texto. Eu queria que a senhora, Conceição, comentasse um pouco dessa voz que invade o texto, dessa memória que faz ficção e como tais memórias foram e ainda são fundamentais para a existência da população negra. "Enquanto eu lembrar, enquanto você lembrar, eu estarei vivo." Como elas se renovam e por que, ainda hoje, são fundamentais para nós?

Conceição Evaristo
Um dos meus projetos de escrita é justamente esse, trabalhar o mais perto possível da oralidade, dessa potência que nós temos. O texto escrito é uma traição da oralidade, porque, por mais que a gente queira pegar a expressão oral, não consegue. E não consegue, justamente, porque existe a dimensão do corpo. A oralidade é marcada pelo corpo, pelo gesto, pela maneira de olhar.

Eu gosto muito de relembrar atitudes da minha mãe que me deram essa percepção da oralidade. Uma interjeição que ela usava, por exemplo. Se a gente perguntasse para ela: "Mãe, o que você tá achando da política? O que você tá achando do tempo que ficou para trás?", ela só diria assim: "Hum". Nisso, ela disse tudo. Agora, como traduzir isso na escrita? Não tem

---

* Conceição Evaristo, *Becos da memória*. Rio de Janeiro: Pallas, 2017.

jeito. Não quero dizer que isso é só o exercício de uma autoria negra. É um exercício de uma autoria branca também. Quem conhece os textos de Guimarães Rosa e diz que ele foi o maior neologista do Brasil está enganado, porque não andou um pouco pelo interior de Minas. Guimarães Rosa mesmo fala que ele saía com gravador para registrar a fala do interior e levar para a escrita. Isso é uma implicância que eu tenho, dizer que Guimarães Rosa criava neologismo e Carolina Maria de Jesus, erro. Tem essas questões também para a gente pensar na oralidade.

A oralidade passa muito também pelo exercício da potência da palavra. As culturas africanas sabem muito bem a potência delas. Determinadas palavras, a gente nem diz. Por exemplo, tem uma que eu nunca disse, que a minha mãe não deixava eu dizer, que ela dizia que toda vez que a gente falava aquela palavra, a bendita senhora dava três pulos para perto da gente. Então, a gente não dizia, porque a palavra chama.

E *Becos da memória* é muito isso, é muito da oralidade, com a presença dos velhos, do Tio Totó, com a ânsia da menina em captar e em guardar todas as histórias. Mas eu quero voltar também para a gente pensar essa força da palavra, e essa história que não é registrada, que é passada no silêncio, esse lugar de memória que a própria história brasileira não conserva. É uma história que eu conto sempre.

Nos anos 1930, a minha mãe e a minha tia contavam do interior de Minas, uma região que tem hoje o aeroporto internacional, em Confins. Minha tia era de 1914 e a minha mãe era de 1922, poucos anos depois da assinatura da Lei Áurea. Elas contavam que as mulheres iam nas fazendas para trabalhar e os fazendeiros não aceitavam. Não queriam dar trabalho para elas, porque diziam que mulher rendia muito pouco. E o que essas mulheres resolveram fazer? Resolveram trabalhar em mutirão. Juntas elas aravam a terra, elas plantavam, elas colhiam e, quando chegava no final da estação, o trabalho das mulheres tinha rendido tanto quanto ou mais até do que o dos homens.

Nos anos 1930, mulheres negras e pobres, descendentes de africanos, estavam criando formas de resistência ao patriarcado brasileiro. Essa história faz parte da resistência das mulheres na sociedade brasileira. Essa história não está escrita. Quer dizer, ela está escrita, sim, porque eu sempre falo, já escrevi várias vezes. Mas o que eu quero dizer, pensando no silêncio e pensando na oralidade, é: como essa história chegou a mim? Através da oralidade, através de minha mãe e de minhas tias contando.

A história de resistência negro-brasileira está muito mais composta na oralidade do que na história escrita. E talvez muito mais na ficção, porque o discurso literário (me perdoem os historiadores) fala de emoção, ele chega muito mais rápido do que o próprio discurso histórico. Talvez nós tenhamos muito mais facilidade para desconfiar do discurso histórico do que para desconfiar, por exemplo, de *Um defeito de cor*, de Ana Maria Gonçalves,* porque esse é literatura. Talvez nós tenhamos muito mais facilidade ou ficamos muito mais emocionadas com um poema que fala de Zumbi dos Palmares do que se procurarmos um texto de história, porque a literatura trabalha muito mais com essa memória, com a nossa subjetividade, nossa identidade, do que o próprio discurso histórico.

Sobre identidade, tem pessoas que não gostam do termo "afro-brasileiro", porque acham que o afro é um termo guarda--chuva, que pode ser usado por alguém que diz: "Eu sou afro--brasileiro, porque a cor do meu avô era negro". E aí, a pessoa tem todas as benesses que um sujeito branco tem, mas, na hora das ações afirmativas, ele é capaz de se declarar negro porque o avô do bisavô era negro. Mas eu gosto do termo afro-brasi-

---

* Ana Maria Gonçalves, *Um defeito de cor*, op. cit.

leiro, dessa identidade nacional hifenizada, porque nos remete, também, às nossas matrizes ou à nossa ancestralidade africana.

Tássia Mendonça
A senhora estava comentando sobre a força da oralidade e como isso atravessou o trabalho de *Becos da memória*, mas também ressaltou que vai além, que trata da nossa construção como povo. A senhora quer concluir?

Conceição Evaristo
A oralidade das culturas africanas marcou a língua portuguesa. Um dos bens simbólicos de uma nação, talvez o maior, é a língua. Na nação brasileira, que tem toda tendência para um branqueamento e valoriza mais as origens europeias, as linguagens africanas marcaram o bem maior, que é a língua. O território é um bem de uma nação, mas, se você sai do território, você não deixa a língua. O estrangeiro sai, mas ele não deixa a língua.

As culturas africanas — a oralidade — africanizaram a nação, sem sombra de dúvida. E aí, a gente entra também no pretuguês que Lélia Gonzalez falava.[*] Isso é um dado que todo professor de português, de literatura, tem que estar atento: nós temos, também, uma diversidade linguística dentro do país e ela é caracterizada justamente pela presença das línguas indígenas e das línguas africanas, que são preponderantemente orais.

Tássia Mendonça
Com a senhora falando sobre como as línguas africanas e afro-brasileiras foram se permeando, eu consigo escutar a minha avó fazendo: "Hum". Mesmo na escritura, quando a gente lê o

---

[*] Lélia Gonzalez, *Por um feminismo afro-latino-americano*. Org. de Flavia Rios e Márcia Lima. São Paulo: Zahar, 2020.

seu trabalho, há uma oralização com os termos de origem banto, que dão o afeto, que aproximam a gente e nos fazem lembrar de coisas que nem sabemos. Pensando nisso, nessa força, eu queria passar a palavra para mestre Bispo. Na sua obra mais recente, *A terra dá, a terra quer*, tem um trecho que fala: "A festa é mais forte que a lei. O Estado não consegue quebrar os modos de vida quando eles estão envolvidos nas festas".* Eu queria propor que você falasse um pouco sobre como a festa é guardiã, como a alegria é confluente da memória, sobre como guardar o ensinamento de tio Norberto também passa pela festa, sobre como envolve a dualidade da alegria e tristeza.

Antônio Bispo dos Santos
Eu vou começar oralizando as escrituras. Se a gente observar com muito cuidado, a grande diferença entre nós e os colonialistas é que nós somos poli, eles são mono. Nós somos politeístas, eles são monoteístas. Tem algumas pessoas que dizem: "Olha, tem o cristianismo preto, tem o catolicismo preto". Eu não penso assim, eu compreendo que nós, na condição de politeístas, podemos ser o que quisermos, inclusive cristãos. Mas cristãos politeístas e não cristãos monoteístas, porque, se você pergunta para uma pessoa da umbanda lá da roça do meu interior, ela vai dizer assim: "Eu sou católica". Mas ela também é da umbanda e não descuidaria de dizer: "Sou do candomblé". Ela é de todas as religiões, porque é poli. Ela pode.

Esse é um cuidado que a gente tem e leva também para a questão da língua. Como eles são mono, a palavra para eles precisa ter um único significado. Se a gente colocar outro significado em uma mesma palavra, eles se perdem, ou abrem mão daquela palavra, ou ficam receosos, ou ficam insistindo para a gente não

---

* Antônio Bispo dos Santos, *A terra dá, a terra quer*, op. cit., p. 27.

repetir. É o caso da gíria. No Rio de Janeiro, quando a galera lá do morro fala gíria, eles querem impedir que a galera fale, eles evitam que os filhos deles falem e tentam sufocar a gíria. Só que não dá certo, porque a gíria tem uma sonoridade gostosa, uma melodia, uma coisa muito viva. Tem uma dança na gíria, que envolve os corpos. A questão, para nós, está além. Nós usamos todas as linguagens que estão ligadas a todos os sentidos.

Como os africanos, na hora que chegaram, conseguiram se comunicar com os povos originários? Pelas linguagens que eu chamo de cosmológicas: pelo cheiro, pelo paladar, pelo gosto, pelo tato, pelos toques, pelo silêncio, pelo vento, pelo ar, pela água, pelo rio, por tudo, por todas as vidas. Toda vida tem uma forma de linguagem. Assim, nós nos comunicamos, até hoje, pelas sonoridades. É diferente deles, que só se comunicam pelas escrituras. A Bíblia é a constituição da sociedade euro-cristã monoteísta, é o estatuto da humanidade. A única vida que só se comunica através das escrituras é a humanidade bíblica. As outras vidas se comunicam através de todas as linguagens. A humanidade, só através das escrituras. A oralidade tem uma força tão grande que eles mesmos, das escrituras, não sabem falar, mas sabem ler. Por exemplo, se tivesse alguém aqui, vamos dizer, colonizado ou colonizada, teria trazido um *datashow*, um texto, e retroprojetava e lia para os outros. Que maravilha! Era muito mais inteligente mandar só o texto, porque as pessoas sabem ler, mas eles não acreditam. É igual ao padre. O padre lê a Bíblia todo dia, a missa é do mesmo jeito todo dia e ele não consegue decorar, todo dia ele tem que ler. Igual ao pastor, que vende a Bíblia para todo mundo, e depois reúne o povo para ver ele lendo a Bíblia. Ô, meu irmão, não precisava ter vendido.

Eles sabem quanto a palavra é poderosa, mas não sabem usar a palavra. Eles sabem ler e emitem um som de leitura, mas isso é diferente, conforme diz muito bem Conceição em todas as suas falas e nas suas oralizações das escrituras. Estou colocando isso para dizer que nós estamos vivendo um dos melhores momentos da nossa vida, nós, povo afro-pindorâmico (ou afro-brasileiro, como muita gente gosta de dizer). Eu gosto de dizer afro-pindorâmico. Mais ainda: afro-confluente, porque nós somos aquele povo que chega querendo se misturar, querendo entrar. Somos intrometidos. Eles dizem: "Não entrem", e nós: "Vamos entrar". Eles disseram que em cem anos iam branquear o país. Mas o país empreteceu. O milagre perdeu para o feitiço.

Nós temos que dizer para os quatro cantos do mundo, mesmo. Sem esse negócio de: "Ah, Nego Bispo, tu devia ser mais modesto". Modesto? Por que eu tenho que ser modesto? Meu irmão, se eu fiz, eu vou dizer que fiz. Se eu fiz uma vez, eu vou dizer que fiz cinco, que é para poder botar moral. Eu não fiz uma? Eu posso não ter feito cinco, mas vou fazer, eu já fiz uma.

Hoje, para a nossa alegria, quem está sendo mais lido nas universidades desse Brasil são as negras e os negros, os indígenas e as indígenas. Eu e Ailton Krenak estamos bem perto um do outro. Nós somos da mesma idade, já bebemos cachaça juntos. O livro *A terra dá, a terra quer*, desde quando foi lançado, no dia que ele não está em primeiro na Amazon em venda, na seção "ecologia", é porque o livro do Krenak está. Em ecologia, sou eu e o Krenak: quando um cansa, o outro entra. Nós não estamos dando brecha para ninguém.

Nós estamos oralizando as escrituras, e também contracolonizando a língua trazendo palavras diferentes. No nosso livro *Colonização, quilombos: modos e significações*,[*] temos um capítulo chamado "Guerra das denominações". Como fui adestrador, sei colonizar. O adestrador e o colonizador são parecidos. Eu sei di-

---

[*] Antônio Bispo dos Santos, *Colonização, quilombos: modos e significações*. Brasília: INCTI/UnB, 2015.

reitinho. Por isso, ele não me pega. Eu vou no jogo. Sei fazer a mesma coisa que ele e sei fazer bem feito. Essa que é a diferença. O que é "desenvolvimento"? Não se deve falar essa palavra. "Desenvolver" é desconectar, é tirar de. Adão foi desenvolvido pelo Jardim do Éden. Ele estava tão envolvido lá que fez o que fez. A palavra nossa é "envolvido", é "envolvimento". Eu sou um cara que me envolvo, eu não me desenvolvo. Eu me envolvo porque faço parte da natureza. Desenvolver é tirar da natureza, desenvolver é cortar uma árvore e fazer um banco. Envolver é plantar uma árvore para depois tirar um pedaço e fazer um banco. Não é tirar a árvore toda, é só um pedaço. É diferente. Também temos a "coincidência". A sociedade fala: "Duas pessoas se encontraram por coincidência". Não, aí é abusar, como diz mestre Curió, da capoeira, da minha inocência. Se encontrou, é porque estava andando. Se tivesse parado, não encontrava. Então, não é coincidência, é "confluência". A gente precisa e estamos fazendo isso com muito cuidado: adestrando a língua portuguesa, botando ela a nosso favor. Daqui uns dias, eles vão ficar calados, porque nós vamos tomar conta de todas as palavras e eles só podem escrever e não podem mais falar.

Tássia Mendonça
Obrigada, mestre Bispo, a nossa confluência segue. Eu queria abrir às considerações para encerrar. Sem finalizar, porque a conversa abre um diálogo profundo e longo.

Conceição Evaristo
Minhas palavras finais vão ser o conto "Olhos d'água",* que nasceu primeiramente oral. Depois as pessoas começaram a me pedir e eu o publiquei em *Cadernos Negros*. Uma memória

---

* Conceição Evaristo, *Olhos d'água*. Rio de Janeiro: Pallas, 2014.

ancestral habita esse conto. E, já que o Bispo falou, me desculpem a modéstia, mas *Olhos d'água* e *Insubmissas lágrimas de mulheres* foram os livros mais vendidos da Bienal.

Um dia, eu acordei, e de repente, uma estranha pergunta vazou pela minha boca: de que cor eram os olhos de minha mãe? [...] Aquela pergunta havia surgido há dias, há meses, até, volta e meia, eu me pegava pensando de que cor eram os olhos de minha mãe, mas naquele dia, a pergunta tomou um tom acusatório. Então, eu não sabia de que cor eram os olhos de minha mãe. Eu achava tudo muito estranho, porque eu tinha a lembrança de vários detalhes do corpo dela [...]. E um dia, penteando o cabelo dela, nós descobrimos uma verruguinha no alto da cabeleira crespa e bela, pensamos que fosse carrapato e uma das minhas irmãs, aflita, querendo livrar a boneca mãe daquele padecer, puxou rápido a bolinha. A mãe e nós rimos e rimos do nosso engano. A mãe riu tanto das lágrimas escorrerem, mas de que cor eram os olhos da minha mãe?

[...] E atordoada com essa pergunta, eu entendi que eu tinha que voltar em casa, eu precisava contemplar os olhos de minha mãe, jogar o olhar dentro do dela, para nunca mais esquecer a cor dos seus olhos. [...] E quando eu cheguei na minha casa e contemplei os olhos da minha mãe, vocês não sabem o que eu vi. Vocês não sabem o que eu vi, eu vi tantas lágrimas nos olhos de minha mãe, que eu pensei que no lugar dos olhos, ela tivesse rios sobre a face, mas no entanto, ela sorria feliz e foi então que eu descobri, a cor dos olhos da minha mãe era cor de olhos d'água, águas de mamãe oxum, águas tranquilas, serenas, mas profundamente enganosas para quem contempla a vida só pela superfície. E hoje, que eu descobri a cor dos olhos de minha mãe, eu fico numa brincadeira pra descobrir a cor dos olhos de minha filha.

Tássia Mendonça
Muito obrigada, Conceição, pela honra de ouvir a senhora declamar "Olhos d'água", que entrega para a gente a memória dos olhos das nossas matriarcas, das nossas avós, de todas aquelas que olham por nós. Passo a palavra para o mestre Bispo.

Antônio Bispo dos Santos
Onde está, nesse momento, boa parte das nossas memórias? A sociedade euro-cristã monoteísta não tem geração avó, porque Deus é o pai de Jesus, mas Jesus não tem filho. Logo, Deus não é avô. Se ele é a maior referência dessa sociedade, então avô, para essa sociedade, não é nada, porque não existe, como também não existe neto. As nossas memórias estão nos asilos. Essa sociedade cosmofóbica, doente, coloca a geração avó nos asilos, porque nas suas casas não tem lugar para a geração avó. E coloca a geração neto nas creches, porque nas suas casas não tem lugar para a criança. Estou dizendo isso para irmos visitar os asilos, mas não para prometer ajuda para quem está lá, porque isso também humilha. Vamos visitar os asilos e pedir ajuda a quem está lá, porque nós é que estamos precisando de ajuda. Se não temos condição de botar a nossa geração avó nas nossas casas, nós somos coitados, nós somos precarizados. Se não temos condição de cuidar das nossas crianças nas nossas casas, então nós somos uns coitados, nós somos doentes. Como já se viu? A geração avó é a guardiã das memórias.

Repito, vamos visitar os asilos, mas vamos sentar de igual para igual com quem está lá. E vamos chegar lá pedindo ajuda, perguntando, e não ensinando. E vamos, nós que somos mais velhos, visitar as creches. Vamos manter contato com as crianças, porque elas são a memória em andamento, elas são a memória no imaginário. Não é só dizer que nós queremos guardar memória, não. Guarda-se a memória cuidando de quem guarda a memória.

E, com isso, quero fazer uma declamação, que tem tudo a ver com esse momento:

Quando nós falamos tagarelando
e escrevemos mal ortografado
Quando nós cantamos desafinando
e dançamos descompassados
Quando nós pintamos borrando
e desenhamos enviesados
Não é porque estamos errando
é porque não fomos colonizados.

Gratidão.

Nada os trará de volta: políticas de reparação e seus limites

EDSON LOPES CARDOSO, SALLOMA SALOMÃO E YNAÊ LOPES DOS SANTOS

Ynaê Lopes dos Santos
Pensando na construção deste seminário, para mim, fica muito forte a perspectiva do filósofo malinês Amadou Hampâté Bâ,* que enxerga a memória como uma tradição viva. Essa tradição foi vilipendiada e massacrada pelo processo de colonização e pela constituição do racismo enquanto projeto de poder, transformando a memória em uma dimensão extremamente fragilizada. É por isso que, lembrando Hannah Arendt,** o testemunho se torna fundamental para pensarmos a construção do saber histórico e da própria ideia de verdade histórica frente a

---

* Nascido no Mali, Amadou Hampâté Bâ (1900-1991) foi escritor e historiador do século 20. É autor de obras literárias premiadas, entre elas um romance e dois volumes baseados em suas memórias. Em *Amkoullel, o menino fula* (São Paulo: Palas Athena, 2003), o autor evidencia a importância da narrativa oral e a função social e política da memória.

** Em *Eichmann em Jerusalém: um relato sobre a banalidade do mal*, de 1972, a autora descreve as formas nas quais o testemunho compõe a construção do discurso sobre a verdade histórica.

uma sistematização de silêncios, como bem nos lembra Michel Rolph-Trouillot.*

Desse modo, nos propomos pensar os silenciamentos e projetar ou revisitar maneiras de recuperar esse passado brasileiro marcado pela escravidão, pela eugenia do pós-abolição e pela sistematização do racismo ao longo dos séculos — sem sublinhar exclusivamente a violência perpetrada contra as pessoas negras e indígenas.

Os dois intelectuais deste debate são representantes de um movimento que já existe há muito tempo, mas que atualmente vem tomando uma dimensão cada vez maior, para que a gente comece a sistematizar uma nova pedagogia de conhecer o passado, sobretudo esse passado da escravidão que nos constitui. Lembrando Beatriz Nascimento e a necessidade de uma história escrita por mãos negras,** quando negras e negros tomam a palavra e registram suas próprias trajetórias, deslocam-se do lugar de objeto da história para o de sujeitos ativos na produção do conhecimento, eles e elas colocam a história de ponta-cabeça, fazendo dessa escrita não só uma revisitação do passado, mas descortinando que essa escrita (como todas as demais) também é um ato político, uma reafirmação da existência e um enfrentamento às tentativas de apagamento e silenciamento histórico.

---

* Michel Rolph-Trouillot (1949-2012) foi antropólogo haitiano radicado nos Estados Unidos e um dos pensadores mais inovadores da diáspora afro-caribenha, com um trabalho que influenciou diversos campos acadêmicos, como antropologia, ciências sociais, história e estudos caribenhos. Publicou *Silenciando o passado: poder e a produção da história* (Rio de Janeiro: Cobogó, 2024), entre outros.

** Beatriz Nascimento (1942-1995), historiadora, ativista e poeta, foi uma das mais proeminentes intelectuais negras do século 20. Em vida, só teve o livro *Negro e cultura no Brasil* (Rio de Janeiro: Unibrade-Centro de Cultura/Unesco, 1987) publicado. Em 2021, a coletânea *Uma história feita por mãos negras* (São Paulo: Zahar, 2021), com diversos textos de sua autoria, foi organizada por Alex Ratt, retomando a importância de sua obra.

Afirmar a urgência e necessidade em reescrever a História a partir de uma perspectiva negra ganha um tom especial quando nos atentamos para o local onde estamos e de onde esse debate será travado. Isso porque estamos em um espaço que, em grande medida, é resultado desse processo constitutivo da nossa história e protagonizado pela população negra que se refez, apesar da escravidão e da organização do racismo.*

Qualquer conversa sobre reparação histórica pressupõe o retorno crítico ao passado. Uma escavação a contrapelo, que precisa lidar com um passado-presente. E é isso que a escravidão moderna continua sendo nas sociedades americanas (de forma geral) e no Brasil (de maneira específica): um passado que ainda se faz presente, das mais variadas formas. Desse modo, pensar a reparação significa sublinhar o caráter estrutural do racismo na sociedade brasileira, apontando como a escravidão foi um instrumento eficaz na construção das mais variadas formas de desigualdade, mas reconhecer que essas desigualdades, infelizmente, extrapolaram a assinatura da Lei Áurea (1888) e se reatualizaram no tempo.

Então, para reparar, precisamos conhecer, e para conhecer, precisamos escutar. Vale dizer que estamos tratando de uma questão que foi e continua sendo basilar na produção do pensamento social brasileiro. Mas, por muito tempo, o saber legitimado para falar sobre e no Brasil passava ao largo das contri-

---

* O seminário Memória, Reconhecimento e Reparação aconteceu no Museu da História e da Cultura Afro-Brasileira (MUHCAB), que foi inaugurado no Rio de Janeiro em janeiro de 2017. O palacete, situado na região da Pequena África, foi inaugurado em 1877 e funcionou, até 1966, como uma das primeiras escolas públicas primárias da América Latina. O prédio também foi uma biblioteca e, a partir da década de 1980, funcionou como Centro Cultural José Bonifácio e como Centro de Referência da Cultura Afro-Brasileira. Por ele passaram importantes intelectuais, tais como Abdias Nascimento, Conceição Evaristo e Lélia Gonzalez.

buições e críticas produzidas por aqueles que, estruturalmente, estavam limados do poder. Salvo alguns nichos e o próprio Movimento Negro, ainda conhecemos pouco sobre a produção intelectual negra brasileira. Então, também precisamos reparar isso. Porque, há muito tempo, homens e mulheres negros não só denunciam as violências e mazelas que têm alvo certo, como também vêm propondo outras possibilidades de Brasil.

Sendo assim, pensando em uma espécie de dualidade, em que a gente tenta fabular novas maneiras de pensar o passado para projetar o futuro, gostaria de perguntar ao professor Edson Lopes Cardoso, pensando no nosso passado escravista e na fragilidade da memória diante do assédio do poder, como a gente pode pensar o esquecimento como uma pedagogia do silenciamento dos sujeitos que foram escravizados e dos seus descendentes? Diante das investidas feitas pelas várias instituições que representam esse poder, nós podemos falar do esquecimento como reação de traumas coletivos, sobretudo pensando a escravidão?

Edson Lopes Cardoso
É possível que eu não vá atender muito bem ao modelo de perguntas, pelas minhas próprias características, já que sou fundamentalmente um ativista. Fico feliz quando me chamam de intelectual, de professor. Eu gosto disso, mas sou um ativista.

Aqui há sexagenários como eu, companheiros de geração, como Ivanir dos Santos[*] e Dom Filó,[**] fazendo o seu trabalho

---

[*] O professor babalaô Ivanir dos Santos é doutor em história comparada pela Universidade Federal do Rio de Janeiro (UFRJ) e diretor-geral do Centro de Articulação de Populações Marginalizadas (Ceap).

[**] Conhecido como Dom Filó, Asfilófio de Oliveira Filho é engenheiro civil, jornalista, produtor cultural e cine-documentarista. Foi um dos mentores e protagonistas do Movimento Black Rio. É responsável pelo Instituto Cultne, o maior acervo virtual de cultura negra da América Latina.

de memória. Há mais novos que são ativistas, como a Vilma Reis. Há outros rostos dessa trajetória que estou emocionado em rever: professores, companheiros e companheiras.

Respondi há pouco a uma pergunta do Filó sobre memória, que talvez ajude a responder a sua pergunta, Ynaê. Minha filha mais velha também se chama Inaê, porque a minha geração de ativistas considerou estratégica a mudança da onomástica. Nós fomos educados para achar que batizar um filho de Washington é a coisa mais normal do mundo, enquanto chamar de Inaê é estranho. Uma das minhas filhas se chama Inaê e a outra se chama Tana, que é o principal rio do Quênia, porque, entre nós, na minha geração de ativistas, circulavam livros com nomes africanos e de origem africana para a gente batizar os nossos filhos. Isso era considerado uma ação política.

Gravei em minha mente uma fala do Steve Biko, que cito com frequência: "Um povo sem memória é como um carro sem motor". Steve Biko queria muito ser compreendido. Por isso falou assim. Todo mundo compreende isso. E compreende o quê? Que um carro sem motor não vai a lugar nenhum. Quando você quer que ele vá a algum lugar, você aciona o motor. Com essa frase, Steve Biko nos diz que a memória tem uma dimensão de resgate do passado, mas ela tem também a dimensão de impulsionar para o futuro. Se você quer ter futuro, você terá que acionar a memória. Isso é fundamental. É claro que, na dominação, perturbar a memória do dominado é estratégico para o dominador; confundir e apagar a memória dos dominados é estratégico para o dominador. Apagar é uma estratégia de dominação que, sem dúvida, funciona. As pessoas ficam perdidas, nada sabem de si.

Há um mural no prédio da Associação Comercial da Bahia (ACB), que fica perto do porto, o local onde eram feitos os negócios. Esse prédio em Salvador está bem conservado. É o local onde o poeta Castro Alves recitou pela última vez. Se você for visitá-lo, logo no hall de entrada, tem um mural de Portinari. A Associação Comercial, com dinheiro, encomendou-lhe um mural. Ele retrata um fato inédito, a chegada do rei europeu d. João VI. O rei não vinha para cá, ele só veio porque estava fugindo de Napoleão. Antes de chegar ao Rio de Janeiro, passou pela Bahia aclamado pelos negreiros, isto é, os traficantes de escravizados. O Rio, em 1808, não era uma cidade como Salvador. Faltava até lugar para o rei ficar. Quem hospedou d. João foram os negreiros. Salvador teria lugar para fazer isso, tinha mais estrutura de capital. No Rio, as coisas foram feitas às pressas por causa do ouro. O rei tinha pressa em meter a mão no ouro, estava atrás dele há séculos. Com a sua descoberta em Minas, a capital mudou para o ouro chegar mais rápido a Lisboa.

Nós, do Movimento Negro, continuamos ignorando que o Iphan é um órgão estratégico para nós. Muitas vezes, a gente fica atrás de fundações vazias como a Fundação Palmares, que era para ser Fundação Princesa Isabel, porque estava ligada à princesa Isabel quando foi criada. A história de Fundação Palmares, quem lutava na época sabe disso, é a de que ela seria a consubstanciação do 13 de maio e do 20 de novembro. Era essa a ideia, e a gente dizia: "Não, não". Casar a princesa com o pujante guerreiro: era isso o que queriam fazer em 1988. O nome real que a fundação deveria ter era Fundação Princesa Isabel, mas ficou Fundação Palmares.

Mas, voltando, a gente não dá a mínima para o Instituto do Patrimônio Histórico e Artístico, o Iphan, e ele é importante para nós, para o tombamento dos terreiros, para o reconhecimento do MUHCAB ou do cais do Valongo. Ele é importante e nós não o disputamos. A gente não briga por ele, não quer o seu controle, influenciar suas iniciativas políticas, e deveríamos querer isso.

Em um casarão em Ouro Preto, no sótão de uma antiga senzala, descobriu-se também um mural.* Ele tem a imagem de uma aldeia africana e, ao lado, de um navio. Tem um desenho escavado na parede, mostrando o lugar de onde viemos. Do lado, tem o meio de transporte através do qual chegamos aqui, que é um navio negreiro. Está lá, na parede da senzala, esperando que o órgão técnico diga o que vai fazer com aquilo e que o Movimento Negro considere isso importante.

Isso é fundamental para nós, como pessoas conscientes de sua condição humana, que sabíamos que somos pessoas com a capacidade de lembrar de onde viemos e quem éramos. Se eu quisesse começar uma oficina, eu traria um mágico com a sua cartola, para ele fazer sumir um coelho aqui na frente de vocês. Depois, eu diria: "Agora, nesse segundo momento, o mágico vai fazer sumir um gigantesco coelho. A gente vai trocar a cartola dele, porque o coelho é muito grande e vocês vão ver o sumiço desse grande coelho". E eu traria o mapa da África e ele faria a mágica de sumir com esse mapa na nossa frente.

A Conceição Evaristo, quando falou "afro-brasileiro", estava certa na preocupação de remeter à origem africana, pois sequestraram a nossa identidade. Existe a figura da identidade originária na Constituição, mas não para nós. Ela aparece, por exemplo, quando se discute a dupla cidadania. Se sou filho de italiano, logo, eu tenho uma identidade originária e passo a assumir a identidade brasileira sem perdê-la. Fico com duas. Para a dupla cidadania, fiz a fórmula C^2: o C é de cidadania e o 2 elevado é porque existem duas. E tem a nossa, que é $C - 1$.

---

* Para saber mais sobre o mural: History Channel Brasil, "Raro mural africano é descoberto por acaso em antiga senzala em Ouro Preto", 29 out. 2019. Disponível em: <www.canalhistory.com.br/historia-geral/raro-mural-africano-e-descoberto-por-acaso-em-antiga-senzala-em-ouro-preto>. Acesso em: 13 jan. 2025.

A gente não tem nenhuma, porque não temos sequer o direito de ir e vir.

Não temos esse direito básico de cidadania, de se deslocar daqui para ali sem ser incomodado pelo guarda da esquina. Nos dizem: "E aí, vagabundo, tá indo pra onde?". O carro encosta e alguém diz: "E aí, moleque, tô de olho em você, hein?". A nossa cidadania é vigiada, acompanhada o tempo inteiro.

O Movimento Negro lutou por algo que ainda é um penduricalho na Constituição: a garantia de que, a partir de 1988, o ensino de história deveria considerar a contribuição de descendentes de africanos e dos povos indígenas. Até 1988, africanos, descendentes de africanos e indígenas não eram povos históricos. Ora, nós existimos na história, porque, ou é na história, ou não é em lugar nenhum. Povos sem história não existem. Era essa a nossa condição até a Constituição de 1988.

Daquela linha solta, quase flutuando no texto constitucional, vai surgir a Lei nº 10 639,* mas ela não surgiu de eu trançar o cabelo, ou de falar que negro é lindo. A gente teve que fazer a luta política. A gente fez um encontro Norte-Nordeste todo dedicado ao tema da educação, apoiado pela Ford. Tem um livro com os resultados do Norte e Nordeste em Recife, em 1988.** E lá está a questão do ensino de história da África.

Um deputado de Pernambuco levou a proposta do Movimento Negro de Pernambuco para Brasília. Era uma proposta do Movimento Negro, que fique claro isso. Cheguei na Câmara para ser chefe de gabinete de um deputado negro, que vinha de entidade negra, do Grupo Tez de Campo Grande, Ben-Hur

---

* Lei federal nº 10 639/2003, determina que "nos estabelecimentos de ensino fundamental e médio, oficiais e particulares, torna-se obrigatório o ensino sobre História e Cultura Afro-Brasileira".

** VIII Encontro de Negros do Norte e Nordeste: o negro e a educação, 1988, Recife. Recife: MNU-PE/Escola Maria da Conceição, 1988.

Ferreira.* Eu já tinha trabalhado como chefe de gabinete do Florestan Fernandes e já tinha, portanto, experiência de Câmara. O que eu fiz? Fui olhar os projetos arquivados. Mesmo tendo sido aprovado na Comissão de Educação, o projeto que Humberto Costa trouxera por sugestão do Movimento Negro estava arquivado. Liguei para ele, que não se reelegera, e disse: "Olha, deputado, a gente está pretendendo reapresentar o seu projeto". Ele disse: "Claro, claro". Aí, na justificativa, colocamos que, na origem, foi um projeto apresentado e encaminhado pelo deputado Humberto Costa. Mas observei que, na Comissão de Educação, quando foi aprovado, ele saiu da condição de "disciplina" e mudou para "conteúdo". A proposta original falava em disciplina e a Comissão de Educação tinha decidido que não aprovaria mais criação de novas disciplinas. Quem fez essa emenda? Esther Grossi, que era uma educadora do PT do Rio Grande do Sul. Aí, eu falei: "Puxa, mas apresentar o projeto que já tem uma emenda, sem considerar a modificação feita pela comissão? Não, não é assim que se faz". Observem o que é ética, como é que a gente trabalha: eu fui falar com ela. Ela nem quis me ouvir direito. Então, em pé, no corredor, expliquei para ela, que pegou, assinou e largou para lá. É esse projeto que vai ficar também com a assinatura de Esther Grossi e Ben-Hur Ferreira, que tramitou com alguma celeridade, quando confrontamos com outras iniciativas anteriores (Beato, Paim, Benedita), todas arquivadas, esse foi o projeto que o presidente Lula sancionou como a Lei nº 10 639.

A história toda tem origem no Movimento Negro, da percepção do MN de quanto era estratégico, para nós, que a nos-

---

* Ben-Hur Ferreira é um filósofo e político brasileiro. Foi vereador, deputado estadual e deputado federal pelo estado do Mato Grosso do Sul. Foi um dos autores da Lei nº 10 639/2003, que tornou obrigatório o ensino da história e da cultura afro-brasileira nas escolas públicas e privadas do Brasil.

sa identidade estivesse presente, articulada com nossas origens africanas, porque o trabalho de apagamento da memória não queria isso. Nós estávamos em 1988, até então tinham conseguido nos deixar como seres a-históricos, provenientes de nenhum lugar, vindos de lugar nenhum. A África tinha desaparecido.

Um escritor daqui do Rio de Janeiro, Carlos Heitor Cony, considerado um dos grandes autores brasileiros, tinha uma coluna de opinião na seção de editoriais, na página 2, do jornal *Folha de S.Paulo*. Olha o que ele escreveu no dia de São João de 2004: que ele leu dois livros sobre África e ficou estonteado, profundamente perturbado. Imaginem, um homem de oitenta anos, que chega diante do público, no principal jornal do país e diz: "Perdi a minha vida toda estudando a Europa, principalmente França e Itália, e descubro agora que eu deveria ter procurado o Brasil do outro lado de um rio, chamado Atlântico". Aí ele disse a frase que nos interessa: "Eu seria *outra pessoa* se tivesse ido buscar o Brasil na África, pela importância da África para nossa história, fatos e costumes". Imaginem que coisa patética: aos oitenta anos, descobrir que você seria outra pessoa se lacunas culturais essenciais não tivessem prejudicado seu desenvolvimento como pessoa. Isso, ele. E nós, os negros? Quem seríamos se soubéssemos disso? Porque ele, branco, disse aos oitenta anos: "Me dou conta que eu seria uma outra pessoa". Outra pessoa, ou seja: a pessoa que eu sou foi moldada pelas limitações eurocêntricas da minha formação. E o Brasil, o conjunto, o que seria?[*]

---

[*] Carlos Heitor Cony, "O intelectual do ano". *Folha de S.Paulo*, 24 jun. 2004. Primeiro Caderno, p. 2. Disponível em: <www1.folha.uol.com.br/fsp/opiniao/fz2406200406.htm>. Acesso em: 15 ago. 2024.

Eu, que sou um pesquisador de jornal, falei: "Agora, vai ser uma bomba!". Mas, nada. Silêncio absoluto. Um grande escritor brasileiro disse aquilo publicamente, eu pensei: "Parece o Velho do Restelo". Um episódio de *Os Lusíadas*, de Camões, um episódio grandioso, em que todo mundo está feliz da vida. Vasco da Gama vai sair com grandes caravelas, uma grande expedição e todo mundo está lá, cheios de boas expectativas sobre o futuro. E aparece um velho para dizer: "Portugal está em festa, eu vou dizer para vocês a desgraça que vai decorrer de tudo isso aí". É uma fala extraordinária a dele.

Mas, voltando a Cony, um octogenário estava dizendo ao país: "Gente, está tudo errado, estamos errados na nossa formação, sem a África nos distanciamos de nós mesmos e de nosso destino como país". E isso passou batido. Acho que só eu vi. Ninguém viu, embora estivesse no maior jornal do país. Está tudo documentado, eu tenho o recorte, para não dizerem que estou inventando.

Como Cony era filho de um homem do Rio de Janeiro acostumado a fazer balão, um baloeiro, eu, quando fiz um poema sobre isso, disse que as palavras e advertências de Cony, como um balão, caíram no mar do esquecimento. Não teve impacto nenhum. E a vida segue, segue a vida. É assim que se consolida a ideia de que nós viemos de lugar nenhum.

Esse é o entroncamento de reparação com memória. A primeira reparação é o resgate de quem somos. Quando a gente diz que nada está sendo feito pela reparação, não nos damos conta de algumas coisas que a gente vem fazendo, sim. A Lei nº 10 639 tem a ver com a reparação de algo essencial para nós, que é a nossa identidade, de onde viemos, quem somos. Isso não é pouca coisa. A reparação tem muitas dimensões no nosso caso. Essa é uma que parece pequena, mas é uma dimensão essencial para nós.

Existe uma polícia da memória,* que persegue quem lembra. É proibido lembrar quando se trata dos dominados. Você não pode lembrar nada. É uma estratégia: existe uma polícia da memória para impedir que a sua memória resgate dimensões que alterariam a relação de dominação. Tudo é apagado, a memória familiar, afetiva, comunitária...

Para se ter uma ideia, eu fui a Salvador, minha cidade, fazer uma oficina, onde estava Vilma Reis, no CeAfro.** Uma pessoa escutou, participou da oficina sobre memória. Dias depois, ela me disse: "Professor Edson, descobri que eu sou neta de Procópio".*** Veja só: neta de um pai de santo famoso na Bahia e ela não sabia. Eu a convidei para escrever no *Ìrohìn* um artigo sobre o resgate que estava fazendo de figuras de sua própria família.

Ela simplesmente foi educada sem saber que era neta de Procópio. Ele tinha uma tendinha bem onde nasci, onde a minha mãe, entre outras coisas, ia comprar quiabo. A tendinha em Salvador era um lugar onde você podia comprar azeite. Muitos africanos, na Bahia, ainda nos anos quarenta do século passado, eram encontrados em tendinhas no centro da cidade. Procópio tinha uma no Gravatá, perto da Fonte de Nanã, com objetos importantes para rituais religiosos. A feijoada de Ogum era puxada na Bahia por Procópio. Ela não sabia que era neta dele. Então, a memória familiar, comunitária, do seu bairro, do lugar onde você foi criado, apaga-se.

Cadê a mulher do cuscuz que estava aqui? Cadê a mulher do mingau que estava ali? Cadê aquelas pessoas que eram capazes

---

* Referência ao livro de Yoko Ogawa, *A polícia da memória*. Trad. de Andrei Cunha. São Paulo: Estação Liberdade, 2023.

** Centro de Estudos Afro-Orientais da Universidade Federal da Bahia (UFBA).

*** Procópio Xavier de Souza (1860-1958) foi iniciado pela sacerdotisa Iyá Marcolina de Oxum, da Cidade da Palha, no final do século 19. Em 1906, fundou o terreiro Ilê Ogunjá, situado no Baixão, em Salvador.

de dizer, quando você passava: "Vem cá, você não é Edinho de Mariinha? O que você tá fazendo aí? Vou falar com sua mãe, viu! Vou falar com a sua mãe"? Eu vivi nessa Bahia. Era assim, aquelas velhas vigiando tudo e todos. Você respondia: "Não conte, não". "Vou contar, sim. Você tá muito mal-educado." Essas eram relações comunitárias, de vizinhança.

Existe uma memória comunitária e existe uma memória histórica. Existe uma memória de grandes vultos, existe uma memória de eventos, de processos. Quando a gente fala de resgate da memória, a gente está falando de uma porção de camadas, de dimensões que nos constituem como uma sociedade diferenciada.

Existe todo um acúmulo, uma possibilidade. Eu, quando morei no Rio, nos anos 1970, morei na rua Bento Lisboa. Ali no Catete teve quilombo. Alguém vai dizer: "No Catete?". Pois é, teve. E tem gente que não sabe disso. É uma memória histórica quase totalmente apagada: teve quilombo no Catete.

As cidades têm uma memória também. Eu acabei de citar a Fonte de Nanã. Vocês sabem a importância das fontes para nós (e Salvador é cheia de fontes), porque quem ia carregar a água éramos nós. Quem trabalhava éramos nós. As pessoas se encontravam na fonte. Era na fonte que eu ia conversar com Inaê. E aí é que ela ia me dizer: "Tá rolando isso". As fontes eram os lugares onde rolavam as informações, os contatos. Resgatar essas fontes e toda essa arqueologia das cidades, o nosso percurso de conspiração e de independência, nossas tramas cotidianas. Não é para deixar isso se desfazer assim, como se não tivesse importância. Esse conhecimento é estratégico para nós.

Ynaê Lopes dos Santos
Aproveitando a deixa, queria dizer que os dois intelectuais negros desta conversa redimensionam a própria ideia de intelectualidade, porque nenhum dos dois é uma coisa só, pensando até nessa

ideia do mono que citamos: são artistas, poetas, educadores, historiadores, ativistas. É uma comunhão de sabedorias muito poderosa. O senhor falou muito sobre essas duas dimensões: daquilo que se apaga sistematicamente e da necessidade da reparação, tendo em vista as múltiplas histórias que essas pessoas, que são nossos ascendentes, experimentaram.

Queria aproveitar para perguntar para o professor Salloma Salomão: como pensar a maneira como a gente conta as histórias dessas pessoas que foram vilipendiadas, escravizadas, entendidas sempre na zona do não ser, como não pessoas, como não sujeitos? Como você pensa a possibilidade de revisitar essas histórias, que podem ser micros, mas que falam muito sobre o Brasil e sobre as suas descendências, com o cuidado de não cair na narrativa única da violência, da expropriação e da manutenção do não lugar que a condição colonial e a escravidão colocaram sobre nós?

Salloma Salomão
Queria começar pensando um pouco sobre duas dimensões geográficas: a África Centro-Ocidental e o grande deslocamento de populações africanas no Brasil, no século 19, para o Sudeste. Há uma canção muito simples da tradição afro-mineira, que diz: "*andambe* (mulher),/ *andambe iucumbe* (o sol está alto),/ *andambe iucumbe atunda* (vamos arranjar o que comer)".

Vamos tentar decifrar esses códigos antigos e as criptografias negras que não são acessíveis para qualquer um. Às vezes, parece que o corpo está ali, está morto. Mas não está morto, está em estado de latência. Se vier o signo certo, esse corpo anima. E se o corpo animar, mesmo que em forma de fragmento, a memória vem. Não é de um campo místico que estou falando (eu não sou sacerdote, nem religioso), mas tenho feito essa experiência com os meus alunos de teatro, que chegam muito angustiados com frases prontas de negritude que eles recolhem na internet, como: "O futuro é ancestral".

Na inversão da polaridade, a negritude é comercializável. E eles já tinham descoberto isso com os gêneros negros do século 19. O lundu, o samba, o jazz, o *negro spiritual* e até mesmo aquele código musical que os africanos deixaram lá no sul, onde eles dizem que nunca houve gente preta, que é o tango.

Estou supondo que houve dois processos de difícil compreensão na constituição da sociedade brasileira. Processos que são formas não rastreáveis por completo de elaboração ou reelaboração de uma subjetividade e de uma historicidade de origem africana, que o colonialismo suplantou parcialmente. Primeiro, o colonialismo da expansão e, depois, o colonialismo interno, que foi elaborado, em primeira instância, por José Bonifácio de Andrada e Silva. Equivocadamente, ele é lido como quem pressupôs a libertação das pessoas escravizadas, mas não foi isso que ele propôs. O que ele propôs foi o fim, a cessação do tráfico de pessoas escravizadas, para que a sociedade nascente, o Estado-nação, em um futuro próximo, pudesse ser branco.

O Gilberto Freyre, com y, leu atentamente o que havia escrito José Bonifácio de Andrada e Silva cem anos antes. É muito importante não nos esquecermos que o projeto do Estado-nação, que tem sido construído e reconstruído pelas elites brancas, é um projeto que nos elimina, física, biológica e simbolicamente. Esse é um aspecto. O outro é como nós, descendentes de africanos, temos sido capazes de resistir à desumanização completa que as elites de ontem e as elites de hoje nos impõem.

Há um fio que conduz essa história e que quase sempre é difícil visualizar, que é a violência. É a violência real, é a violência das armas, é a violência física, é a violência do destrato, é a violência do rebaixamento, mas é também aquela violência

do olhar, a violência simbólica, a violência que está nos livros didáticos de história, geografia, estudos sociais, sociologia, antropologia, linguística, literatura. Essa violência, que nos ataca nos lugares mais frágeis da nossa existência.
 Psique? Freud? Sonhos? Desejos? Fantasias? Criatividades? Loucura?
 Um homem negro, que viu o nascimento da República, escreveu uma bela peça de teatro. Nos seus diários íntimos, ele supôs, desejou e enunciou que a sua obra seria uma espécie de elegia aos seus ancestres. O nome dele? Lima Barreto. Ele viveu no Rio de Janeiro. Ele escreveu duas peças teatrais, uma delas se chama *Os negros*. A diferença entre a peça do Lima Barreto e dos seus antecessores brancos é basicamente a seguinte: todos os protagonistas da peça de Lima são negros. Eu vou fazer um resumo rápido de parte dela para vocês.
 Um grupo de pessoas escravizadas — vejam que estou dizendo "pessoas escravizadas", é necessário localizar no tempo e utilizar as categorias adequadas — fugiu de uma fazenda, se embrenhou na mata e chegou à zona litorânea. Eles desceram um penhasco, e estão diante do mar. Os seus perseguidores estão vindo, eles atiram para o alto e o grupo de pessoas negras ouve. Eles estão diante do mar, passa um navio. Os cães, os capitães do mato estão chegando. Eles conversam, eles não têm um bote, eles não têm um navio, eles estão diante do mar. Eles voltam e enfrentam os capitães do mato? Ou se lançam no mar? *Kalunga*.
 Essa é uma metáfora centro-africana, é uma divindade na origem, na canção negra do Sudeste e até mesmo do Nordeste que sobreviveu ao processo de afro-centralização nagocêntrica. *Kalunga*.
 Subir no penhasco, enfrentar os capitães do mato ou voltar para África a nado? Eu não gosto da bravata de dizer: "Va-

mos lá arrebentar". Ei, menos. Sem armas, sem treinamento? Os bolsonaristas estão fazendo treinamento. A classe média branca, que Bolsonaro armou, está fazendo treinamento para a guerra. São 60 mil mortes por ano. Os muçulmanos da Bósnia, mortos durante o governo de Slobodan Milošević, foram 8 mil. Nós temos 60 mil por ano. A Denise Ferreira da Silva, filósofa negra, que emigrou do Rio de Janeiro para o Norte, pergunta: "Por que isso não causa comoção?". Denise Ferreira da Silva, Lima Barreto e nós. Não quero estragar o evento, mas, desculpe, como não falar de violência?

O ativismo negro do século 20 fez um trabalho excepcional de reconfigurar o nosso entendimento diante daquilo que a escola, como uma fábrica de fazer brancos, não era capaz de fazer. Nos deu alguma possibilidade de acessar o Amadou Hampâté Bâ e lê-lo. Nos deu alguma possibilidade para pensar na África do oeste, por exemplo, através da ação do Abdias Nascimento e do seu grupo. Elisa Larkin, aliás, está neste evento.[*] O ativismo nos deu alguns sonhos, algumas fantasias, algumas leituras. É uma reparação simbólica, no sentido de repor conexões entre os fragmentos. O ativismo negro tem sido importante, mas as suas pernas são curtas.

Uma reparação econômica é muito difícil. Nós ainda não estamos capitalizados para isso, do ponto de vista da organização. Uma reparação social, por exemplo, as políticas de moradia e ocupação do solo urbano, está em refração. Não é que não tem saída, mas pensando com Lima Barreto, estamos entre o penhasco, o mar e as milícias (os capitães do mato são as milícias de ontem e de hoje).

---

[*] Elisa Larkin Nascimento é diretora-presidente do Instituto de Pesquisas e Estudos Afro-Brasileiros (Ipeafro), fundado em 1981 por Abdias Nascimento.

Ynaê Lopes dos Santos

Gostaria que tanto o professor Edson quanto o professor Salloma Salomão falassem de forma um pouco mais detida sobre a reparação como um aspecto político, como uma maneira de fazer política nesse contexto e algumas dimensões que isso envolve. A gente tem o ativismo, a gente tem a poesia, a gente tem a canção, a gente tem a narrativa, o silêncio, a pausa para pensar em todas as questões. Então, eu gostaria que vocês fizessem uma consideração pensando em possibilidades de fazer da reparação uma ação política eficiente e eficaz.

Edson Lopes Cardoso

Em boa hora o Ibirapitanga propôs um seminário com esse tema. Se perguntar, em poucas palavras, "por que lutamos?", e a resposta for "por reparação", isso já está de bom tamanho, tal a dimensão desse conceito. Estamos, digamos assim, no filé-mignon da luta. Temos que nos preparar para fazer luta política intensa.

Você encontra elementos de reparação no noticiário do *Guardian*, por exemplo, falando da participação dos japoneses no trabalho de conquista dos negros por reparação nos Estados Unidos. Você vai encontrar matérias sobre os ingleses e o Caribe, com a demanda dos povos caribenhos por reparação. Vai ver a entrada em bloco dos africanos em um primeiro patamar do G20, onde é evidente que a discussão por reparação vai estar presente. O direito internacional tem se ocupado do tema. Alguns textos sobre reparação de qualidade começam a circular.

Ivanir dos Santos estava em uma mesa a que eu assisti enquanto me preparava para vir para este debate. Foi no Rio, em um evento promovido por Humberto Adami, na Ordem dos Advogados do Brasil (OAB), que criou, nas seccionais, Comissões da Verdade da Escravidão a partir do Rio de Janeiro. Então, você tem nas seccionais da OAB uma mobilização para discutir a verdade da escravidão. E isso é se encaminhar para o tema da reparação. A OAB já fez um parecer jurídico sobre o suporte da proposta de reparação. Existe um documento.*

O governo Lula criou, na Comissão dos Direitos Humanos, uma Assessoria de Verdade da Escravidão. A titular da assessoria falou que as ações irão na direção de uma justa reparação.

O *Correio Braziliense* fez um editorial, semana passada, sobre uma decisão do arcebispo de Minas finalmente revogando um aviso do século 19, que impedia a festa do reinado dentro das igrejas católicas. O *Correio Braziliense* escreveu: "Reparação cem anos depois".** Observem: o tema, de algum modo, anda por aí.

A Sílvia Capanema acaba de lançar um livro sobre a Revolta da Chibata e o subtítulo é *A Revolta da Chibata e a segunda abolição*.*** Segunda abolição é a comprovação de que a abolição foi absolutamente ineficaz para alcançar os efeitos da escravidão. Não houve nenhum tipo de responsabilização da elite brasileira pelos atos de séculos de escravização. A primeira abolição não alcançou os efeitos. Olha só o que os sociólogos vão dizer: "Por conta disso, há impacto na impossibilidade, como sociedade, de alcançarmos uma democracia".

Sem reparação, não há possibilidade de pensar uma sociedade democrática. Isso interessa para a luta política, porque

---

* Comissão Estadual da Verdade da Escravidão Negra no Brasil (CVENB), "Direito à vida: reparação da escravidão negra × política de extermínio". OAB-RJ, 28 ago. 2023. Disponível em: <www.youtube.com/watch?v=FGgdTMfKRPE>. Acesso em: 28 ago. 2024.

** "Reparação com um século de atraso". *Correio Braziliense*, 19 ago. 2023. Disponível em: <www.correiobraziliense.com.br/opiniao/2023/08/5116503-artigo-reparacao-com-um-seculo-de-atraso.html>. Acesso em: 28 ago. 2023.

*** Sílvia Capanema, *João Cândido e os navegantes negros: a Revolta da Chibata e a segunda abolição*. Rio de Janeiro: Malê, 2022.

você não vai para a rua para mobilizar apenas falando que os efeitos da escravidão não foram alcançados pela abolição. A gente vai mobilizar se a gente for capaz de dizer que a reparação é de interesse da nação brasileira como um todo. Sem ela, nunca poderemos construir uma sociedade democrática. Não tem como igualar o jogo sem reparar. Então, a reparação é estratégica para o destino político do país.

A bola está com a população negra, se soubermos fazer política. Aí, se você me perguntar: "Edson, a reparação é possível?", a resposta é "Sim, mas vamos travar uma luta gigantesca para alcançá-la". Vocês viram as cotas. Foram dez anos para vencer a resistência, para o Supremo reconhecer. Foi uma década. Não existe direito sem luta pelo direito.

Para conseguir reparação, vocês se preparem para uma luta continuada. A gente não vai dizer nenhuma novidade à sociedade brasileira. Em "Haiti", a canção de Caetano Veloso, tem um verso que é muito importante para nós: "Todos sabem como se tratam os pretos". Vocês lembram da canção? Alguém está no Pelourinho e vê a polícia espancando a população negra. A letra diz que a TV está ali e, no entanto, isso acontece porque todo mundo sabe como se tratam os pretos no Brasil. Não é "todo mundo sabe como a polícia trata os pretos", pois aí ficaria a violência circunscrita à violência policial. Quando são usados a passiva sintética, o pronome "se" e o verbo na terceira pessoa, omite-se o agente. O agente está implícito, são os soldados da letra que estão espancando, mas Caetano está falando em um tratamento de violência geral da sociedade brasileira, um modo de relacionamento com a população negra. Todos sabem como os negros neste país são tratados: com violência.

A gente luta sempre contra um saber amplamente compartilhado. A gente não vai dizer novidades a ninguém. Todos sabem, todos nós sabemos. Eu dizia da d. Dalva, que estava com Ivanir na mesa a que me referi há pouco, que era sobre a chacina do Borel.* Ela está há anos perseguindo, como outras mães de filhos assassinados, que o Estado reconheça os danos causados às famílias negras. Isso é reparação, a palavra usada é "reparação".

O Estado está praticando esses crimes. A reparação está no cotidiano da luta política e a porta de entrada para ela é a violência policial. O tema está aí, nas mães de assassinados. O tempo inteiro elas estão berrando: eles entram na casa, destroem tudo, roubam o dinheiro, roubam a comida na geladeira, roubam tudo, matam nossos filhos e não existe reparação nenhuma para isso. A Constituição é clara: esses danos causados pelos agentes do Estado têm que ser reparados pelo Estado.

Tem uma série de ganchos para a reparação. É um tema de múltipla face, porque é a essência da nossa questão. Onde você pegar, você vai encontrar esse tema. O que nós precisamos é saber mobilizá-lo, fazer luta política com ele, reconhecê-lo.

Edna Roland fez um artigo enquanto estava na relatoria-geral da III Conferência Mundial contra o Racismo, Discriminação Racial, Xenofobia e Intolerância Correlata de Durban. Tem mais de vinte anos o artigo que ela publicou na *Folha de S.Paulo* dizendo que é preciso criar um fundo para dar sustentação às

---

* Edson Cardoso menciona a mesa da OAB sobre reparação, em que uma das participantes foi Maria Dalva Correia, da Rede de Comunidade e Movimentos Contra a Violência e do Movimento Posso me Identificar?.
No dia 16 de abril de 2003, o filho mais velho de Dalva, Thiago da Costa Correia da Silva, então com dezenove anos, saiu de casa, no morro do Borel (bairro da Tijuca, Rio de Janeiro) para ir à barbearia e não voltou mais. Naquele dia, policiais do 6º Batalhão de Polícia Militar do Rio de Janeiro assassinaram com tiros à queima-roupa Thiago, Carlos Alberto da Silva Ferreira, Carlos Magno de Oliveira Nascimento e Everson Silote. Cinco policiais foram levados a júri popular e foram absolvidos da acusação por crime hediondo.

ações compensatórias e reparatórias que o Estado brasileiro precisa implementar.*

Nós precisamos parar, na nossa historiografia, de falar "peças trazidas da África". São "pessoas trazidas da África". Pessoas. A reparação resgata a dignidade das pessoas que foram escravizadas, e ela cria possibilidade e dignidade para o futuro dos descendentes dessas pessoas.

O conceito é estratégico para nossa luta porque resgata o passado. Nós passamos a considerar seres humanos. Logo, como disse a III Conferência, o tráfico e a escravidão são crimes de lesa-humanidade, que não prescrevem. É isso que queremos atacar com a reparação. Estamos falando que não é só para trás, quando falamos "pessoas", estamos falando para o futuro, para os descendentes dessas pessoas terem futuro digno. O conceito de reparação é *o* conceito estratégico para a nossa luta.

O Ibirapitanga está fazendo este seminário em boa hora, porque aqui está a trilha que nós temos que saber trabalhar. O que queremos? Reparação já! Porque essa democracia se apropria dos recursos públicos, e o Centrão senta em cima das verbas públicas, para uso e regozijo de uma parcela da população brasileira. Não tem um centavo para um fundo de reparação, mas tem bilhões que o Centrão bota no bolso para atender seus apetites. O tema é construir, com recursos privados e internacionais, um imenso fundo de reparação para sustentar políticas públicas reparatórias. Temos que fazer política. É luta de cachorro grande a luta por reparação.

Nós estamos vivendo um momento extraordinário. Até ontem existia *blackface* na televisão brasileira. Sérgio Cardoso chegou a

---

* Edna Roland, "Reparar as vítimas da escravidão". *Folha de S.Paulo*, 20 nov. 2001. Disponível em: <www1.folha.uol.com.br/fsp/opiniao/fz2011200110.htm>. Acesso em: 28 ago. 2024.

se apresentar de *blackface*. O que aconteceu, que você liga a TV e vê tanto rosto negro? Veja bem, é uma representação nova do Brasil. Marx talvez dissesse assim para nós: "Veja só, mudou o modo de produção? Estamos nos organizando de um modo diferente para produzir?". Não. "A propriedade da terra, o uso da terra?" Não. "Que mudança é essa? A estrutura é a mesma." Essa é a questão: que mudança é essa que está provocando essa dilatação da humanidade?

O que é dilatação da humanidade? Por exemplo, se eu quisesse representar *Antígona* e quisesse convidar uma atriz negra que eu conheço para o seu papel. Sabe o que me diriam em francês? "Edson, ela não tem o *physique du rôle*", ela não tem físico para o papel. "Não serve, tem que ser uma mulher branca." E eu respondo: "Por que tem que ser uma mulher branca?". Antes, era assim. Hoje não. É um papel de um ser humano, ela é um ser humano, ela vai representar. Isso não é uma mudança pequena. É gigantesca. Alteramos um modo de representação. A representação não muda de graça. Significa que há um processo em curso de transformação.

Chico Buarque fez a canção "Que tal um samba?" para simbolizar o fim do período Bolsonaro. Ele diz: "Que tal um filho escuro?". Em um país onde éramos proibidos de nascer, onde íamos desaparecer, a proposta é ter um filho escuro. Alguma coisa mudou para, de repente, a ideia de futuro não se dissociar da nossa reprodução como grupo, porque, em toda a história do Brasil, não existia essa possibilidade de associar o futuro e a população negra. Nós estamos falando de novos tempos: "Que tal um filho escuro?". O futuro se afirma com um filho escuro.

Antes, às vezes, dizia para as minhas filhas: "Eu vou falar com esse rapaz, para ele maneirar a barra aí, porque aquele cabelo dele já está desse tamanho, não é possível, ele vai perder o emprego", porque vocês sabem que tudo era emprego.

Lembrem de *Chico City*, Chico Anísio pintado de preto. No Rio de Janeiro, não tinha um extra negro? Não tinha! Eu fiz um artigo sobre isso na época. Tinha uma porção de gente trabalhando no *Chico City*. Todo mundo que aparece lá estava ganhando dinheiro. E aquele dinheiro estava destinado para um grupo. Aquelas vagas eram destinadas para um tipo de pessoa. De repente, estamos hoje dizendo assim: "Olha eu aqui".

Jornal Nacional com duas pessoas negras na bancada. Sexta-feira, repórter da Globo vestida de branco. Sabemos o que significa estar de branco na sexta-feira. Tem alguma coisa acontecendo. Uma mudança na representação significa que na sociedade está acontecendo algo profundo. Então, é a hora da bandeira da reparação. E eu acho que nós estamos no caminho certo.

Salloma Salomão
A Nilma Lino Gomes tem usado a categoria Movimento Negro e Educador.* Aquela parte ainda com algum grau de maleabilidade da sociedade brasileira tem se somado ao ativismo antirracista no Brasil e tem coisas muito boas que foram produzidas nesses campos. Dá para contabilizar os ganhos. E de outro lado, o racismo antinegro também recrudesceu. É preciso estar atento, no meu entendimento, às dinâmicas do próprio racismo antinegro.

Édison Carneiro, pesquisador baiano, inicialmente jornalista e advogado, mas depois antropólogo, lendo a documentação da abolição da escravidão, fala que ela foi feita para atender os

---

* Nilma Lino Gomes é antropóloga e pesquisadora do campo da educação com ênfase nas relações étnico-raciais e de gênero. Foi ministra da Secretaria de Políticas de Promoção da Igualdade Racial (2015) e do Ministério das Mulheres, da Igualdade Racial, da Juventude e dos Direitos Humanos da presidenta Dilma Rousseff (2015-2016).

interesses da elite agrária.* E ele estava certo. No entanto, se o escravismo não tivesse sido moralmente derrotado, é muito provável que ele existisse até hoje.

O racismo antinegro se esconde, mas as suas práticas, para quem é letrado, são visíveis. Houve uma mudança muito importante nos últimos tempos com o acesso de pessoas negras à rede social. Houve uma mudança na produção de imagens, de autoimagens e na comunicação direta entre pessoas, o que não era possível até o surgimento das redes sociais, porque a comunicação era mediada pelos sistemas privados. Isso mudou bastante a forma de perceber e comunicar as práticas de racismo, e a juventude negra, principalmente urbana, tem sido a maior beneficiada. Entretanto, tem sido também a maior vítima, porque, automaticamente, as empresas de entretenimento, ao perceberem o potencial da etnicidade e da autoafirmação, começaram a criar produtos específicos por empresas controladas por gente branca, das quais nós somos os consumidores.

É muito importante pensar nas modulações do racismo antinegro. A questão fundamental é o controle, por pessoas de uma mesma origem euro-descendente, dos lugares de prestígio, mando e poder. Pensemos em um desdobramento do ativismo negro educador, na medida em que a escola continua sendo uma fábrica de fazer consciências brancas, se pudermos, de alguma forma, sabotar os "dispositivos de poder" (o termo não é meu, é de um historiador negro, estudado na Inglaterra, chamado Stuart Hall). E, de vez em quando, desligar os dispositivos de poder para produzir interpretações sobre a dinâmica do racismo antinegro e sobre as práticas de movimentação nas sombras, de movimento sombreado. (A ideia de sombras também não é minha, é de uma historiadora negra, chamada Beatriz

---

* Édison Carneiro, "A Lei do Ventre Livre". *Afro-Ásia*, Salvador, n. 13, pp. 13-25, 1980.

Nascimento, que, pouco antes de morrer, estava formulando hipóteses sobre estratégias de confrontação do poder branco, da hegemonia branca no Brasil.) Porque todas as vezes que nos colocamos à luz do dia e reivindicamos, a violência vem imediata. Aquela que foi produzida a partir de 2013, agora nós sabemos que a finalidade dessa violência social, do armamento da classe média branca urbana e do armamento dos produtores do agronegócio e de suas milícias é contra nós e os nossos irmãos, os povos originários.

Ynaê Lopes dos Santos
Eu queria agradecer e dizer que a gente só repara aquilo que a gente conhece. E, aqui, tivemos duas fontes privilegiadas para conhecer mais e melhor a história do Brasil. Foi uma verdadeira aula para todos nós.

O que deve a branquitude? Memória como dispositivo de poder

LIA VAINER SCHUCMAN, ALEX DE JESUS E FERNANDO BALDRAIA

Fernando Baldraia
Se vocês repararem, esta conversa é a única que o título é uma pergunta. Fazendo quase um trocadilho, essa é a pergunta do milhão. Mas quero dar um passo atrás antes de fazê-la. Nos bastidores, a gente notou que as palavras "branquitude" e "reparação" são quase caçulas na gramática das relações raciais do Brasil. Quem conhece os estudos sobre relações raciais percebe que elas começaram a ganhar tração nas últimas décadas. Evidentemente, isso é diferente no léxico do ativismo e das reivindicações negras.

O Brasil é uma referência para o mundo inteiro na historiografia da escravidão. Tem um bocado de historiadores e historiadoras aqui que não me deixam mentir. Você sai do Brasil para discutir escravidão na Turquia, por exemplo, e lá as pessoas leem historiografia da escravidão brasileira, porque a gente tem uma série de teorizações e de trabalhos que são importantes. Então, neste país em que já se estudou tudo que diz respeito às relações raciais — eugenia e branqueamento, por exemplo —, a ideia de branquitude é muito mais recente. Quem foi educado ao longo das décadas de 1980 e 1990 não ouviu nem falar disso. No entanto, a gente tem agora essa palavra, que se tornou quase onipresente, e me parece que está um pouco dada demais.

A mesma coisa acontece com "reparação". A gente falava de segunda abolição, mas é preciso entender o que é reparação para além de pensar que ela é apenas estudar a história do negro nas escolas. Conhecer a história indígena é reparação? Ter ações afirmativas é reparação? Em tese, como a sociedade é total e estruturalmente branca, qualquer coisa que a gente fizer pode ser chamado de reparação. E isso pode ser um problema. Até por conta do que o Salloma Salomão falou do espaço em que as pessoas negras foram conquistando hoje em dia nas mídias digitais.* Existe uma hiperexposição a uma série de pessoas e conceitos o tempo inteiro, e eles estão se desidratando muito rápido. Eles são usados e mobilizados com tanta frequência que, antes que eles ganhem alguma robustez conceitual, já perdem força. Também considerando o que Bispo falou, se a gente precisa ou não de teoria — e estou encaminhando uma conversa mais careta —, acho que a gente pode substituir a teoria pela imaginação, mas dá para a gente pensar em uma imaginação teórica ou em uma teoria imaginativa. Mas, sobretudo, devemos pensar qual é a melhor maneira de delimitar o que falamos quando falamos de branquitude. E do mesmo modo a respeito de reparação.

O que significa pensar sobre reparação e branquitude não só, digamos assim, no exemplo concreto, mas de um ponto de vista abstrato, moral?

Lia Vainer Schucman
Conceituar branquitude me levaria um grande tempo, mas eu acho que há formas de resumir e uma delas é delimitar a branqui-

---

* Ver o capítulo "Nada os trará de volta: políticas de reparação e seus limites", p. 45.

tude como um constructo de poder. Ela posiciona os brancos dentro da estrutura nos lugares mais altos da hierarquia social, sem que isso seja visto como privilégio de raça. Há, nesse ponto, uma diferença entre o que é ser branco e o que é a branquitude. A branquitude é o constructo de poder, advindo de quinhentos anos de espoliação, expropriação, colonização dos povos do mundo, indígenas, negros etc., que traz sobretudo um acúmulo de riqueza econômica, mas que vai desvelar em todas as estruturas de poder, como a econômica, política, jurídica e também na produção de subjetividade, que é a área de onde eu venho, a psicologia.

É uma estrutura de poder que, ao colocar o branco nessa posição, normaliza a ideia do indivíduo branco como alguém que tem em sua imanência um lugar de superioridade. Junto à ideia de raça, somam-se as ideias de competência, de inteligência, de civilização. É uma falsa ideia construída historicamente, mas que vai perpetuando e incrustando no tecido social e em todos os pontos de uma sociedade euro-centrada.

Então, em resumo, o conceito de branquitude faz parte de um campo de estudos críticos dentro da agenda antirracista, que se define como uma ideologia e um constructo de poder nas sociedades marcadas pelo racismo que conduz uma ideia normativa da identidade racial branca, mas também a experiência racial vivida por brancos. Esses são os três pontos básicos.

Alex de Jesus
Aceito a provocação de Fernando, já que ele propôs dois estratos, um do próprio tema, que é a branquitude, e outro, que também é fundamental: a comunicabilidade dessa experiência através da linguagem. Ele diz que essa é a mesa mais careta, porque certamente é a mais teórica.

Sinto necessidade de me posicionar um pouco sobre isso para que vocês entendam de onde venho. Minha fala tem uma dobra muito diferente das pessoas que me antecederam. Todas as pessoas que falaram antes, de alguma forma, pressupunham não só uma experiência de memória, mas uma experiência comunitária. A nossa mãe, que abriu, que nos saudou, pressupunha uma comunidade religiosa; Nego Bispo, uma comunidade quilombola; e mesmo Conceição Evaristo, na qualidade de literata, tem um poder que a maioria de nós, teóricos, não temos, que é inventar mundos, inventar povos e inventar comunidades. E não apenas Conceição Evaristo. Por exemplo, as melhores comunidades que eu tenho visto serem inventadas aqui no Brasil se devem à Eliana Alves Cruz.* As pessoas, os tipos negros que aparecem na literatura dela são outros povos, que aparentemente vieram da África, mas a energia e tudo aquilo é uma reinvenção dela. Há uma experiência comunitária ali.

A minha experiência de fala é infeliz e necessariamente uma experiência insular, porque eu venho da universidade. E desde que a gente conhece Frantz Fanon,** e sua percepção sobre os Congressos de Cultura, já entramos ressabiados, porque a universidade não é comunitária. A lógica dela é condominial. Mesmo que ela tenha coletivos negros, esses não respondem a uma

---

* Eliana Alves Cruz é escritora, roteirista e jornalista. *Água de barrela* (Rio de Janeiro: Malê, 2018), seu romance de estreia, ganhou o Prêmio Oliveira Silveira de 2015, da Fundação Cultural Palmares/Ministério da Cultura. Em sua obra, Eliana constrói uma ficção histórica que resgata a trajetória da sua família desde a chegada de seu primeiro ancestral na costa brasileira. Combinando história oral com pesquisa arquivística, ela inovou os marcos literários brasileiros e é reconhecidamente uma das mais importantes escritoras nacionais da contemporaneidade.

** Frantz Fanon (1925-1961) foi psiquiatra, teórico e militante. Em seus livros, mas sobretudo em *Pele negra, máscaras brancas* (Trad. de Raquel Camargo e Sebastião Nascimento. São Paulo: Ubu, 2020), analisa as dinâmicas materiais e subjetivas do racismo na constituição dos sujeitos, corporalidades e territórios negros e brancos. Seu pensamento é fundamental para a constituição do campo de estudos críticos da branquitude.

lógica comunitária. Eles entram na disputa de poder da universidade, da mesma forma que os outros. Digo isso porque, em um seminário sobre memória, venho de um lugar onde o que me sobrou não foi a memória, mas o arquivo. Minha forma de ligação com o passado talvez não seja minha memória, que foi partida, fraturada de várias formas, não apenas pela universidade, mas pelo protestantismo que a minha família fez eu professar. Quando você é desde infante de um determinado lugar, você é porque foi. Você sai da coisa, mas a coisa não sai necessariamente de você.

Assim, é nesse lugar da escritura, do livro e do arquivo que efetivamente minhas relações ocorrem. Posso ter embranquecido em várias coisas, vocês podem avaliar, mas não na experiência epistemológica. Porque o arquivo, para mim, não se confunde com a experiência. Assim como há um ditado oriental que diz: "O dedo aponta a Lua, mas há quem confunda o dedo com a Lua", na minha cabeça, o arquivo aponta para a experiência, mas ele não se confunde com a experiência. Ele indica, orienta e me leva até lá. Passei dois anos e meio da minha vida estudando um filósofo que falava de tipografia sem saber o porquê. Depois de dois anos, descobri que minha mãe foi tipógrafa, que meu tio foi tipógrafo, que Machado de Assis também foi tipógrafo, que Lima Barreto era de família de tipógrafos. E uma experiência de leitura singular minha se transformou em experiência coletiva, de uma família, de uma comunidade. Então, embora eu possa não ter acesso a determinadas memórias, à memória ancestral, o arquivo me leva também a essa experiência que é posterior à africanidade, mas que me marca muito mais, independentemente de eu ter uma relação ancestral ou não.

Eu sou negro. E, se isso não me dá uma memória histórica, me dá uma memória sociológica. Parece que estou fazendo um longo desvio, mas é preciso dizer isso porque, do lugar do arquivo, eu percebo que a branquitude e a reparação, termos que pude pesquisar, são recíprocos. Eles se pertencem. Se a gente pensar a relação da branquitude com a reparação e da negritude com a reparação, articular negritude e reparação em uma mesma frase é um oxímoro, um paradoxo. É algo que efetivamente parece não cumprível. Mas branquitude e reparação parece que são coisas recíprocas.

Peço licença à Lia para exemplificar com a experiência da etnicidade judaica, que é justamente a possibilidade do judeu pós-Segunda Guerra Mundial, depois do Holocausto, experimentar um processo de branqueamento que levou à reparação. E esse processo não é possível a todas as pessoas pretas e pardas simplesmente porque uma parte delas não pode passar por um processo de branqueamento. Então, a primeira coisa que eu diria é que branquitude e reparação se pertencem. Juntas, são uma experiência possível, enquanto negritude e reparação, não.

Fernando Baldraia
Lia, você falou de poder. Dentro do ativismo e da reflexão política sobre a escravidão, a gente fala muito de crime e da ideia correta e quase indiscutível, do ponto de vista moral, de que a escravidão é um crime contra a humanidade. A ideia de crime indica uma coisa muito circunscrita, muito específica, com autoria. Tem um autor que diz que um crime que dura três séculos e meio, quatro séculos, é difícil de ser percebido como tal. Ele é a ordem natural das coisas. Entender a ordem natural das coisas como um crime fundamental é um exercício cognitivo difícil de fazer. Tem algumas coisas que a gente faz, repete e em que acredita que talvez precisem de um polimento.

Gostaria de perguntar sobre o entendimento da branquitude como poder e a escravidão como exercício desse poder. Faz sentido entender o exercício de poder como exercício do crime?

Se a ordem do mundo é imanentemente criminosa, é difícil entender o que é o crime, porque as inversões acontecem com uma certa frequência. Acho que há aí um campo para a gente trabalhar, inclusive fazendo o que Bispo sugeriu de inventar novos vocabulários, novas palavras, talvez neologismos, para dizer as coisas que a gente quer dizer, porque a linguagem que a gente herdou do direito ocidental talvez não esteja dando conta.

Lia Vainer Schucman
Primeiramente, respondendo sobre a questão de reparação dos judeus pelo meio da branquitude, essa é uma posição que coloca em xeque exatamente o que estamos debatendo: é possível reparar? O que seria reparar a perda de 6 milhões de vidas? Essas pessoas se sentem reparadas? Quem perdeu a família, a casa, o território, se sente reparado ao ser visto como branco? Aliás, retirarem a judaicidade a partir da branquitude é reparação? Vou deixar essas perguntas no ar e vou fazer uma livre-associação para responder ao Fernando. Gosto de pensar que a branquitude se construiu a partir da ideia de supremacia racial branca e que, na prática, se configurou como projeto racial de dominação em que só cabe a si mesma como representante do humano. Como disse o Nego Bispo, ela é *mono*. Então, pensando na ideia de monocultura e homogeneidade, ou na própria ideia de narcisismo proposta por Cida Bento, é possível pensar a branquitude como uma construção ideológica homicida e, portanto, criminosa, no sentido que ela é obrigada a matar física ou simbolicamente as várias formas de ser e existir para sua sobrevivência. Matar tanto no plano simbólico, na cultura, no etnocídio dos povos indígenas quanto literalmente, como vem fazendo há quinhentos anos. A questão central é que, por ser uma identidade construída na ideia de crime, desapropriação e espoliação, o enriquecimento de séculos a partir do trabalho do outro não é visto como crime. Trazendo *O contrato racial*, de

Charles Mills,* a supremacia branca é o que define a sociedade ocidental, sem ser nomeada como tal. Então, quando a branquitude é posta em xeque e evidencia-se o enriquecimento dos brancos a partir da expropriação colonial, os membros desse grupo não compreendem o "reparar" como uma ação política de devolver minimamente a quem se deve, mas sim como um lugar filantrópico de superioridade. Não se compreende o reparar como dívida histórica (ainda que impagável), e portanto um direito, mas sim como uma ação que repõe a falsa ideia de superioridade branca, em que os sujeitos se percebem como aqueles que estão fazendo um favor de retirar o que é imaginado como seu para doar ao outro.

Só o fato de grande parte das instituições, como universidades ou a própria filantropia, ser composta em sua maioria apenas por brancos em espaços de decisões e lideranças, podendo decidir se serão ou não antirracistas, é o próprio racismo.

Fernando Baldraia
Esse espaço que Lia mencionou detém o poder, a caneta e o dinheiro, e pode, inclusive, propiciar uma ocasião como essa para a gente, porque é assim que funciona, evidentemente, a circulação e o financiamento. Agora, tem uma confusão grande. A branquitude se confunde, em alguma medida, com a própria estrutura do capitalismo mundial, não só brasileiro. É só

---

* Charles Wade Mills (1951-2021) foi um filósofo, cientista político e estudioso das relações raciais. Nascido em Londres em uma família jamaicana, Mills lecionou em universidades estadunidenses como Northwestern e Cuny. Considerado um dos pioneiros da teórica racial crítica, seu livro O contrato racial (Trad. de Téofilo Reis e Breno Santos. São Paulo: Zahar, 2023) é uma das obras mais importantes desse campo. Nela, o autor analisa os principais expoentes da teoria clássica do contrato social (Hobbes, Locke, Rousseau e Kant), de modo a demonstrar como a modernidade se baseia em um projeto político de supremacia branca.

pensar em quem é o detentor do poder e nas cinco maiores *big techs* do mundo. Isso talvez seja importante porque a gente tenta circunscrever o problema do racismo como se ele fosse uma questão de vontade política no Brasil, como se, caso a gente tivesse a vontade política de reconhecer determinadas coisas, a gente poderia ser uma sociedade antirracista. Mas é preciso entender que o racismo está completamente entrelaçado com as estruturas de um capitalismo que extrapola o Estado-nação não só do Brasil, mas de todos os outros países.

Se a branquitude se confunde com o capitalismo, é como se a gente estivesse se perguntando qual seria a utopia do século 21. Porque as utopias do mundo europeu, do Iluminismo, sejam as socialistas, sejam as comunistas etc., não funcionam mais. E o neoliberalismo, por sua vez, em alguma medida, virou o fim da história. A gente consegue olhar para o passado e falar "temos um repertório", mas, se essas experiências de olhar para o passado, de resistência comunitária — e eu vou usar uma palavra talvez problemática aqui —, sofrem certa "romantização" de um olhar, porque estão sujeitas a isso já que tudo é uma performance pública, como é que a gente pensa reparação, se essas experiências, se esse repertório não for mais persuasivo, se ele não oferecer essa utopia do século 21? Vovó Cici falou um pouco disso quando mencionou a maneira como as pessoas usam as tranças. Você tem vários níveis, que podem ir da banalização a uma *comodificação* (Salloma falou sobre como tudo vira mercadoria), até a uma romantização, uma espécie de sonho.* E se o olhar para esse passado não for mais persuasivo o suficiente? Porque o que nos interessa é o devir. A gente está aqui hoje, mas a gente está em que corre? Estou perguntando porque acho que isso tem acon-

---

* Ver "Apresentação", p. 15, e o capítulo "Nada os trará de volta: políticas de reparação e seus limites".

tecido, por exemplo, nas letras de funk. A molecada preta hoje está cantando na periferia, mas a galera não está olhando para o passado e evocando as experiências de resistência. Assim, existe uma possibilidade de que o horizonte da resistência radical, mas que olha para o passado, não sirva mais para a gente pensar no futuro? Se for assim, como é que a gente pensa reparação?

Alex de Jesus
Essa questão que você levanta de, antes de decidir se devemos continuar escavando o passado, escolher com quais termos devemos escavar é um dos grandes problemas da linguagem, porque acredito que ela também seja racializada. Os temas que a gente está colocando aqui são: branquitude, negritude, reparação e até mesmo a política de reconhecimento. Talvez todos os coletivos negros queiram políticas de reconhecimento, mas nós não falamos que o fundo teórico da política de reconhecimento é a dialética do reconhecimento de Hegel. E a relação de Hegel com essa dialética é completamente inversa ao que aconteceu com o Haiti.* Embora hoje já existam estudos que mostrem a relação entre Hegel e Haiti, o que houve no Haiti, em termos de revolução, foi um jogo do tudo ou nada. Chegou um momento em que não era possível o diálogo, não era possível a convivência. Mais que um é demais, e os negros decidiram que os brancos eram demais. A dialética do reconhecimento tira essa coisa do um e coloca dialética nessa interação do senhor do escravo e, mais do que isso, assume o escravo como senhor de si mesmo, ou seja, ele continua sendo escravo, mas é capaz de exercer o autodomínio, ideia com a qual todas as nossas políticas de reparação

---

* Ver Cyril Lionel Robert James, *Os jacobinos negros: Toussaint L'Ouverture e a revolução de São Domingos*. Trad. de Afonso Teixeira Filho. São Paulo: Boitempo, 2000.

são pensadas. É possível pensar uma saída com um começo tão comprometido, como o que Hegel nos coloca? Isso é um ponto.

Sobre o segundo ponto, acho que acessar o passado, seja pela memória ou pelo arquivo, tem a sua experiência de vitalidade. Existe uma literata norte-americana chamada Octavia Butler.[*] Dos vários livros que ela tem, o *Kindred* é uma obra preciosa. A protagonista é uma mulher negra da década de 1970 que, por uma situação, começa a ser remetida fisicamente para o passado oitocentista no seio de uma família escravocrata, que ela depois descobre que é a dela, porque ela é fruto de um estupro de uma mulher negra cometido por um homem branco, e ela simplesmente é do século 20. E o que ela faz? Ela vive melhor do que os outros negros, porque, embora ela não tenha a experiência da escravidão, ela conhece o arquivo da escravidão. Então, todas as escaramuças, todas as estratégias dos brancos e dos negros, ela conhece e usa a seu favor. Portanto, acredito que sim, que o arquivo e a memória podem funcionar nesse sentido.

Mas aí, tem duas coisas. Precisamos fazer uma diferenciação entre a memória histórica, que exige minha ligação com a ancestralidade — e a essa acho que nós podemos aderir ou não —, e a memória sociológica. Fico pensando em todos os meus irmãos negros e negras que são evangélicos, que não conseguem se reconhecer na ancestralidade, mas que reconhecem que são marcados dentro da Igreja pela racialidade. Para essas pessoas, a memória ancestral não é necessária, apenas a memória sociológica.

---

[*] Octavia Butler (1947-2006) foi uma renomada escritora norte-americana, pioneira na ficção científica e na literatura especulativa. Sua obra *Kindred* (Trad. de Carolina Caires Coelho. São Paulo: Morro Branco, 2017) é um marco da literatura ao misturar ficção científica com questões históricas e sociais e influenciou importantes intelectuais, tais como Denise Ferreira da Silva (*A dívida impagável*. Trad. de Nathalia Silva Carneiro, Viviane Nogueira, Jéfferson Luiz da Silva, Roger Farias de Melo e Nicolau Gayão. São Paulo: Zahar, 2024) e Saidiya Hartman (*Vidas rebeldes, belos experimentos*. Trad. de floresta. São Paulo: Fósforo: 2022).

O racismo está aqui, está presente. E na relação com a ancestralidade não existe nem relação direta nem inversamente proporcional. Eu não serei mais negro se eu for mais ancestralizado. Inversamente também, se eu for menos, eu não serei mais negro para a polícia. Ser negro basta. E a mim parece que a gente precisa produzir, antes de pensar em uma reparação, uma política do acordo mínimo. O que eu preciso saber minimamente para que a gente possa acordar, sendo de qualquer religião, sendo de qualquer credo? O fato inequívoco de que eu sou negro: isso, para mim, já é suficiente para a gente fazer um acordo.

Com relação à terceira questão que você colocou, nós temos dois problemas com o identitarismo. O primeiro é que ele não consegue convencer o mundo de que há uma identidade branca e que ela é apagada por causa da sua pretensão universal. Segundo, o identitarismo nos desagrega, porque ele só pode ser ancestral, quando o que me parece é que o mínimo que a gente precisa é a identidade da superfície abissal, que é essa pele negra; porque ela por si só consegue fazer não apenas uma separação fundamental, mas uma separação intransponível. E aí, eu continuo dizendo: me parece que o termo "reparação" talvez não seja aquele com que nós devêssemos lidar. Daí a ideia do grupo de pesquisa chamar desAiyê. *Aiyê* vem de mundo, o *Ilê Aiyê*,* essa ideia de um grande mundo, e eu uso a partícula "des", que é a partícula portuguesa para dizer desmundo, e desmundo é o mundo não desejado. *Aiyê* foi o primeiro mundo não desejado da modernidade e um mundo não desejado para que este mundo pudesse funcionar. Então, me parece que a discussão sobre a reparação traduz uma saída impossível.

---

* *Ilê Aiyê* é uma expressão do idioma iorubá. Quando separadas, *Ilê* pode ser traduzida como casa e *Aiyê* como mundo ou realidade da temporalidade histórica. Quando juntas, as palavras podem ser traduzidas como "nossa casa" ou "nossa Terra".

Gostaria de discordar fraternalmente do professor Edson Cardoso: não há problema no funcionamento da democracia. A democracia funciona muito bem, ela foi feita para funcionar sem caber determinados tipos de gente. E aí, eu fico pensando sobre essa questão da reparação, se há memória na branquitude ou nos brancos sobre crime. Estou perguntando, Lia, se ela é recalcada, se ela é alguma coisa ou se efetivamente não há memória. Saidiya Hartman tem um estudo muito interessante sobre mulheres escravas no século 19, nos Estados Unidos, que entraram na Justiça contra os seus senhores porque foram estupradas.* Nenhuma delas ganhou as ações, porque, na compreensão do juiz, para que houvesse estupro, seria necessário que não houvesse consentimento do ato sexual. Como a escrava era um objeto, era um bem, uma propriedade, ela não gozava de estrutura de consentimento, logo, ela não podia acusar ter sofrido violência. Então, a pergunta é: o fato de eu, negro, achar que sofri um crime necessariamente envolve uma contrapartida do outro que o encontre na sua memória recalcada, ou seja como for? Me parece que não existe essa inscrição na memória.

Lia Vainer Schucman
Não é possível pensar que há uma memória de um crime coletivo no imaginário dos indivíduos se ela não foi construída socialmente. Se analisarmos, cada indivíduo branco que nasce hoje não se sente um criminoso, mesmo porque não é. No entanto, é beneficiário de uma estrutura que foi construída a partir da apropriação do trabalho e do corpo negro, da desumanização do negro.

---

* Saidiya Hartman, "Vênus em dois atos". *Dossiê Crise, Feminismo e Comunicação*, v. 23, n. 3, 2020. Disponível em: <revistaecopos.eco.ufrj.br/ecopos/article/view/27640/pdf>. Acesso em: 17 jan. 2025.

Nesse sentido, eu acho que é uma negação histórica, porque não foi construída a memória coletiva. Pelo contrário, a ideia predominante é de que as pessoas chegam onde chegam por mérito, o que é um componente da ideia de democracia racial, essa ideologia baseada na falsa ideia de que brancos e negros têm oportunidades iguais. Assim, a ideologia construída no Brasil nega o crime e desresponsabiliza os brancos pela expropriação colonial, construindo lugares simbólicos de humanidade diferentes para os diferentes grupos raciais, em que a branquitude, sendo uma ideologia construída a partir da ideia de supremacia racial branca, produz a ideia de que o branco é a representação universal da humanidade e então desumaniza os outros.

Trata-se de uma humanidade em que não há possibilidade de reconhecimento do outro, a não ser que você construa outra humanidade.

Dentro dessa humanidade construída só cabe o Ocidente branco, porque ela é fundada em oposição ao outro. Há a ideia de que a tecnologia é branca, a civilização é branca, a inteligência é branca e isso é humanidade, isso é civilização. Nesse sentido, há uma negação, porque no engodo da superioridade branca, o crime não é visto como crime, já que não se comete um crime com outro que não é considerado humano.

Fernando Baldraia
A gente realmente está bastante habituado a ouvir isso que a Lia falou. E aqui a gente tem dois problemas. O primeiro e mais evidente é que, se eu chegar em Osasco e falar para qualquer camarada: "Mano, você não é humano", o cara vai responder: "Velho, você tá muito louco". Esse papo de que as pessoas negras não são humanas é, ao mesmo tempo, evidente para a gente que está discutindo aqui, e ininteligível para a pessoa que é humana.

Então, tem essa primeira aporia de que a desumanização é difícil de entender. Por isso, a primeira pergunta é: como resolver isso de acharmos entre nós a desumanização uma coisa muito evidente, quase um lugar-comum, e isso não ser compreensível para os outros?

A segunda coisa põe em xeque o crime. Deveria ser crime porque evidentemente a gente se sente assim, se coloca assim e espera que seja recebido assim, interpretado assim. Ou então tem uma dissonância cognitiva aí, para voltar ao Charles Mills, muito grande, porque não é possível que a gente se coloque assim e não seja entendido assim. O segundo lado da questão é que, se a gente pensa o desenvolvimento da modernidade, democracia e todas as coisas associadas ao avanço do capitalismo, como tecnologia e internet, a gente tem um mundo correndo, se desenvolvendo e não sendo visto necessariamente como branco, que é, em tese, o próprio perpetrador do crime. A gente tem visto um longo debate atual, por exemplo, sobre alimentação e ultraprocessados. Como é que a pessoa vende veneno no mercado e isso não é crime? Deveria, mas não é. Ninguém consegue falar que vender ultraprocessado na gôndola do mercado é crime, mas vender uma erva natural no morro é. Como é que essa turma não entende isso?

Tem um peso da modernidade, digamos assim, como desenvolvimento natural do mundo, vinculado à tecnologia, à medicina, a todas as coisas que fazem com que o mundo seja mundo, e que torna difícil falar: "esse é o crime que mata as pessoas". Se a branquitude se confunde com a modernidade, que se confunde com o capitalismo, que se confunde com a ordem natural das coisas, que tipo de movimento, ou de pensamento, ou de retórica política, ou de utopia, a gente precisa mobilizar para convencer que o crime é o que está acontecendo aqui e agora, entre nós três e com vocês da plateia de cúmplices?

Lia Vainer Schucman
Sobre a ideia do consentimento, no livro *Afropessimismo*, o autor dá um exemplo ao falar de um processo em que mulheres negras descendentes de ex-escravizadas abrem um processo penal para julgar os crimes de estupros dos ex-escravocratas e perdem a ação. Com esse exemplo, ele explica que a escravidão tornou o negro objeto, de modo que, como uma garrafa amassada, ele não precisa consentir.* Obviamente a pessoa que nasce, cresce, sente, ama, tem filhos, tem sonhos e desejos sabe que ela é humana. Mas a questão reside na relação de poder, em quem retira a humanidade. É uma estrutura de poder tão violenta, em que o outro saber que é humano não confere uma posição de diálogo. Nos campos de concentração nazistas, obviamente todos os judeus andando em filas para virar pó sabiam que eram humanos, mas quem os enviava para o campo não os considerava humanos iguais.

Como a gente vai pensar a estrutura de poder e dominação que está ligada a uma supremacia econômica e política se, caso você diga "Eu sou humano", uma estrutura jurídica inteira estará lá para te mostrar, na prática, que você não é? O processo de racialização não para de acontecer diariamente. A questão central não é pensar que a raça foi inventada no século 19 como uma resposta a quinhentos anos de expropriação, é entender como ela se faz aqui, nessa mesa, agora, neste lugar, porque é diária. Para uma estrutura existir, ela precisa que os seres humanos peguem aquela máquina e a ponham para funcionar. Não existe estrutura

---

* Frank B. Wilderson III é escritor, teórico e professor de estudos afro-americanos e cinema. *Afropessimismo* (Trad. de Rogerio W. Galindo e Rosiane Correia de Freitas. São Paulo: Todavia, 2022), sua obra seminal, costura suas memórias pessoais com reflexões filosóficas e políticas na construção de uma teoria racial crítica. Nela, o autor analisa as origens do humanismo e as formas pelas quais a experiência da pessoa negra é indissociável da transformação da negritude como sinônimo da escravidão na modernidade.

sem gente. Não adianta alguém falar "o racismo é estrutural". O racismo estrutural não funciona sem um monte de gente rodando a manivela, e quem gira a manivela é quem tem poder para isso. A estrutura é essa.

Agora, debatendo como duas pessoas que não partem do mesmo pressuposto do que é reconhecimento e do que é humanidade, mas cheguem à mesma conclusão do que é crime, creio que só é possível reconhecer o crime se você partir do mesmo pressuposto de humanidade. O que está sem saída em Frantz Fanon é que não é possível pedir o reconhecimento para aquele que não pode dar. É isso a ferida narcísica. A pessoa só pede reconhecimento para aquele que retirou o reconhecimento, mas, se ele pudesse dar, ele não tinha retirado. Quando a ferida fica muito grande é porque você está pedindo: "Olha, eu estou considerando que é crime, isso é crime, reconheça que é crime". Se eles pudessem considerar crime, o crime não tinha sido feito. Então, estar sem saída é esse lugar: como é que você pede reconhecimento para aquele que não pode dar?

Alex de Jesus
A gente sempre vai transformar isso em uma perversidade muito consciente, mas fico pensando no racismo como um diagrama de época, já que a nossa relação com o mundo é de partilha do sensível. A partilha do sensível significa que nós somos essencialmente vitais, isto é, existe uma energia no mundo que, se a gente não se apropriar, simplesmente deixamos de existir. Nessa relação que estamos aqui, supõe-se que eu e vocês somos todos concorrentes em uma disputa para retirada dessa energia. O mau encontro colonial, no entanto, faz uma dupla redução. Na primeira, eu já não sou mais concorrente, eu sou a própria energia de que pessoas dispõem para enriquecer. A primeira redução é isso: eu sou carne, eu sou alimento, eu sou

energia. De modo que nem o Rappa nem a nossa diva Elza Soares, quando cantavam "A carne", estavam metaforizando ao dizer: "A carne mais barata do mercado é a carne negra". Não é metáfora, é redução energética. A segunda redução é sair do parque político, humano, para essa experiência de um retorno à natureza animal. Nesse aspecto, nós temos um problema de partida. A gente fala que precisa parir novos termos para pensar negritude, branquitude etc., mas mantemos termos como se eles não devessem entrar na discussão, que são a reparação e o reconhecimento. A gente discute a animalidade como um problema, mas não discutimos o humano como um problema. A gente só quer entrar, fazer parte da experiência humana, mas hoje tenho a percepção de que o humano não deveria ser naturalizado, e que temos que pensar que o humano que *nós somos é também um processo histórico.*

Ou seja, houve uma série de técnicas, ao longo do tempo, que determinados animais forjaram sobre si mesmos, e isso foi, ao mesmo tempo, domesticando a sua animalidade e produzindo uma qualidade nessa animalidade, que é a qualidade do humano.[*] Então, não existe o humano como humano, existe o animal humano. Me parece que a racialidade é uma técnica de produção contrária, em vez de ela ser uma técnica de administração do animal para produzir, cada vez mais, um animal humano, ela é uma técnica que faz você recuar dessa qualidade para a mera animalidade, e daí sai a estrutura do crime, aquela coisa toda, porque, quando eu volto para a animalidade, perco a fala e tenho voz. Eu sou alguém que posso comunicar apenas o que me dói e o que me deixa alegre. E o que hoje deixa muito evidente que não

---

[*] Essas reflexões sobre a técnica não seriam possíveis sem a intervenção, no debate atual sobre a biopolítica, de Fabián Ludueña Romandini, em especial, o seu *A comunidade dos espectros, 1. Antropotecnia*. Trad. de Alexandre Nodari e Leonardo D'Ávila. Florianópolis: Cultura e Barbárie, 2012.

há política para a gente é o fato de que, desde que se inventou redes sociais, desde que nossas dores puderam ser comunicadas, a expressão política e técnica que foi criada para elas é "mi-mi-mi".

Fernando Baldraia
E nem é uma palavra.

Alex de Jesus
Não é uma palavra, mas é um conceito de que aquilo ali não experimenta uma fala. A pergunta de Spivak, "Pode o subalterno falar?",* é justamente isso: a impossibilidade do que estou falando ser levado em consideração na comunidade política, porque o político é fundado sobre a minha exclusão. E aí, talvez, seja o dado mais difícil de a gente pensar: como o político é fundado na exclusão? Então, não há uma democracia para reparar, ela funciona muito bem assim.

Na realidade, a questão de como convencer o outro é mais como nós traduzimos isso, porque eu acho que, como diagrama mesmo, isso foi feito para a gente ser visto como não humano. A experiência prática impede isso. Um senhor de escravos pode dizer o tempo todo que eu sou um animal e que eu só sou um animal. Mas basta que ele adoeça e que ele saiba que eu tenho linguagem, que ele vai me permitir fechar um negócio por ele. Isso não me tira estruturalmente da animalidade, mas me convence subjetivamente que a coisa não é exatamente assim. Então, essa ida e vinda entre a humanidade e animalidade é o lugar onde posso ter a esperança de que eu habito o parque humano, de que as regras do parque humano se aplicam a mim também.

---

* Gayatri Chakravorty Spivak é teórica literária, professora e crítica cultural, amplamente reconhecida por suas contribuições ao campo dos estudos pós-coloniais. Em seu ensaio "Pode o subalterno falar?" [1988], ela explora a relação entre colonialismo, epistemologia e poder.

Fernando Baldraia
Gostaria de voltar para essa relação do ser humano com a linguagem e para como é difícil se convencer de que lesa-humanidade é um crime. Vocês estão vendo que esse debate não está tão fácil, e é importante que nós o digamos, mas conscientes de que é uma coisa relativamente difícil de se entender. Eu estava até conversando com a Iara Rolnik de que há um grupo de brancos organizados em tentar convencer os demais disso, mas, no geral, é o contrário, é difícil de convencer que é um crime.

Mas, pensando também em animalidade humana e linguagem, eu queria perguntar, tentando extrapolar e projetando o futuro e as perspectivas para a gente poder mobilizar a memória, que é o tema desse evento, se o debate que se circunscreve à categoria de humano oferece mais potencialidades ou mais limitações. A psicologia, essa coisa de olhar para o indivíduo, de o indivíduo ser a estrutura, oferece mais potencialidades ou limitações? Se a gente ouve o que o Bispo falou, entende que esse ser humano animal está em uma interação com outros seres no mundo, que não falam, mas que, nem por isso, não precisam ter representatividade política. Se a gente ouve o Ailton Krenak,[*] como é que a gente pensa a subjetividade da natureza?

Eu estou usando a palavra humana para falar. Com as ferramentas que a gente tem para tentar alcançar a dimensão desse crime, será que está na perspectiva antropocêntrica a solução para esse problema meio sem saída de que a branquitude se confunde com o capitalismo e com a modernidade? Se a gente permanece dentro de uma gramática que é antropocêntrica e que coloca a animalidade antes da linguagem e não dentro dela, a

---

[*] Ailton Krenak é líder indígena, ambientalista, filósofo e escritor. *Ideias para adiar o fim do mundo* (São Paulo: Companhia das Letras, 2019) reúne reflexões que articulam saberes ancestrais e críticas à lógica ocidental de progresso e exploração.

gente tem saída? Desconfio, e aqui é a provocação, que o espaço para se pensar o futuro talvez esteja em exatamente estender a memória e o indivíduo para além do homem, para além daquilo que talvez possa a psicologia. Mas eu não sou psicólogo, e talvez a Lia possa falar mais sobre isso para a gente.

Lia Vainer Schucman
Não sei se consigo fazer uma síntese de resposta, mas talvez propor mais aberturas. A única certeza é que é preciso pactuar que houve esse crime. É essa resposta que você disse não estar dada. A gente precisa criar uma pactuação em todas as instituições brasileiras. As instituições se relacionam como se não fosse um crime. Então, elas podem pensar se querem ou não reparar. Esse lugar de pactuação só pode ser construído se a gente alargar consideravelmente a ideia do que é civilização, humano e desenvolvimento.

A questão central recai na ideia de superioridade branca, que é a de que o desenvolvimento da humanidade advém da ideia de Europa e de que ela é branca. Se a gente pergunta onde nasceu a filosofia, as pessoas respondem que foi na Grécia. O problema é que a filosofia que nasceu na Grécia é a filosofia grega. A filosofia chinesa nasceu na China; a tupi, no Brasil; a indígena, com os indígenas. É preciso um mundo em que caibam todas essas filosofias, sem hierarquia.

A questão central da branquitude não é que não existam os outros, mas esses outros são como eles? No século 19, eles decidem que são, mas os outros precisam vestir determinada roupa; são, mas precisam comer com tantos talheres; são, mas precisam acreditar em Jesus; são, mas precisam se tornar como eu mesmo, como espelho do narcisismo, de um lugar em que esta é a humanidade que os outros devem alcançar.

Esse lugar continua na ideia de desenvolvimento, porque ninguém olha uma oca e fala: "Aqui está o desenvolvimento". A oca é uma construção que não está expropriando todo o recurso da humanidade. A ideia de que o desenvolvimento vai ser feito expropriando minerais, nióbio e matando indígena é a ideia de desenvolvimento. Se a gente não transformar essa ideia que está posta, a expropriação só vai ser maior. Isso só é possível se a gente criar um mundo em que caibam vários outros mundos e que a gente mude a ideia de desenvolvimento, assim como a ideia de nação e humanidade.

Fernando Baldraia
Talvez, na linha das teorizações da filosofia ameríndia, não seja necessário estender a humanidade aos animais ou recuperar a nossa animalidade, mas, de qualquer maneira, é preciso estabelecer uma relação em que outros entes entrem no cômputo do que é a humanidade política para pensarmos uma nova noção de democracia. Como você tocou nesse ponto, eu queria pedir para você falar sobre a nossa relação com as máquinas, pensando que, em uma sociedade urbana, temos uma relação quase simbiótica com elas. Se, de um lado, a gente pensa em quilombolas, indígenas e a relação deles com a natureza e fala que, se a gente não pensar esses entes como seres da comunidade política, a democracia vai continuar funcionando muito bem, obrigado, sacaneando todo mundo; agora, desse outro lado, qual é a utopia, como é que a gente pensa o futuro?

Alex de Jesus
Os dispositivos têm tornado tudo mais problemático. É muito engraçado o momento em que a demanda negra chega nos lugares. Por exemplo, quando a gente consegue chegar na universidade e estabelece uma crítica, a universidade abre mão dessa crítica. Se a gente quer ser arquivista, o intérprete do arquivo, quando a gente se torna arquivista, o mundo inteiro vira arqui-

vista também. Cada um tem o seu arquivo e a sua leitura, que é o que as máquinas têm produzido. Hoje, qual é o grande problema das humanidades? É que todo mundo é arquivista.

Na minha família tem advogados. Quando eu tenho uma consulta técnica para eles, ao que eles falam, eu me submeto, mesmo que estejam errados, porque eu reconheço que não tenho capacidade técnica para dar conta da especialidade deles. Mas não há fala que eu faça como alguém das humanidades, como historiador ou como sociólogo que seja respeitada, porque sempre tem uma leitura possível e ela é tão consistente, no sentido de autoridade, quanto a minha de especialista. Então, me parece que a hiperexcitação do arquivo e a quantidade infinita que nós temos de arquivistas tornou mais complicado um contrato como Lia supõe. Fico pensando que as condições de possibilidade hoje são as mesmas dos nossos contratos com empresas de celulares. São contratos de adesão. Não tem como você dizer: "Eu discordo disso".

Lévi-Strauss faz diferença entre sociedades frias e quentes. As frias têm pouca história, mas, quando queriam contar como funcionava, não faziam a partir do mecanismo de contação, tinha que ser dentro da historiografia.*

Há algo mais trágico, talvez. Para mim, a branquitude e a negritude informam duas clausuras que são racializadas, mas que, na prática, funcionam de forma invertida. O negro, desde o começo, tem a chance de ser negro. Eu posso ser escuro, mas

---

* Claude Lévi-Strauss (1908-2009) aborda o conceito de "sociedades frias" e "sociedades quentes" na obra *Antropologia estrutural*. Ele utiliza esse sistema para descrever como diferentes sociedades lidam com a história e a passagem do tempo. "Chamarei de sociedades frias aquelas que, por meio de instituições e sistemas de crenças, tendem a anular os efeitos que a passagem do tempo pode introduzir em seu equilíbrio e sua continuidade; e de sociedades quentes aquelas que se entregam ao que chamamos de 'progresso' e se dotam dos meios de provocar ou acelerar os efeitos históricos." (Trad. de Beatriz Perrone-Moisés. São Paulo: Ubu, 2018.)

não necessariamente negro. Eu posso me olhar e entender que eu sou escuro, mas negro, para mim, é quando eu entendo que o que acontece comigo, do ponto de vista social, responde pela minha escuridão. E eu posso passar décadas assim. E isso não acontece só comigo, um homem menor. Isso aconteceu com Lélia Gonzalez, aconteceu com tantas outras pessoas que nos influenciam. Elas passaram muito tempo como escuras e só depois se descobriram negras.

Ainda assim, quando falo de comunicabilidade, há sempre um exterior dizendo que eu sou negro. "Mamãe, eu vi um negro", não foi essa questão fundamental de Frantz Fanon em *Pele negra, máscaras brancas*?* O racismo é hegemônico, a racialidade é hegemônica, mas ela não é totalitária, porque, se ela fosse totalitária, eu não seria capaz de amar, eu não seria capaz de constituir família, eu não seria capaz de me alegrar. Então tem que ser, necessariamente, hegemônica, mas não totalitária. E aí a minha sanidade é pensar o que me acomete como racialidade e o que não me acomete. É fácil também dizer que tudo me acomete, porque se noventa, oitenta por cento me acomete, na economia do inconsciente, é muito mais fácil dizer que é tudo.

O branco é também uma pessoa racializada, mas a clausura funciona de forma inversa. Tudo na vida apaga o rastro da racialidade. Para ele é como se nada ou quase nada fosse racializado. Então, se isso for demonstrável, significa que, de partida, nós estamos dentro de uma estrutura de incomunicabilidade.

---

* Em *Pele negra, máscaras brancas* (op. cit.), a citação aparece no contexto de uma discussão sobre a experiência do racismo e a construção da subjetividade em uma sociedade colonial. Fanon analisa como a outridade é um mecanismo que opera como um instrumento de alienação e objetificação do corpo e da subjetividade da pessoa negra. O episódio narrado pelo autor traduz as dinâmicas de racialização, nas quais a pessoa negra é reduzida a um signo de diferença, frequentemente associado a medo, curiosidade e estereótipos.

A gente conversou um pouco sobre isso quando o Nego Bispo falou: "Vamos para a memória e não para o arquivo", "Vamos para a oralidade e não para a escrita", "Se eu fiz uma vez, eu vou dizer que fiz cinco". As pessoas riram e eu fiquei pensando: será que elas estão achando que ele está brincando? Porque a estrutura de oralidade coloca outro valor, moralidade e ética sobre a verdade. Não sei se vocês já leram *A queda do céu*, de Davi Kopenawa.* Para mim, é muito nítido: existe uma mitologia yanomami e existe uma segunda mitologia que incluiu o branco. Mas, ao incluir o branco, ela não inclui produzindo a mitologia daqui para a frente. Ela volta lá para trás e coloca os brancos lá. Para nós é absurdo, para eles, é completamente legítimo. Então, quando alguns de nós rimos aqui, eu fiquei pensando: será que as pessoas estão entendendo realmente que é outra moralidade, que é outra lógica e que, talvez, a risada que nós demos traduza mais uma incomunicabilidade? E aí, se esse fato se trata de incomunicabilidade, ou seja, por mais que a gente possa se compreender cognitivamente, a cognição não vai dar conta de resolver, aí fica a questão que a gente está evitando o tempo todo, porque nós estamos em uma situação democrática e política. É possível falar sobre tudo isso sem falar sobre violência? Para mim, talvez, a questão não seja reparação. Talvez seja dissolução. E é possível dissolução sem violência?

Fernando Baldraia
Não é à toa que a pergunta do último livro da Denise Ferreira da Silva é se essa dívida é pagável, se essa reparação é possí-

---

* Davi Kopenawa Yanomami é líder indígena, xamã e ativista dos direitos dos povos originários. *A queda do céu* (Trad. de Beatriz Perrone-Moisés. São Paulo: Companhia das Letras, 2015), obra escrita em parceria com o antropólogo Bruce Albert, é um testemunho singular que combina narrativas pessoais, cosmovisões yanomami e críticas incisivas à devastação ambiental e cultural causada pela sociedade ocidental.

vel.* Desconfio que não seja, mas só como uma coisa provisória, na falta de um vocábulo melhor, a gente podia falar assim: "Reparação, gente, vai ser difícil". Vamos falar que dá para ser uma "compensação" bem mais ou menos? Compensar no sentido de colocar em condições mínimas de jogo. Agora, reparação mesmo, está difícil. São 60 mil jovens assassinados por ano. Dá para reparar?

Vou para as perguntas do público. Temos uma interessante: é possível pensar em outras branquitudes, como se tem proposto com relação às masculinidades não hegemônicas? Por exemplo, branquitudes críticas, alternativas, subversivas ou contrabranquitudes? Se não é possível pensar nisso, por quê?

Lia Vainer Schucman
Não é todo mundo do campo que vai concordar comigo, mas, para mim, branquitude antirracista é inconcebível. A branquitude é um resultado do racismo. O que é possível é que sujeitos brancos sejam antirracistas. Agora, a branquitude, como uma ideologia de constructo de poder, é impossível ser antirracista. Porque o que faz com que eu, Lia, seja incluída na branquitude brasileira, tal como um descendente de português? A gente não tem a mesma cultura, a gente não está no Brasil ao mesmo tempo, eu estou há duas gerações no Brasil, a pessoa está há quinhentas; talvez a gente não tenha a mesma religião, eu sou judia, a pessoa é católica; a gente não come a mesma comida; só a categoria "branco" inclui a gente no mesmo lugar, que é uma posição de vantagem na sociedade estruturada pelo racismo, que, no Brasil,

---

* Denise Ferreira da Silva é filósofa, pesquisadora e cineasta, reconhecida por suas contribuições aos estudos críticos de raça, feminismo negro e filosofia pós-colonial. *A dívida impagável* (op. cit.) é uma obra que desafia as bases modernas de justiça, ética e economia, expondo como a colonialidade e o racismo estruturam as relações sociais e políticas globais.

é via fenótipo. É por isso que eu entro nessa categoria. Não entraria há cinquenta anos na Europa. O que eu estou dizendo é: no Brasil, via fenótipo, entram nessa categoria pessoas que não têm nada que possa ser unificador com relação ao pensar étnico ou cultural, a não ser o lugar de vantagem. Se a branquitude é aquilo que vai unificar brancos aleatórios, pobres e ricos, em um lugar de vantagem, ela não tem como ser antirracista, já que só sujeitos brancos podem pertencer a ela.

Ela é um resultado que unifica vários sujeitos em uma posição de vantagem. Se você retirar a branquitude, vira descendente de português, judeu ou árabe. Temer, Maluf, Haddad: não faz sentido eles estarem na branquitude se ela não for um lugar de poder. Se for para pensar etnicamente, eles não são nem descendentes de europeus. A unificação por um lugar de poder é o resultado da branquitude. Não tem branquitude antirracista. É impossível. A não ser que você destrua essa categoria.

Fernando Baldraia
A branquitude é esse constructo de poder, mas esse poder tem endereço, nome e locações sociais muito específicas. Uma adesão de pessoas negras a esse constructo de poder ou a disputa desses lugares de poder não necessariamente vai ser antirracismo.

Alex de Jesus
Eu concordo com Lia. Isso me fez pensar em uma fala que também nos antecedeu, do professor Edson Cardoso. Ele comentava sobre o patrimônio. Quando você falou sobre a branquitude e sobre como ela tem que ser pensada como um diagrama que atravessa corpos e também instituições, pensei que o Iphan não está fora desse processo. O conceito de patrimônio é muito violento e tem traduzido coisas muito diferentes desde o século 19. Há uma dobra muito interessante no conceito de patrimônio cul-

tural, porque o que caracteriza juridicamente o patrimônio é o proprietário, não é a coisa. O conceito jurídico de proprietário diz que é aquele que pode usar a coisa até a destruição da sua essência. Então, se eu recebo uma herança, tenho três formas de me relacionar com ela: posso mantê-la, posso aumentar o patrimônio ou posso dilapidar o patrimônio. Mesmo que no último caso eu seja chamado de insensato, não respondo legalmente, porque é meu direito de proprietário destruir a coisa.

O patrimônio cultural desloca essa percepção. Eu sou proprietário daquele patrimônio, mas, como ele é comum, eu não posso destruí-lo. Por exemplo, os estudantes lá no Pará perguntaram: "Se o patrimônio também é meu, por que eu não posso destruir a minha parte?". Ao que responderam: "Por uma questão matemática. Veja, o Borba Gato. Tem 12 milhões de pessoas que são donas da estátua dele. Você quer destruir sua parte matematicamente. Me diz aí, o que você consegue destruir?". Então, nem na lógica matemática essa opção existe. Mas o problema não é esse. O problema é que na lógica cultural o patrimônio pertence ao Estado.

Uma vez que um terreno, uma comunidade ou um quilombo pede a patrimonialização, o patrimônio passa a ser exercício do Estado. Isso significa que, se eu tenho uma casa de candomblé que funciona normalmente, mas tenho medo que ela desapareça, vou ao Iphan, consigo provar a importância dela e a patrimonializo. Enquanto isso, ela continua fazendo as suas iniciações. Um dia, o telhado, que é do século 18, cai no quarto onde começa o trabalho dos iniciados. O Iphan para o trabalho, porque você não tem autorização de comprar qualquer telhado e instalar ali. Você precisa que seja um telhado específico, com tecnologia específica, que já não está mais em uso. Enquanto isso, não há mais iniciação. A patrimonialização transforma os locais comunitários numa relação de usufruto.

Então me parece que tudo aquilo que a gente tem vivido institucionalmente como ganho é um desdobramento da branquitude. Que a gente consegue determinar em alguns lugares, mas deixa a salvo determinados processos, determinadas instituições. Estamos cada vez mais mergulhados nessa asfixia.

Fernando Baldraia
Tem uma pergunta aqui que tem a ver com isso: como fazer avançar no debate público o tema da reparação, em termos materiais, para além de um antirracismo meramente estético, que tem sido acomodado mais facilmente nos setores da branquitude? Essa diz respeito direto à pergunta-título da mesa: o que deve a branquitude?

Lia Vainer Schucman
A pergunta "o que deve a branquitude?" é uma pegadinha, porque tem um duplo sentido: o que a branquitude está em débito e o que deve se fazer sendo branco. O que a branquitude deve é impagável. Não há como pagar 57 mil vidas por ano que são levadas, resultado da desumanização constante e da apatia diária que faz com que brancos não se levantem quando morre Miguel, quando morre João, quando morre Fernando. Já são quinhentas crianças assassinadas este ano. Crianças. Era um pai indo vender coisas para comprar comida para um filho no Guarujá (SP); outro indo conversar com um amigo sobre o jogo de futebol; outro que vai ali comprar pão. Essas pessoas são assassinadas à luz do dia. É um número absurdo todos os dias e esse país não para. Então, a gente não está falando mais só de estrutura de poder, mas de que ética e moralmente a branquitude cria um lugar homicida. Morrem 47 mil pessoas por arma de fogo, em sua maioria negras, por ano e esse não é um dado de guerra. Se isso não para o país, é porque eticamente, moral-

mente, as pessoas estão com esse crime na mão. A dívida é impagável, mas a gente precisa continuar aumentando a dívida? É essa pergunta que precisa ser feita todos os dias, porque a dívida aumenta todos os dias com a expropriação que não para de continuar, com a espoliação, com o racismo, com o fato de que essas pessoas não se levantam diariamente.

Morre Bernadete, com catorze tiros na cabeça, o Movimento Negro chama para o ato, sai no *Jornal Nacional*, Flávia Oliveira chama no GloboNews: "Amanhã tem ato". Eu fui no ato e tinham três brancos em Florianópolis. "Ah, eu tenho não sei o quê, tenho que levar meu filho na escola..." Não se para de levar o filho na escola com algo desse impacto? Leva o filho para o ato! A gente precisa parar de aumentar a dívida diariamente. E é urgente.

Agora, como é que a gente cria urgência? Eu vejo, há vinte anos trabalhando nisso, brancos se mobilizarem mais quando são acusados de racismo. Quando isso acontece na minha universidade, todos os professores brancos se juntam, dão um jeito de se mobilizar, de escrever uma carta para falar que o colega não é racista, que foi um engano. Há uma capacidade de mobilização dessa população, uma capacidade organizativa em torno da raça. Mas é para dizer que não é racista. Aí eu não consigo fazer essa síntese.

Alex de Jesus
Fiquei pensando muito em Lélia Gonzalez com essa resposta: a branquitude deve mundos e fundos. Considerando o registro de uma memória encoberta, o branco não é apenas aquele que cobre a memória de negros e de racializados, mas também cobre parte de sua memória. O resgate da memória não é apenas da memória negra, mas de uma memória branca. Resgate ou produção dessa memória, aliás. As máquinas produzem artificialmente essa possibilidade de memória.

O branco deve mundos, no sentido literal, porque essa ênfase no mono, no um sobre todos fez com que vários mundos fossem destruídos. Talvez a memória literária seja mais forte. Lembro-me sempre de *O mundo se despedaça*.* Quando chega esse mau encontro, ele sempre produz uma dissolução parcial ou total do mundo. Olha que coisa trágica: vocês estão lembrados da última tragédia que aconteceu com os yanomami, que foi a investida dos garimpeiros no final do ano passado?** A sensibilidade da esquerda produziu uma segunda tragédia que a gente não comenta, porque ela está relacionada às boas intenções da esquerda. Quando aconteceu isso, a esquerda pegou as imagens dos mortos yanomami e espalhou pelo mundo, como uma forma de sensibilizar. O que isso produziu? A impossibilidade de os yanomami enterrarem os seus mortos. Porque, quando as pessoas são mortas, tudo o que se refere a elas deve ser destruído, inclusive as suas imagens.

Então, por mínima que seja essa relação, ela é dissolutiva. Acho que a gente precisa ter coragem de dizer: talvez aquilo

---

* Obra de Chinua Achebe (1930-2013), um dos mais importantes escritores e intelectuais africanos, amplamente reconhecido por suas contribuições à literatura mundial. *O mundo se despedaça* (Trad. de Vera Queiroz da Costa e Silva. São Paulo: Companhia das Letras, 2009), publicado originalmente em 1958, é seu livro mais célebre e um marco da literatura africana moderna. Ambientado na Nigéria pré-colonial, o romance narra a história de Okonkwo, um líder da comunidade igbo, e os impactos devastadores da chegada dos colonizadores europeus e do cristianismo.

** A crise humanitária dos povos yanomami, evidenciada em 2023, destacou os efeitos devastadores do garimpo ilegal e do desmatamento em seu território, localizado na Amazônia brasileira. Relatórios apontaram níveis alarmantes de desnutrição infantil, doenças como malária e infecções respiratórias, além da contaminação por mercúrio, resultante das atividades de mineração. Ver Ana Graziela Aguiar, "Yanomami: crise humanitária no coração da Amazônia". *Agência Brasil*, 6 fev. 2023. Disponível em: <agenciabrasil.ebc.com.br/radioagencia-nacional/direitos-humanos/audio/2023-02/yanomami-crise-humanitaria-no-coracao-da-amazonia>. Acesso em: 17 jan. 2025.

que começou com dissolução só possa chegar ao final por meio de uma dissolução. A branquitude nos deve mundos. Mundos que eu, por exemplo, só consigo habitá-los na ruína. O meu pensamento vai se produzir na ruína desses mundos. E o mundo que está inteiro não me cabe inteiramente. Eu sou sempre um sujeito parcial. A Lia é apresentada como intelectual (não aqui, mas em situações em que já vi) e eu, também em outras situações, sou apresentado como intelectual negro. É uma divisão específica do capital simbólico. Lia, que a gente sabe que é militante, é vista como cientista e a palavra dela tem diagnóstico. Eu sou visto como militante, falo com o corpo e a minha palavra é mais uma denúncia. Isso distribui o capital político e simbólico dentro das relações.

A branquitude nos deve mundos e nos deve fundos também. Mas os fundos materiais, financeiros e mesmo os objetos nós não vamos recuperar. Por exemplo, no caso da política de reparação de objetos espoliados. Eles devolvem, mas precisam conservar os objetos. Se devolverem a um yanomami, o yanomami vai destruir o objeto. E aí vai se criar uma segunda comoção na branquitude, pela incapacidade de entender como aqueles objetos são maiores do que a própria cultura que os produziu. Então, me parece que o fundo financeiro é mais fácil.

Eles nos devem a própria saúde. No caso do estupro, nos devem a sua sensação de segurança e de dignidade, mas também a saúde. Porque aqui no Brasil, quando a anatomoclínica se instalou no século 19, ela não tinha corpos para abrir. A Igreja católica e, consequentemente, o Estado não permitiam isso. Como eles resolveram? Com toda a racialidade, com toda a indiferença, abriram corpos de homens negros e de mulheres negras e os dissecaram. Naquela profundidade, encontraram órgãos que eram iguais em tudo aos brancos. Então, se há uma ginecologia hoje que consegue, inclusive, de forma muito perversa, dominar o corpo feminino, foi na insegurança e no risco do corpo negro, da mulher negra, que essa dominação pôde acontecer com alguma segurança e menos risco.

Aquilo que a gente está discutindo aqui como reparação e que estrutura o mundo é a coisa mais superficial que a gente experimenta. Tudo está sendo resolvido na camada epidérmica e aí está o grande oxímoro: a pele negra é a superfície talvez das mais profundas que a gente pôde produzir.

Fernando Baldraia
A gente está trabalhando com duas metáforas, uma de dívida e outra de crime. Por isso, a gente tem que pensar qual é a pena. As duas penas mais extremas que existem são prisão perpétua e pena de morte. Vamos excluir a pena de morte, que nunca fomos a favor. Mas a lógica punitivista aqui não funciona. Supondo que seja um crime, que ele deveria ser pago com algum tipo de punição ao branco e que essa punição dentro da lógica punitivista não funciona, aqui eu coloco a pergunta da plateia: existe uma saída reparatória na luta antirracista que não seja revolucionária? E eu acho que, com isso, a gente pode fechar com chave de ouro.

Alex de Jesus
Eu acho que a revolução já é a suspensão da reparação, porque me parece que a reparação ainda é um convite para a gente estar, nesse mundo, integrado. Eu não acredito na integração, porque a própria experiência democrática está sentada nessa possibilidade. Por exemplo, hoje o diagnóstico mais radical ocidental sobre democracia é de Jacques Rancière. No livro *Dissensus*,[*] ele fala de uma situação histórica de escravos, que,

---

[*] Jacques Rancière, *Dissensus: On Politics and Aesthetics*. Trad. de Steven Corcoran. Nova York/Londres: Bloomsbury, 2010.

em determinado momento, se indispuseram contra os seus senhores e começaram a ganhar uma guerra atrás da outra, com a tentativa de entrar na democracia. E então chega um momento em que um dos senhores diz assim: "A gente está perdendo porque está pensando de forma errada. A gente está tratando-os como iguais. A gente vai para o campo com espadas, com lança, com cavalo para lutar contra eles. Mas eles não são iguais. Então vamos largar as nossas lanças e as nossas espadas e vamos pegar os nossos chicotes. Vamos entrar no campo de chicote". E essa experiência do chicote acionou gatilhos, e eles perderam. Foi a primeira queda. Jacques Rancière termina essa história dizendo o seguinte: "Não há espaço para uma entrada democrática pela violência escrava". É preciso lembrar do *Afropessimismo*, em que a figura do escravo ou do escravizado continua sendo mantida na experiência de morte social do homem negro.

Algum tempo antes, ele estava falando que a própria experiência democrática era violenta a tal ponto de a gente chamar de política e de polícia. Isso significa que há uma violência fundamental que pode habitar o corpo da cidade, e ela é fundamentalmente branca e masculina. Mas o ciclo da violência que poderia equilibrar e que vem dos racializados não tem lugar na experiência política.

Então, me parece que a revolução é uma experiência para aquelas pessoas que abriram mão da experiência de reparação, que estão no registro da dissolução. O Haiti me parece problemático por isso. Nós precisamos começar a desinvestir no Haiti como uma figura revolucionária, porque o preço a pagar pela revolução foi justamente o pedido de reconhecimento das outras nacionalidades. Um livro chamado *Dívida: os primeiros 5 mil anos*, do antropólogo norte-americano David Graeber,[*] mostra

---

[*] David Graeber, *Dívida: os primeiros 5 mil anos*. Trad. de Rogério Bettoni. São Paulo: Zahar, 2023.

o acordo dos Estados Unidos com a França, que resultou, como uma forma de reconhecimento daquela independência, em uma dívida financeira que foi calculada para não ser paga. É só por romantismo que a gente mantém nas nossas cabeças a imagem soerguida de um Haiti. O preço de ser violento é ele estar ajoelhado até agora como prova de dizer assim: não há lugar para violência, não para uma violência negra e revolucionária.

Tudo aqui se traduz para que essa resposta seja a mais óbvia, mas a mais difícil também de a gente chegar. Isso por vários motivos, inclusive aquele que Salomão colocou. Nem fisicamente a gente tem capacidade hoje de estabelecer essa relação da dissolução pela violência. A solução revolucionária não tem esse poder reparatório. Ela talvez seja capaz de inventar outro mundo, mas certamente o Haiti não será, no futuro, o nosso exemplo.

Fernando Baldraia
Lia, ficaram com você as palavras finais. Saída reparatória para luta que não seja revolucionária, temos?

Lia Vainer Schucman
Respondendo pelo que não é possível: não é possível reparação no sistema de supremacia branca. Ele é, por si só, um enriquecimento dos brancos nos quinhentos anos em que foi formulado o capitalismo. Dentro desse sistema, cabem poucos. Não importa se é branco, se é preto, se é não sei o quê. Cabem poucos. O privilégio branco é o que recai da supremacia branca, atingindo todos os brancos, até o pobre branco que está lá na rua. Mas a questão central é que a gente tem noventa por cento ou mais do PIB concentrado em vinte, cem homens brancos no mundo. Dentro de um sistema de supremacia branca econômica, a reparação é impossível, porque só tem migalha e cabe muito pouco. Minimamente, a explosão desse sistema de produção econômica é necessária para a gente pensar alguma coisa de reparação. Aqui não dá.

Memórias da luta: reparação já!
Da política de cotas à garantia plena de direitos

FERNANDA THOMAZ, VALDECIR NASCIMENTO, VILMA REIS E SELMA DEALDINA

Selma Dealdina
Eu estava conversando com a d. Valdecir Nascimento sobre a dificuldade desses últimos dias. A gente está em preparativo para um ato no dia 17 de setembro de 2023, no quilombo do Caipora, em Simões Filho (BA), por conta do primeiro mês do assassinato brutal de d. Bernadete Pacífico.* Falei com Vilma Reis no dia 17 de agosto, dez horas da noite. Acho que ela não entendeu nada, porque eu liguei aos prantos, pedindo para ela ajudar com a polícia da Bahia ou seja lá com quem fosse para buscar o corpo de d. Bernadete. Já tinha horas que ela havia sido executada e o corpo estava exposto na comunidade, com todo mundo tirando fotos, ela ainda sentada no sofá da casa dela. Era preciso tirar o corpo de lá e dar um tratamento digno para ela. A gente teve a tarefa de ir para aquele espaço, d. Valdecir, Fernanda Thomaz e

---

* Bernadete Pacífico, conhecida como Mãe Bernadete, era ialorixá, líder do quilombo Pitanga dos Palmares (BA) e ex-secretária de Políticas de Promoção da Igualdade Racial de Simões Filho (BA). Foi assassinada na noite de 17 de agosto de 2023, em sua casa, na presença de seus netos, seis anos após o assassinato de um de seus filhos, Fábio Gabriel Pacífico dos Santos, o Binho do Quilombo, em 2017. Mãe Bernadete dedicou sua vida à luta pelos direitos dos povos quilombolas.

Vilma Reis, para fazer a parte mais difícil: o reconhecimento no IML. A gente negociou com a funerária para que o velório pudesse ser de urna aberta, porque a primeira orientação do IML era de fechar a urna, porque não tinha condições.

Uma senhora de 72 anos foi assassinada de forma brutal. Dos vinte e poucos tiros disparados contra ela, doze foram na região do rosto e do tórax. Ela era uma mulher de terreiro, mulher de santo, mas não foi possível nem colocar nela as guias, porque não era possível mexer. Depois das 21 horas, a gente teve que fechar a urna. Quando foi para o cemitério, não dava mais para abrir.

Então, ainda estou tentando respirar depois do impacto que foi esse assassinato brutal, ainda sem resposta do estado da Bahia e da polícia. A gente precisa entender como as coisas vão caminhar.

Fiz essa introdução nesse ponto porque a gente está falando de memória, reconhecimento e reparação. E de que memória, reconhecimento e reparação nós estamos falando, tendo em vista que os nossos corpos pretos são vítimas, cada vez mais, de brutalidades e de violência? A gente continua no diálogo. Sem utopia e loucura a gente não vive, porque é só assim que a gente tem conseguido se manter de pé, às vezes sentada, arrastada, deitada sem querer levantar, enfim, seguimos nessa luta da forma que o corpo da gente permite.

Sem mais delongas, eu vou fazer uma pergunta: diante do cenário brasileiro, com o avanço da extrema direita mundial, da forte articulação dela no Brasil, do crescimento ou escancaramento do ódio racial, o que podemos esperar para o futuro? O que é fundamental para o bem-viver da população negra brasileira?

Vilma Reis
Eu começo dizendo que, da perspectiva do pássaro Sankofa, nesta cidade do Rio de Janeiro, com muita coragem, mulheres negras carregam secularmente revoluções. O Rio é irmão de

Salvador, e nessas cidades eternas é fundamental falarmos que a possibilidade de cada pessoa branca estar aqui neste momento é por conta da revolução negra que nós plantamos no Brasil.

Temos futuro, sim. E é fundamental que a gente destaque, nesta cidade, Mãe Beata e a mulher do fim do mundo Elza Soares. É muito importante falarmos desta cidade, onde Eliana Cruz nos deu *Água de barrela* e *O crime do cais do Valongo*. Conceição Evaristo já falou em alguns momentos que nós levamos a sua literatura pelo país. Nós carregamos seus livros e também os outros livros. Quando vemos o ataque a *Olhos d'água* em uma escola privada de Salvador,* esse ato só diz o quanto nós precisamos de muitos encontros como este que o Ibirapitanga está promovendo.

Em 2018, três meses após o assassinato de Marielle Franco, nesta cidade, as mulheres que constituíam a Comissão de Direitos Humanos promoveram um encontro e convidaram também mulheres de Ciudad Juarez, no México, e outras de tantos cantos do mundo para falar de memória, dos mortos e desaparecidos da democracia. Nesta cidade que também é de Lélia Gonzalez e de Beatriz Nascimento, mais do que nunca, este nosso encontro é para falarmos dos nossos direitos: direito à memória e direito de construir no presente a possibilidade de um futuro sem a matança negra que nós vivenciamos hoje.

Valdecir Nascimento
Parabenizar o Ibirapitanga por este seminário é só o começo. Nós precisamos fazer esse tipo de mobilização nos vários cantos do Brasil, para refletir exatamente sobre esse ponto. A conversa

---

* Em novembro de 2021, uma professora de história foi afastada de suas funções em uma escola particular em Salvador, após abordar em sala de aula o livro *Olhos d'água*, de Conceição Evaristo. O episódio evidenciou os desafios enfrentados por educadores na introdução de conteúdos que discutem o enfrentamento do racismo no Brasil contemporâneo.

que nos antecedeu foi muito interessante para dizer o seguinte: nosso problema não é o avanço da direita fascista, nosso problema é a branquitude, é a supremacia branca que pode ser fascista, de esquerda, de centro. Esse tem sido o nosso problema.

É difícil pensar quando a gente atribui a um sujeito toda essa experiência histórica que vivemos em nosso país. O que a gente tem feito com a esquerda branca no Brasil é chutar a canela dela todo dia. Eu mesmo me considero uma das chutadoras principais, quase centroavante, porque é o campo que nós acreditamos, é o campo que criou uma narrativa nos dizendo que seriam possíveis alguns diálogos. Nós não acreditávamos que fossem todos os diálogos, mas alguns diálogos eram possíveis.

Por isso, eu não vou ficar criticando a direita nem os fascistas, porque eles já disseram a que vieram. E nosso papel é cobrar. Quando a gente vai falar qual é o papel e a importância da memória, quando a Bahia completa duzentos anos de luta pela Independência do Brasil, um ano depois do grito do Ipiranga, em São Paulo, nós sabemos o papel que as mulheres e que as pessoas negras cumpriram na construção desta nação.

Eu não fico discutindo democracia, porque ela, como disse o professor Alex de Jesus, cumpre o papel dela. Na Grécia, ela era para os cidadãos. No Brasil, ela é para quem é considerado cidadão. Por isso que não digo que vivo uma democracia. Quem experimenta a democracia no Brasil são os que são considerados cidadãos.

Ynaê Lopes dos Santos perguntou anteriormente: a reparação é revolucionária?* Eu acredito que sim, os brancos vão se sentir ameaçados, vão sair do seu lugar de conforto, porque a gente está falando da revolução que Edson falou antes.

---

* Ver o capítulo "Nada os trará de volta: políticas de reparação e seus limites", p. 45.

Eu fiquei três dias sem dormir com o assassinato de Mãe Bernadete. Sabe qual era o meu desejo? Eu vou confessar para vocês: era ter uma metralhadora na mão e sair matando um monte de gente. É sério. Não tem racionalidade que me faça viver, compreender e acordar diante de uma tragédia, um crime brutal daquele.

Precisamos pensar as revoluções que nós, mulheres negras, estamos construindo neste país. Eu quero convocar os homens negros para virem junto com a gente, porque eles deixam a gente por aí. Eles nos deixam sozinhas e nós não queremos ficar sozinhas, nós queremos no mínimo o respeito, porque sabemos fazer política de outra forma, com a nossa utopia. Nós acreditamos mais do que um monte de gente no mundo e construir essa perspectiva é dar passos. Não se pensa bem-viver em uma sociedade sem terra, segregada, sem espaço, sem dinheiro.

Eu sou historiadora de formação, e sei que o processo histórico não muda em menos de um século. Você não acorda e diz: "Reparação hoje para a população negra", e aí vai haver a reparação. Não é bem assim.

O que eu gosto é que a gente fique ruminando. Nós precisamos construir, inventar. Adorei o professor Alex de Jesus, porque eu tenho uma identidade com ele. Eu quero acabar com tudo para construir um novo a partir de outras referências. Eu quero que a gente jogue fora tudo dessas referências que estão aí e que não nos servem. Nós, negros, no Brasil, inventamos tudo, inventamos a religião, o candomblé etc. Foram estratégias de sobrevivência para chegar até aqui, porque quando você olha a África, não tinha candomblé da mesma forma.

Eu acredito nas invenções. Precisamos usar o tempo para inventar, para nos debruçar, ruminar e inventar. A gente diz que os jovens estão muito superficiais. A gente vive na era da tecnologia, onde tudo está mastigado, mas nós precisamos criar uma cultura de ruminar. A gente precisa se aprofundar. Tudo o que estamos vivendo de referência de negritude no Brasil de agora tem quarenta anos. Os brancos estão atrasados, eles não quiseram olhar lá em 1980, quando a gente propôs, aí agora fica todo mundo: "Ah, então é isso?". Não é de hoje que a gente fala sobre esse negócio. Agora, a gente precisa reinventar novas formas para lidar com esse contexto, porque o que tem não é suficiente para lidar com o contexto atual. A movimentação no mundo e no Brasil é outra. Precisamos produzir e inventar.

Para isso, a gente precisa de dinheiro e de tempo. Subindo, descendo, correndo, a gente não vai inventar nada. O povo diz: "Valdecir, você fala, mas não escreve". Como é que eu vou escrever? Não tenho condição, são 24 horas no ar. Eu penso, mas botar no papel exige outras condições. Portanto, para responder isso que você está me perguntando, é preciso mais recursos, mais reflexões, mais trocas, que permitam a gente aprofundar, mergulhar, olhar.

Eu não gosto da ideia de escavar, mas a gente precisa criar parâmetros. Que memória é essa? O que vai ser memória? É só o arquivo? Vamos fazer as árvores genealógicas das nossas vidas? Não vai dar, porque não tem como fazer essa árvore. Mas, por outro lado, tem a linhagem, tem o terreiro Ketu, tem o "não sei quem que é filho de não sei o quê". Enfim, nós temos que construir e inventar novos parâmetros e pactuar o que para nós vai ser a referência dessa memória. Que memória é essa? De onde? E os griôs? A cultura não é oral? A gente não afirmou a vida inteira que a cultura negra é de uma tradição oral? O que a gente faz com isso?

Nós estamos em um momento rico para fazer esse mergulho no que é o Brasil dos negros. Porque, como dizia Beatriz Nascimento, tudo sobre o negro no Brasil foi escrito e pensado pelos brancos.* Que horas a gente vai buscar o Brasil dos negros? Ouvir, como a gente ouviu, Ebomi Cici e tantas outras neste Brasil todo de meu Deus que têm memória — e como têm memória —, e que parâmetros vão ser esses?

Sobre reparação, eu gosto dela e digo que é revolucionária porque é uma mola que nos move a fazer o que estamos fazendo aqui, neste seminário, que só foi possível porque as reflexões em torno da reparação chegaram. É lógico que os brancos não querem reparar nada. Eles acharam que as cotas já eram demais. A gente não conseguiu aprofundar a política de ação afirmativa no Brasil por causa do racismo dos brancos, que defendem que o Estado brasileiro só beneficie a eles, que as riquezas do Brasil sejam distribuídas única e exclusivamente para manter o status quo da branquitude, porque eles sabiam que cotas seriam só um pedaço. Nós queríamos muito mais do que cotas. A gente queria aprofundar e não aprofundamos. Não passamos das cotas e cota é muito pouco. E se eles não concordaram com as cotas, imagine tirar o dinheiro do fazendeiro, do agro que expulsou as famílias do quilombo e botou para morrer de fome no morro no Rio ou nas favelas na Bahia. Em todos os lugares do Brasil foi uma política única.

Por que eu não quero falar dos fascistas? Porque o nosso governo atual vai fazer o Plano Safra.** Para quem é o Plano

---

* Ver Lara Carvalho Cipriano, "Por uma história do homem negro: Beatriz Nascimento". *Literafro*, 4 out. 2023. Disponível em: <www.letras.ufmg.br/literafro/resenhas/ensaio/1829-beatriz-nascimento-uma-historia-feita-por-maos-negras-2>. Acesso em: 17 jan. 2025.

** O Plano Safra, lançado pelo governo Lula em 2023, destina 400,59 bilhões de reais em linhas de crédito, priorizando o fortalecimento do agronegócio com apoio significativo a médios e grandes produtores rurais. Trata-se de um aumento de 10% em relação ao ciclo anterior. Ver "Lula lança Plano Safra 24/25 com R$ 400,59 bilhões para médios e grandes produtores rurais". Gov.br, 3 jul. 2024. Disponível em: <www.gov.br/planalto/pt-br/acompanhe-o-planalto/noticias/2024/07/lula-lanca-plano-safra-24-25-com-r-400-59-bilhoes-para-medios-e-grandes-produtores-rurais>. Acesso em: 17 jan. 2025.

Safra? Quem vai ser beneficiado com o dinheiro do Estado? Os quilombolas? As trabalhadoras da agricultura familiar? Não é.

Eu gosto de conversar, ruminar, pensar, discordar, concordar, ir e voltar, para a gente poder criar, produzir algo do jeito que nós somos e acreditamos. A grande humanidade é a gente. *Nós somos a grande humanidade. Os brancos vão precisar virar humanos como nós.* Esse é o meu ponto de vista, só para provocar.

Fernanda Thomaz
A primeira coisa que eu penso é que o futuro é incerto, sobretudo em uma sociedade igual à nossa. Principalmente para a população negra, que é costurada e amarrada por diferentes violências. Concordo com a d. Valdecir, também não quero falar dos fascistas. Às vezes, ao falar dos fascistas, eu sinto que fico em um mesmo lugar, porque, durante toda a história brasileira, a população negra sempre passou por violências, que hoje a comunidade branca chama de fascismo. Claro que estou generalizando, mas estou falando do quanto a gente sofre violência e quanto isso sempre existiu.

Quando penso em futuro, lembro muito da bell hooks falando sobre o feminismo. Ela diz que, se você quer transformar o outro, deve se transformar a si mesmo primeiro. Se estou aqui hoje, se estou trabalhando no Ministério dos Direitos Humanos, ou se estou dando aula de história da África, na verdade, eu só estou nesses espaços porque vieram muitas outras antes de mim.

Além de a história ter sido costurada e amarrada por violência, ela é também uma história de luta. O título desta mesa, "Reparação já!", me faz lembrar da década de 1990, que foi historicamente um momento fervoroso da discussão sobre reparação e luta, não só no Brasil, mas também no mundo. No continente africano, existiam grupos que estavam discutindo reparação, e também nos Estados Unidos, no Caribe. Ainda hoje, estamos falando de reparação, mesmo que não seja a desejada, a revolução em si, mas de certa forma é uma revolução dentro de um sistema que já existe, que não vai pensar em reparação. Ela vai pensar em outra forma de compreender a humanidade e a civilização.

O que estamos discutindo tem uma herança que vai para outros lugares. Quando faço a minha autocrítica para pensar no futuro, como é que conecto meu eu de hoje, neste lugar em que estou, com quem veio antes de mim? Quem, na verdade, conseguiu plantar para que eu chegasse aqui e conseguisse, com toda dificuldade, caminhar, e o que eu consigo costurar para as gerações futuras?

Quando se fala em bem-viver da população negra, a gente precisa de humanidade para as pessoas negras. Lia Vainer fala que a humanização é um espaço de conflito, porque a humanidade foi criada pelo branco e que a gente foi objetificado, animalizado. Aimé Césaire dizia: "Na colonização, quando o branco desumanizava os negros, ele também estava se auto-humanizando".* Qual será o sentido de humanização que, de fato, existe? Será que era esse projeto branco? Esse sujeito branco se perdeu no meio de tanta desumanização, e a gente busca uma humanidade que a gente tampouco conhece. De qualquer forma, esta é a sociedade em que a gente vive e que foi criada com

---

* Aimé Césaire (1913-2008), poeta, dramaturgo e político martinicano, é uma das vozes centrais do pensamento anticolonial. Em sua obra *Discurso sobre o colonialismo* (Trad. de Claudio Willer. São Paulo: Veneta, 2020), Césaire aborda as contradições do humanismo europeu. O autor analisa como o projeto político humanista justificou a colonização como um projeto civilizatório enquanto perpetuava a violência, a exploração e o genocídio contra povos não brancos. Sua análise se tornou uma referência para movimentos negros e anticoloniais, questionando as bases do eurocentrismo e inspirando lutas por emancipação racial e social.

o ideal, ainda que difuso, de humanidade. O mínimo, se a gente pensar em bem-viver, seria construir uma ideia de humanização que seja direcionada à população negra.

Selma Dealdina
Vilma, ao longo desses mais de vinte anos de políticas de ações afirmativas no Brasil, desde a titulação dos territórios quilombolas e também das políticas públicas voltadas para a população negra, quais foram os maiores desafios encontrados na gestão dessas políticas que ainda ecoam ou resistem no presente?

Vilma Reis
Desse nosso exercício pelo direito à memória e aos sítios sagrados, Edson Cardoso Lopes sempre nos lembra. Luiza Bairros, com muita força, também sempre nos lembrou.* No meio de todas as revoluções que estamos falando, existe um sujeito coletivo chamado Movimento Negro, Movimento de Mulheres Negras. Isso para a gente é importante.

Aos dezessete anos, na praça da Piedade, em Salvador, eu encontrei um irmão nosso chamado Luiz Orlando. Ele carregava muitos livros e gostava de dá-los para a gente. Dizia: "Olha, vai ter um filme hoje". E aí depois a gente conversava. Essa é a minha imagem de memória mais potente. Hoje, aliás, tem um cinema de terreiro que está fazendo um trabalho sobre o pensamento de Luiz Orlando.** Ele me deu o livro *Filho*

---

* Luiza Bairros (1953-2016) foi socióloga, gestora, ministra da Secretaria de Políticas de Promoção da Igualdade Racial (2011-2015), liderança do Movimento Negro Unificado (MNU) e do Movimento de Mulheres Negras e Latino-Americanas.

** Luiz Orlando da Silva (1945-2006) foi um militante negro e cineclubista. Ao longo dos anos 1980, coordenou em Salvador uma rede de mais de cinquenta cineclubes espalhados em territórios de história e demografia negra.

nativo.* Você precisa ter muita coragem para, em 1988, dar para uma jovem, com toda a revolta que nós tínhamos e temos, um livro como *Filho nativo*. Assim como Luiz Orlando, as mulheres livreiras andavam pelo país carregando as publicações, tanto Rosangela e Papa-Léguas** como a livraria Kitabu, de Helô e Fernanda Felisberto.*** Era difícil ter um livro, mas elas davam um jeito de a gente levar o livro. A gente se encontrava depois, pagava a outra parte que faltava, mas a gente levava. Quantas vezes nós compramos *Insubmissas lágrimas de mulheres* para dar para outras meninas que estavam começando?

Com isso, estamos trocando um método, falando sobre quem somos e que revoluções carregamos. Mas, lembrando desta cidade do Rio de Janeiro, eu trouxe os livros escritos por mulheres aqui. O Instituto Odara tem uma escola com o nome de uma delas, que é Beatriz Nascimento. *Uma história feita por mãos negras*, que acaba de ser organizado, é um livro que precisamos ter intimidade, acesso, ir além da orelha e ler o livro inteiro.

Recentemente, em Salvador, com muita ousadia e dentro dessa agenda, nós colocamos nas ruas o livro *Abolicionismo. Feminismo. Já.*, com textos de Angela Davis, Gina Dent, Erica

---

* *Filho nativo*, publicado em 1940, é a obra mais famosa do escritor afro-americano Richard Wright. É amplamente reconhecido como um marco na literatura norte-americana, influenciando debates sobre raça e direitos civis.

** Ademar Olímpio da Silva foi um livreiro de literatura negra, conhecido como Papa-Léguas. Ver Mário Augusto Medeiros da Silva, "Livrarias negras no Sudeste brasileiro (1972-2018)". *Dados*, v. 67, n. 2, 2024. Disponível em: <www.scielo.br/j/dados/a/RdZJYXTMkKFHjNcbSPjyVth>. Acesso em: 17 jan. 2025.

*** Kitabu Livraria Negra, de Heloisa Marcondes e Fernanda Felisberto, é especializada na divulgação de livros de autores afrodescendentes. Funciona desde 2003, no Rio de Janeiro.

Meiners e Beth Richie. Eu escrevi a orelha desse livro, porque temos tarefas para fazer no Brasil que envolvem a polícia e aqueles que governam com a grife de esquerda, já que o mundo inteiro está revendo os protocolos das polícias.

Também quero mencionar a dissertação de Marielle Franco, *UPP: a redução da favela a três letras*. E um livrinho nada inocente, organizado na Faculdade de Comunicação da UFBA, onde, em 1994, o estudante mais branco falou: "Professora, aqui ninguém é branco". Pois bem, essa professora, Linda Rubim, organizou o livro *O golpe na perspectiva de gênero*, que tem o último texto que Marielle Franco escreveu, "Eu, mulher negra, parlamentar, favelada: resistir é pleonasmo".

Esse exercício político que a gente faz de carregar os livros, de botá-los nas mãos dos outros e de fazer as obras circularem é a nossa tentativa ousada de fazer com que o nosso pensamento circule. Foi o que fizemos em 1978, com *Cadernos Negros*.

Quando a gente viu a burguesia paulistana dizer que não queria uma estação de metrô em Higienópolis — "as trabalhadoras domésticas que andassem" —, vimos os meninos e as meninas, com seus cabelos para cima, entrarem no shopping rico de Higienópolis e recitar José Carlos Limeira: "Por menos que conte a história,/ não te esqueço meu povo./ Se Palmares não vive mais,/ faremos Palmares de novo".* A juventude fez isso na cara da burguesia paulistana, dona da Faria Lima. Nós fizemos isso e isso é muito importante.

Esta é uma semana extremamente tensa com a esquerda branca — lembrando que somos nós, as mulheres negras, que empurramos a esquerda para a esquerda, senão ela vai para a conciliação, passando vergonha no crédito e no débito, dia e noite. Por que estamos levantando essa questão? Porque o negócio está

---

* José Carlos Limeira e Éle Semog, *Atabaques*. Rio de Janeiro: Max, 2006, pp. 19-23.

complicado, a gente lembra dos últimos capítulos de Salvador, das eleições, da escolha de uma militar, a gente não vai esquecer.*

Lembrando Alice Walker que, em 1975, nos devolveu Zora Neale Hurston** quase intacta, quero dizer assim: quando nos faltar tudo, nós temos o nosso ato de falar. Hoje, a gente estava lembrando da força do documento. Muitos historiadores, alguns amigos nossos, disseram que Luíza Mahin não podia ser retratada porque não havia um documento escrito. De forma revolucionária, a gente trouxe Luíza Mahin até aqui. Muitos anos depois, a gente inaugurou a ladeira Luíza Mahin. Esses historiadores que lutem agora, porque nós estamos nesse esforço dizendo que é possível.

E por que a gente está levantando essas questões? Primeiro, para dizer que, se dependesse da nossa aliança com os que se anunciam como nossos aliados, Lélia Gonzalez, Beatriz Nascimento e muitas das nossas não teriam chegado até aqui vivas em nossos textos. Nós é que fizemos isso. As pessoas ficavam perturbadas: "Por que vocês sempre voltam à Lélia?", "Por que vocês não param?".

As pessoas não entendem a nossa luta contra a preticização da sociedade. "Agora, todo mundo é preto?" Não, não é. Nós lutamos muito pelo termo "negro", e queremos que os historiadores e as historiadoras se liguem nessa trama. Já que, na hora que a gente somou pretos e pardos e fez uma maioria negra, de re-

---

* Para as eleições municipais de 2020, o PT de Salvador escolheu a major Denice como pré-candidata à prefeitura da cidade. A militar derrotou o ex-ministro Juca Ferreira e a própria socióloga Vilma Reis, em reunião virtual fechada, sem consulta aos filiados do partido.

** Alice Walker é uma renomada escritora afro-americana, conhecida por suas obras que abordam questões de raça, gênero e classe. Foi responsável por redescobrir e popularizar o legado de Zora Neale Hurston (1891-1960), escritora e antropóloga afro-americana cuja obra central, *Seus olhos viam Deus* (Trad. de Marco Santarrita. Rio de Janeiro: Record, 2021), foi negligenciada por décadas.

pente, apareceu esse fenômeno no meio da gente, dizendo: "Não, é preto". E aí todo mundo fala preto. A preticização na história e nos dados do Censo, para nós, é extremamente perigosa.

Mas eu quero entrar rapidamente em outra questão. Penso que, depois do assassinato de Mãe Bernadete, uma ialorixá e líder quilombola, nenhum governo deveria ter dificuldade em escolher uma mulher negra para o Supremo Tribunal Federal (STF).* Vera Lúcia Santana Araújo é candidata a entrar de cabeça erguida conosco no STF.** Manuellita Hermes é candidata.*** Flávia Martins de Carvalho, do Rio de Janeiro, da Baixada, juíza no Tribunal de Justiça de São Paulo (TJ-SP), é candidata.**** A gente está vendo a esquerda branca passando vergonha na TV por não conseguir entender o que a gente está dizendo. Se não

---

* Com a aposentadoria de Rosa Weber do cargo de ministra do STF, em setembro de 2023, iniciou-se no Brasil uma campanha pela indicação de uma mulher negra para o posto na Suprema Corte. Após um longo período de manifestações, o presidente Luiz Inácio Lula da Silva decidiu formalizar a indicação de Flávio Dino, então ministro da Justiça, para o cargo. A posse de Dino no STF foi oficializada em janeiro de 2024.

** Advogada e jurista baiana com vasta experiência em direito e cidadania. Trabalhou na Defensoria Pública e como procuradora. Ocupou cargos em diversas comissões e organizações, incluindo a Comissão Nacional de Direitos Humanos da OAB. Em julho de 2023, foi indicada pelo presidente da República ao cargo de ministra substituta no Tribunal Superior Eleitoral (TSE), tornando-se a segunda mulher negra a ocupar o cargo na Corte Eleitoral.

*** Doutora em direito e tutela pela Universidade de Roma Tor Vergata e UnB. Mestra em sistemas jurídicos com título reconhecido pela UFMG. Especialista em justiça constitucional pela Universidade de Pisa e em direito do Estado pela UFBA. Procuradora federal desde 2007, coordenadora de Assuntos Internacionais no Ministério dos Direitos Humanos e representante na Advocacia Geral da União (AGU). Professora colaboradora em várias instituições e integrante de associações internacionais de direito. Ex-assessora de ministra do STF.

**** Juíza de direito no TJ-SP e juíza auxiliar no STF. Também atua como escritora, pesquisadora, professora e palestrante nas áreas de direito e literatura, raça, gênero e teoria jurídica. É conselheira consultiva do Instituto Brasileiro de Direito da Criança e do Adolescente (IBDCRIA-ABMP).

conseguiu antes, também não vai conseguir agora, mas a gente está aqui para lembrar que Leda Maria Martins, com *Afrografias da memória*, nos disse que nós tínhamos os instrumentos para resistir.*

Quando Edson Lopes Cardoso lembrou que Chico Buarque está cantando "Que tal ter um filho escuro?", a gente está dizendo que, de Goré a Salvador, nós resistimos, em que pese todas as árvores do esquecimento que impuseram para que a gente desse as sete voltas.

Quero entrar em outra discussão, que faz com que a gente pense o que é essa agenda política que nos coloca novamente em um desafio. Há trinta anos, nós tivemos de convencer os brancos de esquerda deste país sobre a pertinência das cotas. Muita gente passou vergonha, assinou aquele manifesto e nós não vamos esquecer das 113 assinaturas. Muita gente ainda luta para se redimir disso, se reposicionar. Mas quero voltar para outro debate que ocorreu no Brasil, que foi a tentativa de desafricanizar quilombos.

Nós entendemos que precisamos de condições. Na Secretaria do Patrimônio da União (SPU), o Instituto Nacional de Colonização e Reforma Agrária (Incra) levou cinco anos e nove meses para notificar aqueles que ocupam indevidamente o território Pitanga dos Palmares, com o Relatório Técnico de Identificação e Delimitação (RTID). Estamos falando das questões de Pitanga dos Palmares, território liderado por Mãe Bernadete. Antes disso, foi construída uma colônia penal dentro

---

* Leda Maria Martins é uma destacada pesquisadora, poeta e ensaísta brasileira, referência nos estudos das culturas afro-brasileiras e das performances de matriz africana. Em sua obra *Afrografias da memória: o reinado do Rosário no Jatobá* (op. cit.), Martins explora as práticas culturais e performáticas afrodescendentes, abordando a memória como um espaço de resistência e a oralidade como forma de transmissão de saberes ancestrais.

do território. Antes disso, se permitiu passar dezesseis dutos de gases venenosos embaixo daquele território. As empresas matadoras têm nomes curiosos no Brasil, uma é chamada Naturale e fez uma queda de braços com aquela comunidade, para colocar um lixão no meio do território.

Essas são questões que a gente não vai deixar para lá. O que me fez viajar essas horas todas para chegar no Rio de Janeiro foi, concordando com Valdecir, se juntar com as organizações nacionais, internacionais, com os movimentos daqui e de outros lugares, mas principalmente com os nossos companheiros brancos e brancas e dizer que, quando vocês tiverem certos espaços, vocês precisam desafiar os outros brancos, vocês precisam dizer para eles que nós não vamos recuar, nem para reposicionamento.

Precisamos que os recursos e as condições estejam colocados, porque, na hora em que nós estivermos fazendo incidência política em Brasília ou em outros lugares, vai ser difícil. Nós, como boas filhas de Xangô e de Iansã, damos um boi para não entrar na confusão, mas depois a gente dá uma boiada para não sair.

É importante que possamos nos posicionar, porque, em muitos momentos em que estávamos gritando, as pessoas diziam: "Misericórdia, que gente é aquela?". É a gente quem consegue construir e botar pauta política em cima da mesa no Brasil.

Essa situação que está ocorrendo com o STF dá um déjà-vu de trinta anos atrás, com a questão das cotas. A agenda política é essa, e reparação, para nós, é repartir o recurso, o dinheiro. A gente vai para a frente dos espaços só porque a gente quer colocar uma questão. A gente está aqui porque a situação é muito grave.

Em 2020, no ambiente da Coalizão Negra por Direitos, ao reapresentar o meu trabalho de mestrado, *Atucaiados pelo Estado*, a gente fez uma conta muito difícil. Em vinte anos, a nossa conta é de 1,8 milhão de jovens mortos. Nós não suportamos mais enterrar. Eu enterrei o meu próprio sobrinho, em Águas Claras (DF), com 24 anos, e agora estamos criando os três filhos dele. Diego, meu sobrinho, foi assassinado junto com a namorada. Para nós, não tem outro caminho. Eu vi minha irmã quase morta no sofá durante meses. É muito difícil. Nós não estamos falando dos outros, estamos falando do que a gente passa.

Selma Dealdina
D. Valdecir, podemos dizer que a falta de investimentos em políticas de memória deixou um campo aberto para narrativas que desumanizam mulheres, homens e crianças negras? Como contornar esse cenário? Qual o papel dos movimentos sociais, em especial, das lideranças negras e quilombolas?

Valdecir Nascimento
Toda vez que a gente vai falar de memória, de história, eu sempre me lembro de Marcus Garvey, que dizia: "Um povo sem história é como árvore sem raiz".* Isso sempre foi algo que me acompanhou. Eu vivo atrás da história, nós vivemos atrás da história. Temos Luciana da Cruz Brito, que é uma professora maravilhosa e leciona na Escola Beatriz Nascimento, uma escola do Instituto Odara que já existe há três anos, mais ou menos, e forma mulheres negras, trans e lésbicas nesse país. É muito bonito ver Luciana fazer a trajetória histórica das mulheres negras no Brasil e como essas mulheres se movimentavam em uma conjuntura extremamente desfavorável.

No Rio de Janeiro, mulheres foram procurar o delegado para dizer que não queriam mais viver com os homens porque eram elas que geravam riqueza. Elas compravam os casarões e eles ba-

---

* Marcus Garvey (1887-1940) fez referência a essa declaração que aparece publicada pela primeira vez no panfleto de Charles Seifert, *The Negro's or Ethiopian's Contribution to Art* (Nova York: The Ethiopian Historical Publishing Co., 1938).

tiam e roubavam delas. Então, essas mulheres foram dizer ao delegado: "Não quero mais esse homem, tem que tirar ele da minha casa. Eu não quero mais viver com ele". E o delegado cumpria a solicitação. Aquelas mulheres já estavam reivindicando divórcio, desquite, separação, em um contexto inimaginável, já que era o contexto de escravidão.

Quando a gente vai no Museu de Arte do Rio (MAR) e vê a exposição de Carolina Maria de Jesus,* eu fico sempre dizendo que, se eu conhecesse determinados poemas dela quando estava na quarta série primária, eu ia ser o diabo quatro vezes mais do que fui, porque eu já era sem saber nada disso, imagina se soubesse!

A memória, a história têm esse papel fundamental. Se uma mulher passa por uma formação em que compreende que as mulheres negras se movimentaram o tempo inteiro, a partir de outros parâmetros, para se levantarem, é óbvio que isso a impulsiona. Se a trabalhadora doméstica conhecesse a história de Laudelina de Campos Melo, ou a história de outras mulheres negras que em conjunturas muito mais desfavoráveis se levantaram, era óbvio que o processo organizativo das trabalhadoras domésticas no Brasil teria adquirido um outro lugar.

O presidente da Fundação Palmares me perguntou assim: "Mas, Valdecir, o ódio não congela?". Eu disse: "Não, o ódio é mola". Em um país como o nosso, é preciso ter ódio, senão você não levanta.** É ele que tem me feito levantar. A gente nem queria, mas fazer o quê, se a conjuntura se apresenta dessa forma?

Quando a gente começou a discutir autocuidado, esse debate me remeteu à minha casa, porque o meu pai, que era ogã

---

* A exposição *Carolina Maria de Jesus: um Brasil para os brasileiros* ficou em cartaz no Museu de Arte do Rio (MAR) entre junho e novembro de 2023.

** O presidente da Fundação Cultural Palmares (FCP), no momento do seminário, era João Jorge Rodrigues.

do terreiro da família dele, quando o bicho estava pegando lá em casa com minha mãe, ele acordava a gente batendo folha, fazendo macumba dentro de casa, que era para energia ruim ir embora. Poxa, ele já estava me ensinando como cuidar de mim e da minha família e eu não tinha dimensão. A memória tem esse papel fundamental para nos fortalecer.

A dificuldade sempre foi querer que nós tivéssemos uma memória. Você já pensou se toda aquela pretalhada de Salvador tivesse memória viva? Se tivesse memória viva, é óbvio que o Neto não seria o prefeito por vários anos.* Quando você tira educação e memória, você congela o povo, porque a experiência e a memória que nós temos de nós é de que a gente gostava de tomar cachaça, ou que a gente não quer nada. Em cada período, eles inventam na Bahia uma imagem negativa sobre todos nós, negros, que faz com que nós fiquemos uns contra os outros. "Paredão? Só tem vagabundo!"

Paredão é uma estratégia de experiência cultural da periferia, porque a prefeitura e o governo não oferecem nada de cultura nem de lazer para os jovens. Então, o que eles fizeram? Montam lá os carros cheios de som e dançam em determinado lugar, rola bebida, todo mundo namora.** É uma expressão daquele grupo que está sem nada de cultura. Não é possível viver sem nenhuma ação cultural. Mas, daí, a polícia diz assim: "Só tem vagabundo e traficante", e você vê os nossos repetindo as mesmas coisas. Quando a polícia baixa, mata dois, três, quatro no paredão. Nossos parlamentares em Salvador, inclusive os negros, não

---

* Antônio Carlos Magalhães Neto foi prefeito de Salvador por dois mandatos consecutivos: de janeiro de 2013 a dezembro de 2021.

** Paredão é um tipo de festa comum nas periferias de Salvador, em que caixas de som automotivo são colocadas umas sobre as outras, formando uma parede para que o som fique mais alto. Essas festas são consideradas clandestinas e, em outubro de 2021, foram proibidas pelo então governador Rui Costa.

têm coragem de fazer um discurso sério. "Ah, porque não tem política pública." Não é porque não tem política pública, porque ninguém mata os meninos que ficam cheirando pó na Barra, que ficam cheirando pó no Rio Vermelho, que fazem aquela zoada toda no Rio Vermelho. Então, tem uma intencionalidade.

O papel do Movimento Negro sempre foi fantástico, porque ele possibilitou que as migalhas das informações que nós produzíamos chegassem na comunidade, que Conceição Evaristo chegasse em uma comunidade para mulheres, mesmo com poucas que saibam ler e escrever. Mesmo assim, não é por isso que a gente não recita poemas ou faz uma roda de conversa, para elas entenderem que existe uma Conceição Evaristo, uma louca em algum lugar que escreveu sobre coisas que dizem respeito a elas, que elas ouvem e se sentem representadas.

Existe a falta de investimento, a necessidade de a gente investir na memória. A coisa mais linda, para mim, da nossa conquista atual é ver as meninas e os meninos pretos fazendo cinema. Porque o cinema passa na comunidade dele dentro do terreiro de candomblé. Só eles poderiam fazer isso. Quando eles passam esse filme no terreiro de candomblé, eles trazem a memória da avó, da bisa, de quem fazia o santo assim, de Águas de Oxalá. Isso é fundamental para que você se projete enquanto sujeito: "Eu pertenço a algum lugar, eu não estou suspenso no ar". Porque nós, negros, vivemos suspensos no ar.

É óbvio que a tecnologia tem nos ajudado muito, do ponto de vista de disputarmos narrativas, construirmos novas narrativas. Mas eu concordo com um bate-papo que tive com o Edson: não pode ficar na superfície.

Nós vivemos dois mundos. Eu vivo em um mundo em que eu não preciso ser mulher negra, porque ser mulher negra é real. E vivo em um mundo de conflito, que é esse mundo onde me negam enquanto mulher negra e eu estou lá no atrito, tentando dizer que sou. Mas eu existo no mundo no qual eu não preciso dessa afirmação, que é onde estamos todos nós: na periferia, na casa da mãe, da família, com todos os nossos, que são quem nos potencializam para que a gente fique com a nossa identidade e a nossa afirmação, e o ódio permaneça vivo para a gente reagir.

É importante investir na memória. Vamos atrás das mulheres, das irmandades deste país. Elas têm história. Vamos atrás da Igreja, as igrejas têm um arcabouço enorme de histórias de quem nasceu, de quem morreu, onde nasceu. Tem muita coisa para a gente descobrir. E aí é descobrir de verdade o Brasil negro que nós não conhecemos. Se ele ainda não veio à tona, é preciso que a gente tire os pés dos brancos de cima, porque eles ficam com os pés em cima, porque têm medo da revelação, que vai responsabilizá-los.

E não adianta, a gente já responsabilizou. Não tem outro lugar, já está responsabilizado. Foram os brancos, a branquitude, os responsáveis por essa tragédia. Agora, como a gente dá os passos seguintes? Eu acho que a nossa questão central está nesse entrave.

Eu vou dizer uma coisa rapidamente. Em 1988, nós inventamos as comunidades quilombolas. Por que estou dizendo isso? Nós conhecíamos duas ou três comunidades: Rio das Rãs, as dos meninos do Pará e do Maranhão,* a gente não

---

* O Quilombo de Mocambo, localizado no município de Oriximiná, no Pará, é um dos quilombos mais antigos da Amazônia, originado no século 18. Ainda hoje, a região abriga várias comunidades quilombolas que preservam tradições culturais e modos de vida ancestrais ligados à agricultura, à pesca e ao extrativismo. O Quilombo de Frechal, situado no Maranhão, foi uma das primeiras comunidades quilombolas a conquistar o título coletivo de suas terras após a Constituição de 1988, tornando-se símbolo da luta quilombola no Brasil contemporâneo. O Quilombo do Rio das Rãs, localizado no município de Bom Jesus da Lapa, na Bahia, destaca-se pela resistência secular de sua comunidade, que enfrentou processos de expropriação de suas terras e lutou pela garantia de seus direitos territoriais.

conhecia mais de cinco comunidades quilombolas. E nós inventamos o artigo 68 da Constituição. Estávamos em Brasília para construir e dizer: "Tem comunidade quilombola no Brasil". E pegamos os brancos de bobeira. Eles não tinham a dimensão da quantidade, e eram várias. Nessa, a gente acertou. E o que a branquitude vem e faz? "Mas comunidade quilombola não é Movimento Negro." Se não for Movimento Negro, que diabo é?

Para concluir, não vamos descartar a reparação agora não, que está cedo. Vamos ver o que ela tem para parir ainda. Vamos apertar ela, vamos bater nela, porque a gente vai encontrando possibilidades, até a gente descobrir qual é, de fato, o nome e inventar o que vai dar conta. É como diz a música do Ilê Aiyê: "População magoada, a nossa honra tem que ser lavada".* Não vai poder sair assim, de 0800, não. Tem que ter uma resposta. Qual? Não sei, mas estamos procurando respostas.

Nós precisamos, ainda, dar mais uma apertada. Nós, organizações de Movimentos Negros, trabalhamos sem dinheiro. Quando Dilma Rousseff sofreu o golpe, em 2016, eu queria 6 milhões de reais. Eu queria criar uma conspiração para estudar, para pensar. Gente, nós não conspiramos pela *live*. Reunião virtual é mentira, não resolve nada, é papo. Você não discute um problema dessa natureza. Se em dois dias, três dias no presencial, você não aprofunda, imagina no virtual. A gente está se enganando, brincando de se enganar.

A outra coisa é o seguinte: eu gosto do governo, mas discordo dele. Está equivocado em um monte de coisa. Não pode criticar porque Bolsonaro vai voltar? Temos que criticar. Se não está bom, a gente critica. E mais uma coisa: a gente precisa parar com a esquizofrenia que o povo negro vai derrubar

---

* Ilê Ayiê, "População magoada". In: *Canto negro*. São Paulo: Velas, 1996.

o PT ou o governo Lula. Quem vai derrubar o governo Lula é o presidente do Congresso. É mais fácil Arthur Lira derrubar do que a gente. Aquele bandido alagoano. Não é a gente por estar questionando.

Eu quero lembrar também que tem Lívia Vaz,* que é concorrente para mulher negra no Supremo. Eu briguei com o pessoal da plataforma dos movimentos sociais pela reforma do sistema político por colocar duas mulheres brancas e uma preta nas sugestões para o Supremo. Eu falei: "Não, gente, três pretas. Agora é a hora das pretas no Supremo", porque as brancas, para o mal ou para o bem, já estão lá, agora está na hora da gente.

São essas questões que precisamos insistir, bater todo dia na porta. Se a gente tentar dizer aos brancos que somos bonzinhos, eles não acreditam. Os dois professores que anteciparam essa conversa já disseram que eles não vão acreditar. Então, é melhor a gente ser mauzinho e pactuar, porque, quando é mau de um lado e mau do outro, você pactua. Você não vai querer que o outro te derrube. Você pactua. Agora, ficar tentando provar para o branco que você é bonzinho não vai para lugar nenhum.

Selma Dealdina
Fernanda, desde a grande destruição de documentos relacionada à escravidão, em 1890, por Ruy Barbosa, até as mais recentes anistias dos crimes do Estado brasileiro, de que forma é possível enfrentar o legado presente da escravidão através de uma política de memória, reconhecimento e reparação?

---

* Jurista brasileira, atua como promotora de Justiça. É coordenadora do Grupo de Atuação Especial de Proteção dos Direitos Humanos e Combate à Discriminação do Ministério Público do Estado da Bahia. Destaca-se por sua atuação em temas como feminicídio e igualdade racial.

Fernanda Thomaz

A melhor definição de memória que vi nos últimos tempos foi quando recebemos as Mães de Maio.* Elas me disseram o seguinte: "A gente precisa de um trabalho de memória e verdade, porque, se a gente tivesse tido esse trabalho, os nossos filhos não teriam morrido. Se a gente fizer isso agora, os filhos das próximas mães não morrerão", porque a gente vive em um país em que a abolição ficou inacabada e a ditadura continuada.

Isso também ressalta o que a d. Valdecir estava falando, faz a gente pensar no sentido da memória, do reconhecimento e da reparação. Quando a gente está pensando nisso, a gente deveria partir desse lugar das mulheres negras. As mães clamam por isso, porque elas estão refletindo a reparação a partir de uma política de memória. É importante, não dá para jogar a memória no lixo.

Se Ruy Barbosa queimou os documentos, também estamos falando de anistia. Isso demonstra que a história no Brasil é permeada por apagamentos. E o apagamento do passado escravocrata também é violência. Além do passado violento em si, as diferentes formas de apagamento formam camadas diversas de violência.

A gente vive em um país em que o apagamento foi uma política de Estado. Na pós-abolição, o Brasil implantou políticas eugenistas, baseadas no darwinismo social. Foram políticas de

---

* O Movimento Mães de Maio surgiu em São Paulo, em resposta aos crimes cometidos durante maio de 2006, quando mais de quatrocentas pessoas, em sua maioria jovens negros, foram executadas por agentes do Estado em retaliação aos ataques de uma facção criminosa. O movimento é composto principalmente de mães e familiares das vítimas, que buscam justiça, memória e responsabilização do Estado pelas mortes. Débora Maria da Silva, principal liderança e fundadora do movimento, perdeu seu filho Edson Rogério da Silva durante esses eventos e se tornou uma figura de destaque na defesa dos direitos humanos e na denúncia da violência policial no Brasil. Ver capítulo "Justiça racial e violência: enfrentando o legado da escravidão", sobretudo p. 227.

apagamento e eliminação da população negra, e de suas culturas. A partir da década de 1930, existiu o mito da democracia racial, que também virou política de Estado. A ditadura militar proclamava exatamente a ideia de que a sociedade brasileira vivia em uma democracia racial, e quem denunciava o racismo ou qualquer desigualdade era punido.

No pós-abolição, ex-escravocratas queriam ser indenizados por perder a tal "propriedade" que eles tinham, que eram pessoas. Por sua vez, a Lei da Anistia, em 1979, foi extremamente conservadora, de modo a beneficiar os torturadores durante a ditadura militar. Mais próximo ao período que a gente vive, em 2002, surgiu a Comissão da Anistia, que tentava compensar as pessoas que foram violentadas na ditadura militar. A Lei da Anistia foi considerada uma institucionalização da política reparatória no Brasil, mas para quem? Porque, quando ela pensa em reparação, está falando de violação dos direitos humanos apenas durante a ditadura militar. A gente viveu mais de trezentos anos de escravidão e isso não é visto, amplamente, como violação dos direitos humanos, como injustiça histórica. Mas a comissão se reporta a apenas um período histórico no Brasil e não está pensando em racializar. A gente não pensa como os grupos negros foram violentados na ditadura militar, seja pela identificação racial, seja por denunciar desigualdade racial, e também em como essa violência chegava nas comunidades negras. Em um país que tão pouco reconhece a injustiça histórica, a ideia de reconhecimento está no centro para reconhecer lutas interiores e injustiças históricas.

É difícil para nós, negros, voltar e pensar essas instituições do passado, porque nelas me coloco no lugar da objetificação. Mas, se a gente reconhece esse passado enquanto violação dos direitos humanos, vemos que nele havia um sujeito. Eram pessoas que estavam sendo violentadas. Para a gente pensar em reparação a partir da política de memória, existe o processo de humanização desses sujeitos. A gente não vai pedir para o branco fazer esse reconhecimento, nem para essa branquitude.

Hoje, pensar a política de memória é refletir em quem vai contar essa história, que foi apagada por muito tempo. Isso deve ser feito pela população afetada, os movimentos sociais, as comunidades quilombolas, as comunidades de terreiro. A gente sempre esteve nesse lugar de disputa, de quem pode contar essa história. É um lugar de luto, mas também um lugar de rompimento com todo o processo histórico. O Estado precisa se responsabilizar pelos erros cometidos no passado, por ter criado políticas de apagamento ao longo do nosso processo histórico. No entanto, quem tem que contar essa história não é o Estado e muito menos os brancos.

Selma Dealdina
Vilma, eu gostaria que você falasse sobre a proposta de diminuição da verba para candidatos negros.

Vilma Reis
Nós não podemos sair daqui sem entender essa PEC 09/2023 e a fragilidade das alianças e da solidariedade, que parecem consolidadas, mas não estão. Em menos de quatro horas, dentro da Comissão de Constituição e Justiça (CCJ), uma aliança branca conseguiu 45 votos. A gente tem um abismo entre uma ponta, onde o único grupo contrário é a bancada do PSOL — vale lembrar, a única bancada que não fraudou as cotas —, e a outra ponta, em que temos a negação, o absurdo, representada pelo Partido Novo. Foi um acordo dos outros trinta partidos, fazendo uma aliança para atacar o direito das mulheres e de negros e negras.

Em 17 de maio de 2023, eu estava no SOS Corpo,* em Pernambuco, e nós tivemos uma discussão duríssima sobre essa questão. Foi no dia seguinte à votação. A gente não pode passar pano. Em 2021, quando o sistema político brasileiro estava fazendo mais uma reforma política e não queria ouvir a população negra, nós fomos para o Salão Verde do Congresso pautar o então presidente do TSE, que era o Luís Roberto Barroso, e também fomos à presidência do Congresso.

Nós precisamos voltar ao Congresso, porque não é possível haver anistia. Teve partido do campo da esquerda que preferiu pagar multa de 50 milhões de reais a garantir o dinheiro para as candidaturas negras. Isso é muito grave. Existem debates que não podem acontecer em um lugar fechado. Nós precisamos responsabilizar as lideranças políticas que estão à frente desses partidos.**

Quando a Valdecir estava falando sobre a presença da juventude negra com as câmeras nas mãos, eu pensei no nosso direito à subjetividade e a existir nesse país. No filme *M8*, do Jeferson De, o estudante negro de medicina não morre (esse spoiler eu tenho que dar). Esse estudante se depara com a memória daquelas mulheres que tentam se despedir dos seus filhos em uma cerimônia religiosa. Isso só é possível quando nós estamos lá, na direção do filme. Viviane Ferreira ousa ao olhar para o Bixiga e

---

* SOS Corpo — Instituto Feminista para a Democracia é uma organização da sociedade civil, autônoma, sem fins lucrativos, fundada em 1981, com sede na cidade do Recife (PE).

** Em agosto de 2024, o Congresso Nacional promulgou uma emenda constitucional que perdoa as dívidas tributárias de mais de cinco anos dos partidos, com possibilidade de refinanciamento de outras multas e uma redução no repasse de recursos do fundo eleitoral para candidatos negros. Ver Carolina Nogueira, "Congresso promulga perdão a partidos e redução de verba para negros". *Uol*, 22 ago. 2024. Disponível em: <noticias.uol.com.br/politica/ultimas-noticias/2024/08/22/congresso-promulga-perdao-a-partidos-e-reducao-de-verba-para-negros.htm>. Acesso em: 4 out. 2024.

dizer: "É quilombo". E coloca Léa Garcia naquela cena e Débora Marçal. A gente só pode ter tudo isso com uma cineasta negra comandando o processo.*

Voltando para o assunto interditado do poder, a primeira coisa que a gente está dizendo é que, sem paridade racial e de gênero, não há democracia no sistema político brasileiro. Quando a gente fala em mudar a fotografia do poder, também sabe quanto custa uma eleição em um estado do tamanho da Bahia, com 417 municípios, com cidades em região de fronteira com Goiás, com Brasília, com Piauí, com o Espírito Santo de Selma Dealdina. Em uma campanha dessa, dentro de um mesmo partido, um homem branco chega com cinco Tucsons, um atrás do outro, e a gente chega dirigindo um Fox de dez anos. São esses debates que queremos. Por isso concordo, não é hora de suspender o debate sobre reparação, porque a reparação não ocorreu ainda.

No Brasil, o dinheiro, a terra, o controle dos bancos e do sistema político estão todos nas mãos dos homens brancos. Salvador é uma cidade em que os homens brancos são apenas 7,8%. Juntando os homens e as mulheres, dá 16% de brancos. Salvador é África do Sul antes dos anos 1990.

Quando lemos *Parte de minha alma*,** com Winnie Mandela entrevistada por Anne Benjamin em 1984, e a gente vê aquelas histórias. O mundo fala muito de Mandela, a gente gosta de falar de Winnie Mandela. Ele passou 27 anos preso. Winnie, aquela primeira assistente social negra, formada em 1958 na

---

* Viviane Ferreira é uma diretora, roteirista, produtora e cineasta brasileira. Ela também é advogada e ativista do Movimento de Mulheres Negras e fundadora da Odun Filmes, empresa produtora voltada para o audiovisual identitário. É uma das fundadoras da Associação de Profissionais do Audiovisual Negro. O filme mencionado por Vilma Reis é *Um dia de Jerusa* (2018).

** Winnie Mandela, *Parte de minha alma*. Org. de Anne Benjamin. Rio de Janeiro: Rocco, 1986.

África do Sul, foi presa 34 vezes ao longo do período em que Mandela estava na prisão. Depois, Winnie foi defenestrada por ter recorrido a um método para confrontar os algozes. Criou-se uma espécie de pacto mundial em que não se pode falar em Winnie Mandela. Mas nós estamos aqui. A gente não presta, então a gente fala. Todas as vezes que era presa, ela era inclusive colocada com a roupa bem curta para lavar latrina e ser humilhada, porque esse era o prazer dos caras do apartheid.

É importante falar dessas histórias porque as questões que enfrentamos na Bahia do século 21 são muito parecidas. Em Salvador, uma mulher negra, para conseguir uma vaga de creche, entra em um vergonhoso sorteio com mais 150 mulheres, isso em 2023. Nós queremos que o debate sobre a primeira infância entre na carta de preocupação de quem está na cooperação internacional, porque as mães negras não aguentam mais.

A reparação está junto com o debate sobre a anistia. É muito racismo anistiar os partidos políticos no Brasil. Nós, mulheres, somos 17,5% no Congresso, e os caras estão debatendo uma reforma política que reduz a cota das mulheres a 15%. Nós precisamos de um levante do terceiro setor, da cooperação internacional, de quem está à frente desse processo, porque vai ser um retrocesso. A gente fica perplexo quando vê Ana Moser sair para dar lugar ao Centrão, mas e a trama que está no Congresso para reduzir 30% de cotas de candidatos negros para 15%, de anistiar bilhões das dívidas dos partidos? Isso é racismo, como disse Sueli Carneiro, em estado puro.

E, aqui, a gente lembra outra história fundamental. No cinema, teve gente à vontade para escrever sobre Carlos Marighella sem dizer que ele era um homem negro. É fundamental a gente ter um Wagner Moura, que apresenta Seu Jorge como Marighella, para entendermos que esse homem, filho de uma mulher hauçá, é um negro. Certa vez, lá no teatro de Alagados, Raimundo e Jamira Muniz marcaram um debate sobre ditadura. De repente, naquele teatro lotado de jovens negros, falávamos eu e o Zanetti. Eu disse: "Carlos Marighella, um homem negro", e os jovens ficaram perplexos. Por isso, é importante a gente devolver um Carlos Marighella ao cinema com uma cara de Seu Jorge.

Essas questões se relacionam com a nossa disputa por memória. Fizemos isso com Machado de Assis, mas precisamos fazer na contemporaneidade e dizer que Marighella, na Constituinte de 1946, escreveu o primeiro Marco Legal para que os candomblés não fossem invadidos. Precisamos contar essa história para as novas gerações.

Por que pessoas chegaram aos anos 1990 sem saber se eram negras? Porque não podiam falar sobre o assunto, já que, em 13 de dezembro de 1968, a questão racial entrou na Lei de Segurança Nacional. Lélia Gonzalez, no livrinho vermelho que a gente gosta muito, volta nessa história.* Foi todo um esforço no parque Laje para fazer uma história. Foi todo um esforço na cidade do Rio de Janeiro, com o coletivo André Rebouças, criado por Beatriz Nascimento, para a gente ter direito a essa história.

A luta para que o nosso povo não recue na reparação também envolve a ocupação do poder político. Não é possível que a gente fique se debatendo com pessoas que governam com a grife de esquerda e aqueles que são de esquerda e têm seus equívocos de uma esquerda tradicional, conservadora e que sofre de negacionismo. E não é a gente que está falando isso. Antes, Florestan Fernandes já dizia que este é um país que tem preconceito de ter preconceito.

Para nós, é muito importante o debate sobre memória. A gente não tira da mesa a pauta da reparação, porque ela não

---

* Alex Ratts e Flavia Rios, *Lélia Gonzalez: retratos do Brasil negro*. São Paulo: Selo Negro Edições, 2010. (Coleção Retratos do Brasil Negro).

ocorreu ainda. O dinheiro está todo na mão dos brancos. O poder político é a esquerda passando essa vergonha, assinando na CCJ anistia aos partidos que fizeram o que fizeram nas eleições de 2016, 2018, 2020 e 2022.

Selma Dealdina
Com isso, passo para as considerações finais.

Fernanda Thomaz
Queria agradecer e dizer que foi um momento incrível, principalmente por tudo que ouvi, pela companhia, por estar com pessoas que admiro tanto. Acho que dá para pensarmos em algo conjunto. Estou muito grata pelo evento, por esse momento, essa mesa.

Valdecir Nascimento
Eu insisto: não vamos parar. Aqui é só o primeiro passo. A gente precisa levar esse debate para mais pessoas, fazer um rebuliço, uma panela para a gente mexer direito. Tem muita gente com contribuições e não dá para construir essa nação com poucas mãos. Ela precisa de muitas cabeças, porque é muito grande. A sua complexidade exige muitas vozes, para que a gente possa ser um pouquinho assertivo. Muito obrigada a todas, um beijo grande, carinho!

Vilma Reis
Nós somos ativistas, militantes, acreditamos nas questões. A gente carrega sacola de livros, vai em lugares onde, muitas vezes, outras pessoas não vão. Para nós, entre estar em um debate no meio de uma universidade ou ir para uma periferia, a gente sabe o quanto é importante ir na periferia.

O Censo de 2022 revelou o que tanto se evitou. Revelou o Brasil entrincheirado em suas comunidades quilombolas, mantendo a atenção permanente e necessária. Portanto, para nós, reparação é o nosso projeto contra a brutalidade de teses absurdas, como o Marco Temporal. É muito importante que a gente se levante contra o horror.

A gente viu apenas um ministro negro no STF e se exige tanto uma mulher negra chegar no Supremo. Onde chegarmos, vamos chegar com a agenda política coletiva do nosso povo. É para isso que adentramos nos espaços. O que queremos é ver o nosso povo continuar a entrar de cabeça erguida e bicão na diagonal em muitos espaços.

Para nós, mulheres negras, muita coisa é a primeira vez. O que já é banal para os brancos, para a gente é a primeira vez. Por isso vai ser importante esse país fazer um concurso pela primeira vez em 179 cidades em um modelo de Enem. Porque, para uma mulher negra, participar de um concurso é muito difícil. Viajar de uma cidade para outra para fazer concurso é muito complicado. Então, essas são questões onde a gente vê os acertos.

Mas nós também queremos uma política de direitos humanos que tome a frente dos cárceres do Brasil, que faça um esforço para esvaziar as cadeias. Nós temos 900 mil jovens encarcerados no país, e suas mães cumprem a pena junto com eles. Para nós, é muito importante que a gente ouse apresentar projetos como anistia para os jovens que são vítimas da guerra às drogas. É preciso ousar esse projeto.

Os votos canalhas que tivemos no STF nos últimos tempos contra a insignificância do crime e em relação à descriminalização, além da não qualidade desses votos, chamam a atenção de que o confronto precisa ficar na mesa. A nossa presença e os debates que fazemos são tensos, porque, como mulheres negras, vivemos em um contexto de muita tensão o tempo inteiro. Nós temos netas, sobrinhas que atravessam a cidade com medo. Nós temos medo o tempo inteiro. Um estudante fascista, racista confrontou Luciana dentro da Universidade Federal do Recôncavo da Bahia (UFRB) com toda a certeza da impunidade. Nós é que sabemos o que é para nós. Então, não vamos recuar.

Viemos aqui para ampliar o leque de aliados. Acreditamos que pessoas vão se colocar nessa batalha. A Lia Vainer falou que vai ter um dia que não vai dar para você usar como desculpa o levar e buscar criança na escola, você vai ter que se envolver. Esse é o projeto antirracista. A gente não aguenta mais. Vamos levar mais duas gerações no empobrecimento, na frente do esgoto, recebendo bala na cara?

Viemos aqui em um esforço muito grande e precisamos de mais gente no engajamento político, se posicionando. Em muitos espaços de poder, as nossas batalhas se dão no nosso próprio campo. Para as mulheres negras chegarem à docência, a batalha não é com a direita, mas acontece nas bancas, dentro do próprio campo. Por isso, precisamos juntar mais gente na batalha. Viva nós, viva as águas, viva a cidade de Mãe Beata, viva essa cidade do samba, em que, em 1992, Benedita da Silva foi candidata a prefeita, nos dizendo: "Quando deres vez ao morro, toda cidade vai cantar".

Valdecir Nascimento
Por fim, só queria deixar um convite. Nós, mulheres negras brasileiras, estamos nos organizando para a marcha de 1 milhão de mulheres negras em Brasília, em 2025. Venham com a gente. Temos que, pelo menos, assustar a turma.

Da memória à reparação: caminhos de reconhecimento da dívida histórica

JUSTIN HANSFORD E NATHÁLIA OLIVEIRA

Nathália Oliveira
Antes de começar a nossa discussão, gostaria de citar uma frase de Maya Angelou a título de epígrafe: "A história, a despeito da sua dor dilacerante, não pode ser desfeita, mas, se olharmos para a história com coragem, não precisaremos vivê-la novamente".*

Na declaração produzida em 2001 durante a Conferência Mundial contra o Racismo, Discriminação Racial, Xenofobia e Intolerância Correlata, de Durban, a ONU reconheceu a escravidão e o tráfico de africanos como crime contra a humanidade, bem como o direito à memória como política de reparação. Recontar a história é produzir memória, que pode nos conduzir a um caminho de justiça, igualdade, respeito e democratização dos territórios e direitos. Esta conversa busca discutir como políticas de suporte à memória de determinados grupos sociais podem intervir como meio de reparação, salientando a sua importância na sustentação de políticas públicas e iniciativas que visam reduzir desigualdades antigas e persistentes. Seja na

---

* Trecho do poema "On the Pulse of Morning" [No pulso da manhã], recitado por Maya Angelou na posse do presidente Bill Clinton, em 1993.

luta das mães e dos familiares de vítimas do Estado, no enfrentamento à violência racial, na luta pelo fim do encarceramento em massa, na contestação e destruição de monumentos nacionais ou na construção de tensionamentos e novas narrativas históricas, esta conversa propõe debater o poder político da memória e sua relevância para a transformação social.

Diante disso, queria começar pedindo ao Justin que se apresentasse e trouxesse a relação da sua pesquisa com essa temática.

Justin Hansford

É um prazer estar aqui falando com o Brasil, especialmente porque nos Estados Unidos temos um foco muito especial na experiência dos afro-americanos estadunidenses, mas não falamos o suficiente sobre o que está acontecendo com negros em toda a diáspora. E não apenas sobre o que podemos trocar e dar, em termos de conceitos, para as pessoas negras em toda a diáspora, mas também o que podemos receber e aprender com os movimentos de justiça racial em todo o mundo.

Meu trabalho começou como ativista contra a brutalidade policial. Eu era envolvido com uma organização chamada Malcolm X Grassroots Movement,* que se empenhou em organizar aqueles que eram ex-Panteras Negras e que foram presos nos Estados Unidos. Também tivemos shows e trabalhamos com o movimento hip-hop. Em uma vida passada, eu até fui rapper. Mas me tornei advogado de direitos humanos porque acreditava que precisávamos de mais ferramentas para o ativismo, até mesmo mudar a lei para que o nosso ativismo pudesse se tornar firme e durar mais tempo e não ser

---

* Organização da sociedade civil estadunidense que tem por objetivo defender os direitos humanos dos afro-americanos e promover a autodeterminação nessa comunidade. Disponível em: <www.freethelandmxgm.org>. Acesso em: 20 jan. 2025.

apenas adiado. Hoje eu sou professor de direito na Universidade Howard. Ensino teoria racial crítica, direito constitucional e direitos humanos.

Eu estava em Saint Louis quando Mike Brown foi morto em 2014, o que foi o início do movimento Black Lives Matter, junto aos assassinatos de Trayvon Martin e de Sandra Bland no meio da última década.* A partir desse engajamento, comecei o meu próprio centro, o Centro de Direitos Civis Thurgood Marshall,** e provavelmente o mais relevante nisso tudo é que me tornei membro do Fórum Permanente das Nações Unidas de Afrodescendentes, que é a parte da ONU que trabalha na luta pelos direitos humanos para as pessoas de toda diáspora africana.

Voltando ao primeiro ponto em que toquei, uma das ideias em torno da justiça racial que quero começar a trocar é a de reparação. Reparação é um conceito que, no Fórum Permanente das Nações Unidas, une os negros de toda a diáspora que fazem parte do legado do tráfico transatlântico, de uma maneira que nenhuma outra questão conseguiu, porque fala sobre como respondemos aos legados de escravidão, que incluem o racismo, o racismo estrutural, a brutalidade policial e as lutas contra as dis-

---

* O movimento Black Lives Matter (BLM) emergiu nos Estados Unidos em resposta à violência policial e ao assassinato de pessoas negras. A morte de Mike Brown, um jovem negro desarmado, ocorreu em agosto de 2014, em Ferguson, Missouri, um subúrbio de Saint Louis, gerando protestos nacionais contra a brutalidade policial. Esse episódio, juntamente com o assassinato de Trayvon Martin em 2012, na Flórida, por um vigilante comunitário, e a morte de Sandra Bland em 2015, no Texas, em circunstâncias suspeitas sob custódia policial, tornou-se símbolo da violência racial nos Estados Unidos e catalisou a mobilização do movimento BLM.

** O Centro de Direitos Civis Thurgood Marshall é o principal centro institucional da Universidade Howard dedicado ao estudo e à prática dos direitos civis, direitos humanos e advocacia pela justiça racial. Fundado em 2018, o centro homenageia Thurgood Marshall, ex-aluno da Faculdade de Direito da Universidade Howard e primeiro juiz afro-americano da Suprema Corte dos Estados Unidos.

paridades na saúde, que nos Estados Unidos são diabetes, anemia falciforme e mortalidade materna negra. Isso nos permite conversar sobre e lutar contra a pobreza na comunidade negra. Reparação é, para mim, o principal conceito a se avançar no século 21, para se chegar perto da justiça para a diáspora negra. Entender o conceito de reparação é fundamental para nossa unidade enquanto diáspora na luta pelos negros em todo o mundo. E não se trata apenas de dinheiro, não é só um conceito de reparação financeira. Em um país muito capitalista como os Estados Unidos, quando pensamos em reparação, nós dizemos: "Me mostra a grana". É como a Rihanna diz: "*Bitch better have my money*" [Vadia, pague meu dinheiro]. Mas em todo o mundo, especialmente na ONU, que tem suas histórias coloniais, temos que ter em mente que existem cinco níveis para a reparação. Portanto, existe essa ideia de compensação por trabalho feito no passado que nunca foi pago, mas também há mais elementos de cura para a reparação, como a não repetição e a criação de leis que certifiquem que não voltaremos a replicar os crimes do passado.

Essas leis não significam só não replicar a escravatura, mas também, em um sentido jurídico, não replicar os incidentes e os legados da escravidão, como o racismo estrutural. A Lei de Ação Afirmativa, por exemplo, é uma espécie de garantia da não repetição que faz parte desse debate. Além disso, busca-se a reabilitação, o apoio à saúde mental das vítimas dos legados da escravidão, encontrar maneiras de fornecer acesso a cuidados de saúde, não enquanto política pública, caridade ou benevolência, mas como justiça para os danos que foram causados por essa sociedade.

Também estamos falando de outros elementos que não são só baseados no governo. Não procuramos reparação somente do governo brasileiro ou, em um sentido colonial, do governo português, que também esteve envolvido com escravidão e colonialismo. Mas também da Igreja. Qual é o papel da Igreja no

Brasil, quando o assunto é justiça racial? Ou qual é o papel das universidades? Que reparação as universidades pagam? Ou qual é o papel da filantropia? Eu sei que posso deixar algumas pessoas nervosas falando sobre filantropia, mas que papel ela desempenhou no legado contínuo da justiça racial? E não só como houve disparidades raciais nas doações, mas como foi criada a riqueza que os filantropos usam para financiar projetos. Eles foram criados a partir da riqueza obtida injustamente? E qual é o papel das empresas do setor privado? Como elas ganharam com a injustiça racial? Quanto elas deveriam pagar?

Então, trata-se de um conceito de justiça que nos coloca em diálogo com várias partes da sociedade, todas responsáveis pelos nossos danos. Como resultado disso, todas são responsáveis pela nossa cura, se forem fazer parte de uma verdadeira democracia racial, em termos de sociedade.

Nathália Oliveira
É uma bela trajetória, muito parecida com a de vários sujeitos negros no Brasil, com essa práxis orgânica que envolve um processo de iniciação política por meio da cultura hip-hop. O hip-hop é uma grande escola, tenho o máximo respeito por ela. Ela acaba se entrelaçando com a atuação política na pesquisa acadêmica. Esse tipo de trajetória é quase uma necessidade de urgência de vários sujeitos negros para se colocar diante das nossas injustiças.

A partir do que você falou sobre as discussões na ONU, que tipo de dívida, mais específica, a comunidade global tem com as vítimas do tráfico transatlântico? Qual o papel da sociedade civil?

Justin Hansford
Criei uma organização chamada African-American Redress Network [Rede de Reparação Afro-Americana], que reúne o

trabalho da Universidade Howard. Sou ex-aluno e professor da Howard, historicamente a melhor faculdade negra nos Estados Unidos. Nos juntamos com a Universidade Columbia para criar uma rede de apoio a movimentos de reparação em todo o país. Temos mais de quarenta municípios nos Estados Unidos que criaram comissões de reparação.

Essas comissões não aconteceram por acidente nem vieram como um presente. Em cada uma dessas cidades, Los Angeles, São Francisco, Detroit, Boston e até cidades muito menores que talvez vocês não tenham ouvido falar, como Asheville, na Carolina do Norte, e Evanston, em Illinois, grupos de organizações de movimentos da sociedade civil formaram uma coalizão e começaram a exigir que o prefeito iniciasse um processo de cura para o racismo estrutural naquela cidade, o que significa que houve pesquisadores analisando a história do racismo daquela cidade em particular. Não o país inteiro, mas a forma que aquela cidade estava envolvida, fosse com segregação habitacional, disparidades no acesso à água potável ou brutalidade do policiamento. Eles criaram um relatório e grupos da sociedade civil começaram a se organizar e a exigir audiências sobre como a cidade iria reparar os danos raciais. O que fizemos como organização foi disponibilizar pesquisadores e estudantes para ajudá-los a redigir esses relatórios. Sou advogado, então fornecíamos análise jurídica de como as Comissões de Reparação podiam ser vistas dentro dos conformes da lei daquela cidade e estado, e ajudávamos a desenhar a comissão. Ou seja, fizemos tudo, basicamente, menos assinar o papel. Deixamos isso para o prefeito.

Não sei como é no Brasil, mas, nos Estados Unidos, temos mais poder local do que nacionalmente. Acho que vai demorar muitos anos para o nosso governo federal aprovar uma lei de reparação, porque eles estão com medo. Podem falar que fui eu que disse isto: eles não têm coragem política quando se trata de reparação. Mas podemos pressionar nossos prefeitos, nosso conselho municipal, nossos governantes locais para começar uma conversa assim que as organizações da sociedade civil formarem coalizões para reparação, que acontecem localmente.

Existem cinco níveis para a reparação. Falei de compensação, falei de não repetição, mas ainda não falei da importância da memória como parte da reparação. Esse foi o terceiro elemento que tinha deixado de fora. Os cinco são: *compensação, não repetição, memória, satisfação* e *reabilitação do prejuízo financeiro*. De acordo com esse último critério, você não paga só pelo trabalho que foi feito de graça, mas você também paga uma indenização. Você não só tem que pagar aos negros pelo trabalho gratuito da escravidão, você também indeniza qualquer dano que tenha acontecido, qualquer mazela na comunidade que tenha sido resultado da mão de obra gratuita. São dois níveis diferentes de compensação financeira.

Devemos ter uma verdade antes da reconciliação. Nos Estados Unidos, a teoria racial crítica e a história do povo negro estadunidense foram banidas do ensino em lugares como a Flórida, o Texas. Estão proibindo o ensino da nossa história. Em resposta, precisamos tornar obrigatório que ensinemos nossa história como parte do nosso movimento de reparação. Esse é o movimento que acontece localmente nos Estados Unidos. Vamos aos conselhos escolares, aos prefeitos e falamos: "Todos os currículos para as crianças das creches, da primeira, segunda e terceira séries, devem ensiná-las sobre a escravidão, ensiná-las a verdade sobre a injustiça racial em nosso país, ensiná-las sobre a injustiça racial na cidade delas". As histórias de injustiça racial da cidade têm que estar no currículo.

Essas são todas as coisas que temos que esperar que a sociedade civil lidere, porque os políticos não vão fazer. Nenhuma outra parte de nossa nação vai liderar isso. Mesmo os historiadores que conhecem a importância da memória, muitas vezes, não são ativistas. Portanto, a sociedade civil realmente tem uma responsabilidade de pressionar os governos locais a respeito de todos os cinco elementos da reparação, mas, especialmente, da memória.

Nathália Oliveira
Quais iniciativas já existentes são exemplos bem-sucedidos de políticas de memória como reparação e qual o seu potencial transformador na luta contra a violência racial? O que ainda falta ser feito?

Justin Hansford
A respeito da primeira parte da pergunta, temos exemplos no mundo de iniciativas de reparação interessantes e bem-sucedidas em cada uma das cinco esferas. Mas lembrem-se, é uma análise em cinco partes. Vamos analisar uma delas, a memória.

Nos Estados Unidos, criamos museus. Quero mencionar dois. Um está no Alabama, que é um lugar histórico para nós. Foi lá que fizemos muitas marchas pelos direitos civis. Lá temos o Museu do Linchamento.* Nos Estados Unidos, o linchamento foi um tipo de terrorismo racial usado cerca de cem anos atrás. Eles enforcavam pretos em árvores, geralmente acusando o homem negro de ter agredido uma mulher branca. Mui-

---

* O Legacy Museum e o National Memorial for Peace and Justice, localizados em Montgomery, Alabama, foram criados pela Equal Justice Initiative (EJI) para documentar e confrontar a história de injustiça racial nos Estados Unidos. O Legacy Museum oferece uma jornada imersiva pela história norte-americana, desde a escravidão até a segregação e o encarceramento em massa. O National Memorial for Peace and Justice é o primeiro memorial nacional dedicado às vítimas de linchamentos por terror racial, utilizando arte para contextualizar o terror racial e seu legado nos dias de hoje. A EJI, fundada por Bryan Stevenson em 1989, é uma organização sem fins lucrativos que representa clientes condenados à morte, combate condições desumanas de confinamento e trabalha para expor o viés racial no sistema legal criminal.

tas vezes, era uma acusação falsa. Uma mulher negra, que era jornalista, descobriu que eles selecionavam os empresários negros mais economicamente poderosos e os acusavam de agredir uma mulher branca para poder linchá-los.* Eles vinham em multidão e enforcavam os negros em uma árvore, fazendo festas em torno desses linchamentos, tirando fotos e às vezes até pegando pedaços do corpo de uma pessoa como suvenir. Temos um museu sobre isso, onde estão listados todos os diferentes linchamentos. É possível ver mais de mil linchamentos memorizados. Recolheram a terra dos locais de linchamentos em todo o país e a colocaram no museu, para que se possa tocar nela. É uma experiência muito espiritual. Esse é um exemplo de como deixar que nosso legado não seja esquecido, e também deixar que toquemos em partes do nosso legado e encontremos essa conexão espiritual com nossos ancestrais.

Mais recentemente, em 2014, foi criado o Museu da Tortura Policial de Chicago, após a constatação da violência policial na cidade, onde a polícia estava envolvida em um escândalo de dar choques elétricos nos genitais de pessoas negras para coagir confissões. É uma história horrível. Agora, nós temos também a história da violência policial em Chicago memorizada. Todas as crianças em idade escolar, antes de se formar, têm que visitar esse museu e aprender como a tortura policial racista fazia parte do legado da escravidão, que sobreviveu até meados dos anos 2000.

---

* Ida B. Wells (1862-1931) foi uma jornalista, ativista e pioneira na luta pelos direitos civis nos Estados Unidos. Destacou-se por sua campanha contra os linchamentos no final do século 19 utilizando sua escrita investigativa para expor as atrocidades cometidas contra afro-americanos. Em obras como *Southern Horrors: Lynch Law in All Its Phases* (1892), Wells desafiou narrativas racistas e denunciou a cumplicidade institucional na violência racial. Mary E. Jones Parrish (1892-1972) também denunciou história semelhante, ocorrida em Tulsa, descrita no livro *A nação precisa acordar* (Trad. de Carlos Alberto Medeiros. São Paulo: Fósforo, 2022).

Esses dois exemplos mostram que não é apenas a escravidão em si que tem que ser memorizada, é todo o seu legado. Essa conexão precisa ser feita quando se fala de memória. É preciso evidenciar todo o trajeto do legado, desde a violência policial até o linchamento.

Além desses, em Washington, temos o Museu Nacional da História Afro-Americana, criado sob a administração do presidente Obama. Temos esses diferentes níveis de memória que podem ser apreendidos. Para muitas pessoas do país, os museus são a principal fonte de educação histórica. A maioria dos nossos jovens não aprende história negra nas escolas. Ou eles vão aprender com a gente ou vão aprender em um museu.

Portanto, criar esses locais de memória como parte da reparação é uma das nossas responsabilidades. Além disso, temos movimentos de reparação financeira do Haiti para receber reparação da França e temos a Caricom,* com todas as nações caribenhas. A primeira-ministra de Barbados, Mia Mottley, falou em um evento internacional sobre a necessidade de reparação em termos de injustiça climática. Temos um movimento para reparação com a vice-presidente da Colômbia, Francia Márquez, que falou sobre a importância da reparação no seu país. O presidente de Gana comentou como ele apoia a reparação, até mesmo falando em nome da União Africana, que, inclusive, assinou agora um plano de reparação. Temos os bronzes de Benim, máscaras históricas das sociedades africanas que foram

---

* A Comunidade do Caribe (Caricom) é uma organização intergovernamental formada por quinze países e territórios caribenhos, dedicada à integração econômica, política e social da região. Desde 2013, a Caricom tem liderado a busca por reparações relacionadas ao legado da escravidão e do colonialismo, por meio da criação da Comissão de Reparações da Caricom. Essa iniciativa busca responsabilizar as antigas potências coloniais pelos danos causados, exigindo medidas como pedidos formais de desculpas, financiamento para desenvolvimento sustentável e apoio a programas de saúde e educação.

roubadas e levadas para a Europa e agora começaram a ser devolvidas aos seus proprietários legítimos em outras partes do continente. E isso inclui o Congo.

Há um movimento mundial acontecendo neste exato momento e uma das minhas grandes esperanças é que o Brasil possa fazer cada vez mais parte dessa conversa global. A melhor maneira de se fazer isso é começando pela troca de ideias sobre a importância da reparação. Esse é o primeiro passo. O segundo, depois disso, é começar a trocar estratégias e técnicas, além de aprender mais quais artes históricas precisam ser devolvidas aos negros brasileiros, que lhes foram roubadas. Qual o valor cultural da capoeira ou do samba? Como o valor cultural que foi apropriado e usado para lucro pode ser devolvido aos criadores dessas formas de arte? E a comida e as outras partes da cultura? Para nós, nos Estados Unidos, o hip-hop tem sido fonte de lucro para as pessoas que não fazem parte da comunidade negra norte-americana. Quanto da nossa criação, dos nossos produtos de trabalho e da nossa genialidade foi tomada e usada para lucro que não voltou para nós? Portanto, essa é uma longa e profunda conversa, que estamos apenas começando a ter em todo o mundo, e eu estou muito animado com a perspectiva de o Brasil fazer parte dela.

Nathália Oliveira
Você fala muito sobre a importância da memória. Então, qual é o papel das políticas de reparação histórica em sociedades nas quais o passado ainda não passou? E como essas políticas de memória podem mudar o curso do presente?

Justin Hansford
Vamos falar sobre as ações afirmativas, que é uma política com a qual a maioria das pessoas está familiarizada. Nos Estados

Unidos, elas começaram como política de reparação. O presidente Lyndon B. Johnson, em 1967, foi à Universidade Howard e fez um discurso sobre como precisávamos de ações afirmativas (e é daí que vem o nome) para reparar o dano causado aos negros norte-americanos. Poucos anos depois, a Suprema Corte dos Estados Unidos decidiu eliminar o conceito de reparação baseado em ações afirmativas em um caso chamado *Regents of the University of California vs. Bakke*, e determinou que não se podia criar ações afirmativas para reparação de prejuízos do passado, mas somente para criar uma sociedade mais diversa no futuro. Assim, nos cinquenta anos seguintes, o objetivo da reparação nos Estados Unidos foi a diversidade, não foi para curar danos passados. E, como se sabe, neste verão, a Suprema Corte dos Estados Unidos eliminou até isso.

Qual é a diferença entre uma ação afirmativa que se baseia na memória do passado, como a reparação, e as ações com o objetivo de criar diversidade no futuro? Essa é a pergunta que quero trazer à tona. Se o objetivo for a diversidade, o que acaba acontecendo é que se cria um programa de ações afirmativas como forma de engenharia social, tentando criar instituições de elite que tenham uma proporcionalidade, que seja reflexo da sua sociedade. Se o Brasil é 50% negro, talvez 50% dos seus juízes da Suprema Corte devessem ser negros, talvez 50% das suas universidades devessem ser negras, talvez 50% dos seus CEOs devessem ser negros. O programa de ações afirmativas baseado na diversidade tenta encontrar uma proporção. Um programa baseado na reparação tem objetivo diferente, de não apenas criar uma proporção igual, mas também reparar danos passados. Então, medindo os danos que foram feitos, é preciso compensá-los de acordo com aqueles cinco elementos que mencionei.

Talvez a gente precise das ações afirmativas para remediar as disparidades de saúde entre afro-brasileiros e outros brasileiros. Nos Estados Unidos, temos uma doença, chamada anemia falciforme, que atinge principalmente a comunidade negra. Uma ação afirmativa orientada pela cura e baseada em reparação encontraria mais fundos públicos para investir na cura da anemia falciforme, mas não com o objetivo de criar um resultado proporcional. Não nos importamos com os números, entendemos que, em vez disso, essa é nossa responsabilidade. Isso é justiça, é nosso dever garantir que tenhamos cura plena para a comunidade negra, baseada na disparidade que ajudamos a criar enquanto sociedade.

Essas são duas maneiras diferentes de se pensar. A justiça é um resultado proporcional ou consiste em olhar o passado e corrigir os danos que foram causados, investindo estrategicamente, dizendo a verdade sobre como o dano foi criado, passando por aqueles cinco elementos, engajando-se estrategicamente na reparação de danos passados? Então, a primeira questão é se sua ação afirmativa é voltada para a diversidade ou se trata de reparação. A segunda questão é como isso muda a sua política pública. Ela é baseada em reparação ou é orientada para a proporcionalidade?

Minha posição é que devemos ter uma política pública baseada em reparação, porque ela é orientada não pelo desejo de proporcionalidade — que as pessoas não se sentem tão mal se não a conquistam —, mas é baseada na justiça. Não é baseada em caridade, mas na justiça. Não é baseada na esperança, mas no dever. É um tipo diferente de razão pela qual se pressiona por justiça racial. Mas, novamente, são dois tipos de conceito que eu acho que precisamos debater, porque talvez uma sociedade diferente tenha uma outra análise, baseada em suas condições locais.

Nathália Oliveira
A primeira pergunta da plateia está relacionada com o que você fala sobre a memória e as ações possíveis de reparação. No Brasil, a utilização da tortura com choques elétricos para confissões ainda é uma prática, e os homicídios cometidos pelas forças de segurança em territórios pobres também são muito comuns. Isso acaba deixando um legado de familiares vitimados pela violência que seus entes sofreram. Temos no Brasil algumas experiências de trabalhos de atendimento psicológico a familiares das pessoas que sofreram violência do Estado, inclusive violência transgeracional. Gostaríamos de ouvir você a respeito disso. Existem nos Estados Unidos ações de cuidado, por exemplo, com a saúde mental, em especial das mães que perdem seus filhos?

Justin Hansford
Talvez o meu trabalho mais gratificante tenha sido trabalhar com a mãe de Mike Brown, que foi morto pela polícia em Ferguson, Missouri, em 2014. Ele iniciou o movimento Black Lives Matter. Os alunos da Universidade Howard, junto com a mãe de Mike Brown, criaram um projeto de lei, apresentado ano passado no Congresso dos Estados Unidos pela deputada Cori Bush, chamado Helping Families Heal Act [Lei para ajudar as famílias a se curarem]. Essa lei prevê 100 milhões de dólares para a saúde mental de qualquer família impactada pela violência policial e também para os seus colegas de classe, se eles estiverem na escola, porque descobrimos que, quando alguém é morto pela polícia, as implicações ricocheteiam por toda comunidade. Não é só a mãe. A mãe pode sofrer mais profundamente e para sempre, mas o irmão, a irmã, o tio, os amigos da escola também sofrem. O que acontece é que eles ficam aterrorizados, porque a polícia está por toda parte. Não dá para se esconder

da polícia, não dá para responder a polícia e ser violento contra ela. As sirenes tocam e a pressão arterial aumenta quando se ouve sirenes. É possível ter flashbacks e rever o que aconteceu. A Universidade da Pensilvânia fez um estudo mostrando que, para cada assassinato policial — e nos Estados Unidos temos assassinatos policiais filmados por câmeras e sendo mostrados repetidamente na TV ou nas redes sociais —, a pessoa negra, em média, perde dois dias de boa saúde mental. Isso tem um efeito semelhante ao de problemas com a pressão arterial e diabetes. É uma fonte de estresse mental, psicológico e físico, que tem efeitos de longo prazo na saúde. Nossa posição nesse projeto de lei é que, se o governo criou esse dano, então o governo deve curá-lo. Se começou, então tem que terminar.

Esta é outra maneira de pensar políticas públicas orientadas para reparação. Não é suficiente apenas não propagar mais a violência policial. É preciso começar um processo de cura da violência policial que já foi criada. Acabei de chegar de Los Angeles, onde temos gangues de xerifes, gangues policiais. Esses policiais se tatuam, alguns se autodenominam *executioners* [grupos de extermínio]. Eles andam em grupos e aterrorizam diferentes membros da comunidade. E agora, quando alguém vê um policial com certas tatuagens em Los Angeles, não tem apenas um gatilho por ele ser policial, mas também porque ele faz parte da gangue da polícia que é especificamente violenta.

Se você tiver políticas públicas orientadas pela reparação, você vai olhar para todos esses problemas por uma lente diferente. O problema da violência policial, o problema da saúde, o problema da pobreza, o problema da moradia, o problema da educação; todos eles podem ser resolvidos através de políticas públicas orientadas para a reparação, em vez de uma política pública em que você fica feliz de receber qualquer coisa só porque não se tem um governo conservador como o de Trump ou de Bolsonaro. A política pública de reparação diz: "Nós merecemos isso como um direito humano pelas atrocidades que foram cometidas contra nós. Nós merecemos a cura, nós merecemos a nossa saúde mental, nós merecemos acesso à educação, nós merecemos acesso à habitação, e nós exigimos isso e não vamos nos contentar com nada menos do que isso". E essa é a maneira de abordar políticas públicas de reparação.

Nathália Oliveira
Tem uma dúvida do público a respeito da satisfação como um dos cinco elementos das políticas de reparação. Você pode explicar um pouquinho mais sobre isso? Tem a ver com essa sensação de bem-estar que você estava trazendo agora?

Justin Hansford
Se alguém cometer um ato de violência contra você, o que seria necessário para que você sentisse que houve reparação e justiça? Essa é uma pergunta muito pessoal, que nem todos irão responder exatamente da mesma forma. Não são todos que podem ser curados simplesmente com o dinheiro, não são todos que podem ser curados só com um pedido de desculpas, nem todo mundo pode ser curado simplesmente através da verdade. Mas, quando você combina todos esses gestos diferentes, você pode dar um passo em direção à justiça restauradora. O conceito de satisfação é amplo e inclui todas essas coisas. O rei dos Países Baixos começou. Ele fez um breve pedido de desculpas pela escravidão em seu país. Mas considero que eles ainda não fizeram um pedido de desculpas completo pela escravidão. Os Estados Unidos também não fizeram. Nós ainda esperamos por esse pedido completo. Por enquanto, ele é só uma parte, mas faz parte do processo de cura contar a verdade sobre a história. Começar a entrar na discussão a partir de um lugar de reparação é apenas o primeiro passo.

O conceito de satisfação é um arranjo de diferentes gestos. De acordo com a ONU, se esses gestos são combinados com compensação financeira, com leis para garantir que a opressão não se repita ou com aqueles outros quatro elementos, é possível ter uma sociedade reparada, que estará inteira outra vez. Esse é um conceito que vem da ONU. Mas nunca podemos esquecer que a ONU faz parte de um projeto colonial desde o seu início. Por isso, é preciso lembrar que há espaço para continuarmos pensando qual é o conceito de reparação para uma comunidade, independente da ONU. Caso se esteja em uma sociedade de pessoas africanas que foram escravizadas com os povos indígenas, qual é o conceito indígena de reparação? Qual é o conceito africano de reparação? Como esses conceitos se diferenciam? Existe um componente de espiritualidade? Como a sociedade está lidando com a espiritualidade africana e a atual demonização dela?

Nos Estados Unidos e no Caribe falam de vodu, de espiritualidades tradicionalmente africanas, como se fossem uma maldição ou uma coisa demoníaca. Esse status de pária para aqueles que praticam o candomblé ou outra religião do tipo faz parte do legado da escravidão. Portanto, desfazer o estigma pode fazer parte do projeto de satisfação, e é algo que pode ser único para determinada comunidade. O conceito de satisfação é um cardápio que contém muitas diferentes ideias a respeito do que significa iniciar o processo de reparação. E é importante olhar para isso através da lente única da história do seu país, lidando com o legado da escravidão e do racismo.

Nathália Oliveira
Vou fazer outra pergunta da plateia. A violência policial, assim como nos Estados Unidos, é um grande desafio no Brasil. Quais foram as experiências e propostas de mudança que ocorreram

ou foram debatidas acerca da estrutura das corporações policiais dos Estados Unidos após o assassinato de George Floyd?

Justin Hansford
Eu penso nisso com um pesar, porque não tivemos um bom resultado. Como vocês sabem, depois que George Floyd foi brutalmente assassinado e sufocado, tivemos mais protestos nos Estados Unidos do que em qualquer outro momento da história. Mesmo aqui no Brasil, vocês fizeram protestos. O mundo inteiro estava protestando. Houve um projeto de lei apresentado ao Congresso, chamado George Floyd Justice in Policing Act [Lei George Floyd de justiça no policiamento], que nunca foi aprovado. O projeto, em si, era fraco, proibia os estrangulamentos e o perfilamento racial. Mas o que os ativistas estavam realmente pedindo era a proibição da polícia, a sua abolição, não os estrangulamentos. Quando as pessoas usaram o termo "abolir a polícia", eles surtaram: "Vocês querem abolir a polícia? Isso é loucura!".

Eles não entendiam a linguagem. Nosso objetivo era reconceitualizar o modo de pensar a segurança pública nos Estados Unidos, e não enviar um policial armado a qualquer hora que se tenha um problema com outro membro da sociedade. Se alguém está tendo problemas de saúde mental, um policial armado pode matar essa pessoa se for enviado até o local. Em vez disso, é preciso mandar até a pessoa alguém mais experiente, como um terapeuta, que pode realmente ajudá-la e não matá-la.

Nós temos muitos assassinatos policiais que acontecem como resultado de ocorrências de trânsito. Nós temos tecnologia. Se eles realmente precisassem punir uma violação de trânsito, poderiam apenas tirar uma foto com o celular. Não precisa nem que a polícia saia do carro. Poderia ter alguém desarmado conduzindo problemas de trânsito, e isso não evoluiria para um assassinato. Talvez pudéssemos, e isso é uma loucura, primeiro ter menos pequenas violações, para que houvesse menos contato. Quanto mais as pessoas têm contato com a polícia, mais violência acontece, porque, nos Estados Unidos, os policiais são treinados como militares e entram nas comunidades como exércitos em busca de guerra. Como eles são treinados como guerreiros, a única maneira de se ter menos violência é separá-los e encontrar outras maneiras de se criar segurança que não inclua uma pessoa armada, que vê as outras como um perigo mortal já no primeiro nível de interação.

Nos Estados Unidos, os sindicatos policiais, apesar de estarem enquadrados no movimento trabalhista como organizações que lutam por maiores salários e benefícios, funcionam para garantir a proteção à polícia, não importa o que aconteça. Mesmo que a polícia seja racista, mesmo que tenha gangues policiais, mesmo que tenha "supremacia branca" escrita em seus braços, eles vão protegê-la. E o que eles também fizeram nesse processo foi usar o seu poder para se proteger contra qualquer reforma policial significativa no país.

Portanto, não tivemos nenhuma lei a nível federal como resultado dos protestos do Black Lives Matter. Mas aconteceram mudanças no nível local, e isso foi uma educação política para mim, pois me mostrou a importância da organização da política local. Vamos vencer localmente muito antes de vencermos federalmente, porque nosso poder de organização é mais forte dessa forma, e eu tenho visto isso ser traduzido nas conversas sobre reparação. Como eu disse, quarenta cidades diferentes estão dispostas a ter uma Comissão de Reparação. Mesmo que o presidente Biden, o mais progressista que já tivemos no quesito raça (mais que o Obama, acreditem se quiser), aja nesse sentido, federalmente ainda vai demorar. Por causa dos protestos, ele tem sido forçado a ser mais progressista, mas ele tem medo, e é necessário ter coragem para a reparação.

Minha filosofia de mudança é que, se conseguirmos ter reparação em cem cidades e depois pressionarmos o presidente, eles não podem nos parar. Então, vamos do local para o nacional, e depois para o global. Isso é algo que ainda não somos capazes de fazer quanto ao policiamento, estamos nos saindo melhor com a reparação. Veremos, no futuro, se teremos mudanças globais e nacionais como resultado dessa estratégia.

Nathália Oliveira
Aproveitando que você trouxe esses aspectos globais, tem duas perguntas da plateia que se relacionam. Como os diálogos transnacionais podem contribuir para as políticas de reparação? E como o Fórum Permanente da ONU tem avançado na participação do Brasil e da América Latina, já que, no atual mandato, não temos membros eleitos?

Justin Hansford
Vou começar com a segunda pergunta. Quero deixar registrado que acredito que o Fórum Permanente da ONU deveria ter um brasileiro como membro indicado, como um grande representante da diáspora negra. Para mim, deveria ser obrigatório.

O diálogo transnacional foi como cheguei aqui hoje. Estamos tendo um diálogo transnacional neste debate. Não pense que os únicos lugares disso são o G20, a ONU, o Fundo Monetário Internacional (FMI) ou o Banco Mundial. Na verdade, esses locais de diálogos transnacionais que acontecem no nível político muitas vezes são impulsionados pelos diálogos transnacionais que estão acontecendo no nível popular e da sociedade civil. É assim que deve ser.

O G20 acabou de admitir a União Africana como um membro, na semana passada, o que é uma vitória. É importante ter um membro africano no Conselho de Segurança da ONU. Um dos meus objetivos daqui para a frente é garantir que isso aconteça. É importante que a gente tenha uma compreensão melhor dos danos causados pelo Banco Mundial e pelo FMI, especialmente quando se trata da imposição de dívida em países negros em toda a diáspora, para que possamos criar alívio da dívida como parte do nosso pacote de reparação. Vejam o que a primeira-ministra Mia Mottley pediu. Quando ela e muitos países da Caricom pediram reparação, eles têm clamado por ações no nível transnacional, principalmente através do alívio da dívida.

Temos que entender como a dívida funciona quando se trata de países do Sul Global vis-à-vis as potências mundiais. É uma questão importante. Quando falamos em reparação, muitos de nós, especialmente aqueles que têm o modo de pensar dos Estados Unidos, consideramos a reparação interna, ou seja, qual é a reparação devida pelos Estados Unidos aos negros norte-americanos? Qual é a reparação devida pelo Brasil aos afro-brasileiros? Mas é importante também pensar no transnacional. Vamos nos aprofundar: qual é a reparação devida por Portugal aos afro-brasileiros? Qual é a reparação devida pela Holanda aos afro-brasileiros, de um ponto de vista colonial? Qual é a interação entre os países e como podemos começar essa conversa?

Isso muda quem é o alvo. Talvez não estejamos pensando apenas no governador ou prefeito, ou até mesmo no presidente como aquele que precisa dar espaço ou iniciar a conversa sobre reparação. Talvez vocês precisem entrar em contato com o governo português e pensar no que é justiça, já que eles começaram esse processo de escravidão. A conversa transnacional sempre foi no sentido de abrir minha mente, trazer novas ideias e diferentes conceitos e aliados para questões maiores. Se pararmos para pensar na nossa realidade, o nível local nunca é independente das correntes transnacionais. As mudanças climáticas que estamos experimentando, no Brasil e nos Estados Unidos, são resultado de decisões tomadas em lugares distantes da Europa, por empresas que se recusam a se comprometer com as demandas climáticas. Se quisermos ter a verdadeira justiça em todos esses níveis, temos que pensar transnacionalmente com o nosso ativismo e não apenas localmente.

Quando pensarem em reparação, não parem no Brasil, não parem no prefeito, não parem no governador, não parem no presidente. Pensem em Portugal, pensem nos Países Baixos e estudem o que eles estão fazendo, estudem como estão respondendo localmente aos movimentos de reparação e o que os portugueses pensam do Brasil. Talvez, perguntem: como os portugueses interagem no geral com o Brasil, sem contar os afro-brasileiros? Qual é a responsabilidade deles com vocês? O que eles devem aos afro-brasileiros?

Nathália Oliveira
Vou fazer uma pergunta que dialoga com a temática do meu trabalho. Na organização que fundei, a Iniciativa Negra por uma Nova Política sobre Drogas, a gente costuma dizer que a guerra às drogas é um sucesso no que se propõe, na sua intencionalidade racista e de manutenção do conjunto de opressões raciais para o povo negro. A guerra às drogas, assim como a escravização de sujeitos negros, também é um grande exemplo de um enorme complô racista no mundo, justificado por uma boa intenção de saúde pública. Eu tenho acompanhado que, nos Estados Unidos, tem acontecido a legalização e a regulamentação da maconha. Gostaria de saber se as discussões e as leis que têm sido pensadas de regulamentação da *Cannabis* têm vindo acompanhadas dos cinco pontos da justiça de transição. Como tem sido discutida a lógica da regulamentação da maconha com relação à reparação, memória e reconhecimento?

Justin Hansford
Em mais ou menos 40% das Comissões de Reparação que são criadas, a primeira pergunta feita é: de onde vai vir o dinheiro para a reparação? Essa é uma pergunta para termos em mente, porque ela é projetada para interromper a conversa. Nos Estados Unidos, muitos disseram que a venda de *Cannabis* pode ser a principal fonte de dinheiro para a reparação.

Por que a venda da maconha deveria ser o jeito de a gente conseguir que o dinheiro volte para a comunidade negra? Porque, agora que a maconha é legalizada, cada venda é tributada. E para que servirá esse imposto? Vai para o governo usar em estradas? Vai para as escolas, ou pode ir para a reparação? A razão pela qual a reparação é um bom uso do imposto sobre as vendas de maconha é porque nós sabemos que nos Estados Unidos a guerra contra as drogas mira as pessoas negras. A maconha é usada nos dormitórios das faculdades em todo o país, em Los Angeles, em Berkeley, de forma muito liberal. Pessoas usam cocaína até em empresas nos bairros ricos, mas a polícia leva uma equipe da SWAT inteira com uniforme militar, um capacete e metralhadora apenas para os conjuntos habitacionais, pronta para alvejar ou prender todo mundo se encontrar trinta gramas de maconha.

A guerra contra as drogas é, na verdade, uma guerra contra os negros. Isso acontece desde a década de 1980 até agora, e está apenas começando a acabar. Assim, sabendo que a maconha foi a origem da guerra contra os negros, faz sentido que a sua receita tributária faça parte do processo de cura dessa guerra. Há uma razão por trás do uso desses fundos para a reparação. E isso é muito útil porque temos que estar prontos para discutir nossa política pública para, quando surgirem inovações que criam novas receitas para o governo ou para os empreendedores, dizermos: "Não, você não vai pegar esse dinheiro para comprar um iate. Você não vai pegar esse dinheiro e usar para alguma coisa da sua agenda independente. Esse dinheiro foi gerado por uma guerra contra os negros e você vai primeiro nos curar com ele antes de qualquer coisa".

Para nós, a legalização da maconha se tornou um caminho para a reparação. Agora poderemos juntar movimentos, como o de reparação e o de legalização da maconha. São dois movimentos independentes, com diferentes ONGs, diferentes ativistas, comunidades diferentes, mas agora elas podem começar a se unir e ser mais poderosas juntas, além de mais numerosas. Uma vez que enxerguemos a relação entre esses dois movimentos, cresceremos e obteremos vitórias políticas. Penso que esse tipo de coalizão entre movimentos é a única forma de conseguir vitórias em políticas públicas no século 21.

Nathália Oliveira
Mais uma pergunta da plateia: como você vê a integração cultural e política dos negros latinos com os negros afro-americanos nos Estados Unidos?

Justin Hansford
Ela acontece culturalmente. Enquanto pan-africanista — tenho, no colar que estou usando agora, uma bandeira vermelha, preta e verde para Marcus Garvey —,* não diferencio lutas afro-brasileiras das lutas afro-americanas. Eu integro as trocas entre essas comunidades, através da lente do pan-africanismo.

---

* O movimento pan-africanista, surgido no final do século 19, busca a unidade política, cultural e econômica entre os povos de ascendência africana, defendendo a libertação do colonialismo e a valorização da identidade negra. Marcus Garvey (1887-1940), uma de suas figuras mais emblemáticas, fundou a Universal Negro Improvement Association (UNIA) e liderou iniciativas como o movimento Back to Africa, promovendo o retorno dos afrodescendentes às suas raízes africanas.

Temos uma porcentagem muito pequena de integração entre as nossas diásporas. A maioria dos negros enxerga grande diferença entre um negro norte-americano e um afro-latino. Muitos afro-brasileiros nem mesmo se consideram latinos. E eu não sei o motivo, mas entre as comunidades hispânicas e lusófonas na diáspora também há distância.

A integração dessas comunidades tem sido lenta e fragmentada. Às vezes, isso acontece com a cultura, temos a Cardi B agora nos Estados Unidos, que é popular, temos a história de porto-riquenhos no Bronx, em Nova York, que fizeram parte do começo do hip-hop. Sempre foi uma troca presente na cultura, mas, em termos de aliança política, acho que o pan-africanismo tem sido a melhor visão. Nós não tivemos, que eu saiba, uma forte aliança política entre afro-americanos e afro-latinos. Uma esperança e um sonho é que o Fórum Permanente da ONU seja o começo dessa aliança. Mas há grande potencial para uma aliança política mais robusta acontecer nos próximos anos.

A questão é: qual é o sentido dessa aliança? Os afro-brasileiros têm uma agenda particular quando se trata dos Estados Unidos? O que os afro-brasileiros, enquanto comunidade, querem dos Estados Unidos? Há algo em nossa agenda política afro-americana que pede urgente uma aliança com os afro-brasileiros? Quais são os nossos interesses políticos quando se trata dos afro-brasileiros? No momento, não acho que exista uma forte agenda afro-americana quando o assunto é América Latina. Isso é culpa nossa, é uma oportunidade perdida. Se houver uma agenda afro-latina quando se trata dos Estados Unidos, deveríamos começar a discuti-la.

Houve alianças políticas pan-africanistas em toda a diáspora ao longo da história. O exemplo clássico é o apartheid na África do Sul. Quando o Congresso Nacional Africano (CNA),

Nelson Mandela e o movimento de Steve Biko* viviam o apartheid, eles chegaram nos afro-americanos com uma agenda política muito desenvolvida, querendo sanções contra o governo do apartheid. Eles se envolveram com nossos políticos na Convenção do Congresso Negro. Os afro-americanos criaram um movimento liderado por Randall Robinson** e por alguns líderes da TransAfrica. Assim, tivemos um movimento desenhado para responder à agenda política dos sul-africanos negros. Sabíamos exatamente, enquanto afro-americanos, como poderíamos ajudar através de sanções. Fizemos protestos na Embaixada da África do Sul, nos Estados Unidos, lutamos pela imposição de sanções através do Congresso e vencemos, porque tivemos um objetivo muito específico de agenda. E a ideologia política pan-africana nos impulsionou.

Outro exemplo pode ser o Haiti neste momento. Os haitianos têm uma agenda política muito específica no que diz respeito ao envolvimento com os Estados Unidos, e os negros norte-americanos têm um papel a cumprir. Outro exemplo é Cuba, que quer acabar com o embargo. Ao interagir com afro-

---

* O Congresso Nacional Africano (CNA), fundado em 1912, foi essencial na luta contra o apartheid na África do Sul. Liderado por figuras como Nelson Mandela, Oliver Tambo e Walter Sisulu, o CNA combateu a segregação racial por meio de resistência pacífica e ações armadas. Embora não tenha sido membro do CNA, Steve Biko (1946-1977), líder do Movimento da Consciência Negra, também teve papel crucial na mobilização contra o regime. Em 1994, com a eleição de Mandela como presidente, o CNA consolidou-se como o principal partido governante do país.

** Randall Robinson (1941-2023) foi um ativista dos direitos civis, advogado e autor norte-americano, amplamente reconhecido por seu trabalho em prol da justiça racial e dos direitos das comunidades afrodescendentes nos Estados Unidos e no mundo. Fundador da organização TransAfrica em 1977 e autor de obras influentes como The Debt: What America Owes to Blacks (2000), Robinson liderou campanhas internacionais contra o apartheid na África do Sul e por sanções ao regime, além de pressionar por políticas norte-americanas mais justas em relação ao Haiti e a outros países do Caribe e da África.

-americanos, os cubanos têm uma agenda política muito específica. Por existir essa agenda específica, podemos responder a ela, dialogar com a Embaixada cubana e com o governo dos Estados Unidos em prol de uma política de normalização de nossas relações econômicas com Cuba.

Eu mesmo não tenho conhecimento dos projetos políticos específicos que existem entre os Estados Unidos e os negros brasileiros. Mas, se houver um, talvez ele seja a principal razão política pela qual necessitamos do pan-africanismo, em primeiro lugar. Se você não tem luta, então qual é o sentido de ter uma agenda política e usá-la para conquistar seus objetivos? Eu espero que haja um item na agenda que venha à tona e que possamos usar para uma organização política. Mais uma vez, o Fórum Permanente da ONU pretende ser uma plataforma para isso. Em junho, tivemos uma grande reunião e o objetivo era trazer agendas políticas para que pudéssemos ouvi-las e começássemos a criar alianças. Espero que esse processo continue nos próximos anos.

Nathália Oliveira
A pergunta agora diz respeito à questão da grade curricular nas escolas. O trabalho de construção da memória da história africana ainda é uma ação que as escolas têm dificuldade de fazer, mesmo tendo no Brasil a Lei nº 10 679, que institui esse ensino nas escolas. Há um conceito preconceituoso contra a história, que vai esbarrar, no caso das comunidades protestantes, entre os evangélicos que se opõem às religiões de matriz africana. Eles dizem que a história do nosso povo é ensinar as religiões com as quais não concordam. Para você ter noção, no Brasil, existe um termo bastante pejorativo para se referir às religiões de matriz africana, "magia negra", como se fosse uma magia ruim e negativa.

O que pode ser feito (além, claro, do cumprimento da lei) nessa disputa de imaginários, para que as nossas comunidades entendam que o respeito às religiões e à diversidade é uma coisa positiva e que ajuda a diminuir a violência? Para além da escola, como você enxerga, dentro desse esforço imaginativo, o papel de outras ações para construir o processo educacional? Pois nem sempre a gente vai conseguir ter ingerência sobre como aquele ensino é passado por aquele professor, por aquela professora na sala de aula. Quais são os outros motivos educativos com que a gente pode contar? Você já citou museus, mas o que você tem visto de mais contemporâneo?

Justin Hansford
Na Europa, principalmente em Londres, há um movimento para usar as mídias sociais para ensinar a história negra. Está sendo criada uma comunidade de ativistas que usam o Instagram para se comunicar com os jovens de uma forma digerível. Talvez isso possa se dar através de animação, talvez de narrativas, não apenas história estática, mas com algum tipo de plataforma dinâmica que possa ser usada para as pessoas divulgarem as informações. Hoje os jovens recebem informações mais da internet do que da vida real, até mais do que das salas de aula. Eles ficam no TikTok o dia todo nos Estados Unidos. Essas plataformas são uma oportunidade. Como ativistas, acho que é nossa responsabilidade ir ao encontro da juventude onde ela está, ir para as plataformas de mídia social, onde os jovens estão. Essa é a primeira opção para expandir a consciência de uma contranarrativa para o Brasil negro.

Nos Estados Unidos, dentro do movimento político por um currículo inclusivo, usamos o termo "teoria racial crítica". Esse movimento, para nós, será a mais importante discussão sobre justiça racial nas eleições presidenciais de 2024. Eu adoraria ver essa pergunta sobre educação e currículo inclusivo na agenda das eleições presidenciais do Brasil.

Tenho esta dúvida: quando falam sobre educação e política, com que frequência eles tocam nesse assunto? Com que frequência falam sobre o papel dos afro-brasileiros na educação e no currículo escolar? Ou a discussão sobre educação na política está apenas focada no financiamento das escolas e bolsas de estudo? Partir de discussões a respeito do acesso para o conteúdo faz parte de um inevitável progresso de sofisticação, quando se trata da defesa da educação. Portanto, existem dois métodos: a própria criatividade de vocês, mas também o mecanismo político de direcionar a conversa mais para diversidade quando se fala de eleições presidenciais, municipais ou estaduais. Eu pensaria em usar esses dois caminhos para criar mudanças na educação.

Nathália Oliveira
Estamos caminhando para o final da conversa. Justin, você pode fazer um encerramento e trazer as suas considerações sobre tudo que foi dialogado?

Justin Hansford
Meu lema daqui para a frente é que a reparação seja a justiça do século 21. Uso esse lema porque a reparação tem que se tornar a nossa estrutura. Em qualquer discussão polêmica que tivermos com qualquer membro da classe dominante, qualquer pessoa do poder, nos Estados Unidos corporativos ou no Brasil corporativo, nas universidades, em qualquer espaço, eles têm que saber que nós nos lembramos. Não estou entrando sozinho em uma sala cheia de políticos poderosos, estou entrando com os meus antepassados e estou lutando por eles. Eu devo a eles alguma coisa e esses políticos têm que pagar pelo que devem aos

meus antepassados e a mim. É uma questão de justiça. Não vou entrar em uma discussão política como um pedinte. Não vou entrar em uma discussão política como alguém inferior. Estou negociando e, nessa negociação, eu tenho um mínimo exigido, uma linha que eles não podem cruzar. Se eu levantar e sair da mesa, é sinal de que eles vão ter um problema. Quero mudar o nosso ponto de partida político, o nosso enquadramento político, nossa plataforma política, para se tornar uma política central baseada em reparação. Na educação, na ação afirmativa, no policiamento e em todas as áreas de discussão, quero que a gente assuma uma mentalidade de reparação em nossos debates políticos. Então, se tem uma coisa para levar dessa conversa, é isto: seja um ativista da reparação no século 21, porque reparação é justiça do século 21.

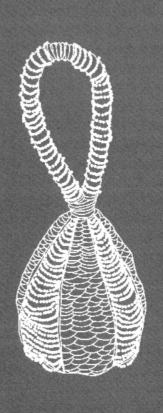

Memória em disputa: monumentos, acervos e museus nas políticas de reparação

ANA MARIA GONÇALVES, GALO DE LUTA E MARIO CHAGAS

Mario Chagas
Há quem diga que esta conversa vai pegar fogo.

Este seminário estimula reflexões e produz desafios, porque a memória é fundamental para o reconhecimento, que, por sua vez, é indispensável para a reparação. Já a reparação estimula nosso pensamento, práticas e ações. Claro que nós sabemos muito bem que a memória tanto pode servir para escravizar e aprisionar quanto para libertar, emancipar e reparar, neste último caso, estamos falando em reparação a partir dos prejuízos concretos, produzidos contra pessoas humanas, contra homens e mulheres, contra grupos sociais, contra seres da natureza. O debate sobre a memória mirando a reparação nos leva a focalizar a conversa na perspectiva da memória a favor da libertação.

Estou honrado em participar do presente debate e igualmente honrado por reconhecer que esta minha participação tem relação direta com o impacto, sem precedentes, que o campo dos museus, da memória e das instituições culturais sofreu, recentemente, com a chegada do acervo Nosso Sagrado ao Museu da República, durante o tempo em que fui seu diretor

(2018-2024).* Houve uma campanha importante de reparação denominada Liberte Nosso Sagrado. Ela foi protagonizada por lideranças religiosas, entre as quais destacam-se: Mãe Meninazinha de Oxum, Mãe Nilce de Iansã, Pai Roberto Braga (Tata Luazemi), Mãe Palmira, Mãe Beata, Mãe Flávia Pinto, Pai Adailton de Ogum, Pai Mauro de Oxóssi, Mãe Marcinha de Oxum, Ogã Marcus Aurélio, Tata Songele, Pai Thiago de Ogum, Pai Anderson e outros.

Em 2018, eu tinha acabado de chegar na direção. Elas (as lideranças religiosas) nos procuraram e perguntaram: "O museu aceita receber o Nosso Sagrado?". Eu sabia do que se tratava, mas nunca tinha visto pessoalmente um objeto daquela coleção. São 519 objetos sagrados que foram apreendidos por batidas policiais, desde 1890 até por volta de 1946, com a argumentação de que se tratavam de provas do crime da prática de religiões de matriz afro-brasileira. "Que crime nós cometemos?", pergunta Mãe Meninazinha. O crime (que não é crime) de cultuar orixás, de cultuar os ancestrais. A coleção foi libertada e levada para o Museu da República. Não foi o museu que a procurou, a coleção é que procurou o museu. É uma inversão, nós não lutamos para recebê-la, a coleção quis chegar lá. A coleção quis entrar e se assentar no Museu da República.

---

* Fui exonerado da direção do Museu da República no dia 17 de julho de 2024. Motivo oficial divulgado pela presidência do Instituto Brasileiro de Museus (Ibram): "Falta de alinhamento com as diretrizes do Ibram". Ocorre que eu sou um dos fundadores do Ibram e um dos seus idealizadores. Nitidamente, a minha exoneração do Museu da República pode ser lida como uma ação mesquinha de inveja, de "olho gordo" ou de "olho grande" sobre um museu nacional e a sua direção que vinha dando muito certo e colhendo muitos resultados e frutos positivos, agindo fortemente na direção da reparação histórica, simbólica, cultural e até mesmo financeira das religiões de matriz afro-brasileira. O Ibram não suportou o sucesso do Nosso Sagrado, do Museu da República e de seu diretor. (N.A.)

Perguntei a Mãe Meninazinha de Oxum: "A senhora consultou os orixás?". Ela sorriu e disse: "É claro que sim, meu filho". "Então, está tudo em paz." Essa coleção chegou lá como um gesto de reparação. Vamos partir agora para alguns pontos estimulantes para nós. Esse acervo que chegou ao Museu da República foi guardado como testemunho, como documento, como prova de um suposto crime. No entanto, por uma reviravolta da história, de algum modo confirmando o ditado iorubá "Exu matou um pássaro ontem com a pedra que atirou hoje", essa coleção é hoje um testemunho forte do crime que o Estado cometeu, e continua cometendo, contra as religiões de matriz afro-brasileira. Eu pergunto para o Galo de Luta e para a Ana Maria Gonçalves: na perspectiva de vocês, qual é a importância da memória na reparação? Como enfrentar o passado que não passou e produzir transformações visando as perspectivas de futuro?

Ana Maria Gonçalves
Eu queria começar, na verdade, tratando de um assunto que acho que está muito em voga e que tem a ver com preservação e ocultação da memória. Vou ler uma breve carta:

> Eu sou uma escrava de Vossa Senhoria, da administração do capitão Antônio Vieira do Couto, casada. Desde que o capitão lá foi administrar que me tirou da fazenda Algodões, onde vivia com o meu marido, para ser cozinheira da sua casa, ainda nela passo muito mal. A primeira é que há grandes trovoadas e pancadas em um filho meu sendo uma criança que lhe fez extrair sangue pela boca, em mim não posso explicar que sou um colchão de pancadas, tanto que caí uma vez do sobrado abaixo peiada; por misericórdia de Deus escapei. A segunda estou eu e mais minhas parceiras por confessar há três anos. E uma criança minha e

duas mais por batizar. Peço a Vossa Senhoria, pelo amor de Deus, ponha os olhos em mim, ordenando digo mandar ao procurador que me mande para a fazenda de onde me tirou para eu viver com o meu marido e batizar a minha filha.

Essa carta foi escrita por uma mulher escravizada no ano de 1770, quando ela tinha dezenove anos. O nome dela é Esperança Garcia. A carta foi encontrada em 1979, pelo Luiz Mott, quando ele estava fazendo uma pesquisa nos arquivos do Piauí. Ela foi analisada a pedido da Comissão Estadual da Verdade da Escravidão Negra (CVENB), o que resultou em um dossiê chamado *Dossiê Esperança Garcia: símbolo de resistência na luta pelo direito*, que reconheceu essa carta como a primeira petição feita no Brasil. Ela contém todos os elementos de uma petição: endereçamento, identificação, narrativa dos fatos, fundamento no direito e pedido. A carta fez com que Esperança Garcia fosse reconhecida pela OAB do Piauí como a primeira advogada brasileira, em 2017. Em 2023, foi colocado um busto dela na sede do Conselho Federal da OAB e há uma comissão lutando para que a Ordem Nacional a reconheça como a primeira advogada do Brasil.

Então, esse nosso pedido por uma ministra negra no Supremo Tribunal Federal não é nem reparação, é direito. A gente fundou tudo isso aqui. O primeiro documento legal de direito, reconhecido 217 anos depois, foi escrito por uma mulher negra, escravizada. O direito no Brasil foi fundado pelos negros. O que a gente está pedindo é, no mínimo, a devolução do que ajudamos a criar neste país. Esperança Garcia pode ser um elemento importante, um dos argumentos que podemos usar para pleitear um posto que nos é de direito. O Estado há muito nos deve esse lugar, uma mulher negra no STF.

O reconhecimento de Esperança Garcia foi uma luta coletiva, porque não dá para falar da história do povo negro do Brasil sem falar de coletividade. Não faz sentido pensar a humanidade sem pensar em conjunto. A coletividade, para o povo preto, é muito mais do que uma categoria analítica. Ela é um princípio organizador de vida. A minha vida está organizada em torno de minha família biológica e de famílias afetivas, e esses círculos vão se expandindo conforme aumento a minha atuação nos outros lugares. É assim que a gente vive, é assim que a gente se organiza e o país tem muito a aprender com esse tipo de organização.

Falar em coletividade também é falar em ancestralidade, princípio organizador da vida preta no Brasil. Para isso, cito Leda Maria Martins, que diz que vanguarda é o princípio mais primordial da ancestralidade. Quando a gente menciona ancestralidade, a gente não está falando de passado, a gente está falando de futuro. Ancestralidade não é algo que está lá atrás, parada para ser lembrada ou reverenciada. Na verdade, ela é uma atualização de conhecimento, uma tecnologia de construção de pontes entre mundos, atualizando os saberes, afetos, modos de vida. É a tradição de passar à frente, por exemplo, experiências como essa da Esperança Garcia, que estava pensando em construir um futuro.

Tem um livro que gosto muito chamado *A ancestralidade na encruzilhada: dinâmica de uma tradição inventada*, de Eduardo Oliveira, da UFBA.[*] Foi por meio desse livro que conheci um ditado do povo songai, que é assim: "Não é de minha boca, é de boca de A, que deu a B, que deu a C, que deu a D, que deu a E, que deu a F, que deu a mim. Que seja melhor na minha boca do que nas dos meus ancestrais". Ancestralidade é uma tecnologia de atualização, ou seja, eu estou aqui como o Exu, aquele que tudo come, para comer esse passado inteiro e regurgitar algu-

---

[*] Eduardo Oliveira, *A ancestralidade na encruzilhada: dinâmica de uma tradição inventada*. Rio de Janeiro: Ape'ku Editora, 2021.

ma outra coisa que vai me ajudar a construir uma ponte com esse futuro que a gente almeja.

A ancestralidade é fonte, força impulsionadora. É tempo também. Mas não esse tempo cronológico, essa maneira ocidental de contar o tempo como uma flecha atirada sempre para a frente em linha reta. Eu gosto muito de pensar o tempo como Leda Maria Martins, no livro *Performances do tempo espiralar*,* em que ela nos fala desse tempo. Aí, penso também no inquice Tempo. Um dos radicais de inquice é cura, remédio. Tempo é cura. A gente precisa desse tempo espiralar, dessas voltas que o tempo dá em torno da gente e de si mesmo, e que também é uma força impulsionadora. Ele não é um tempo circular, ele é um tempo espiralar. Então, ele anda em torno de si mesmo ao mesmo tempo em que ele nos impulsiona para a frente. É nessa gira do tempo que a gente tem memória no presente, porque memória também não é passado, memória é uma conjunção de elementos que têm que se encontrar aqui, agora, e que a gente potencializa e vivencializa no momento em que a gente lembra. Um desses jeitos de lembrar é nessas espirais que o tempo dá, porque elas proporcionam que a gente tenha aqui, ao mesmo tempo, tanto a ancestralidade, como nós que estamos aqui, como aqueles que ainda vão vir. Está todo mundo girando ao mesmo tempo. E é nessa gira, nesse encontro que conseguimos avançar.

Ao aprender a lidar com essas memórias que são apagadas, vilipendiadas ou circunscritas de alguma maneira nesse meu modo de ver, cada um, de certa maneira, vai acabar encontrando o seu jeito. Para mim, o jeito é a partir da imaginação. Tudo que existe ou há de existir algum dia vai ter que passar pela imaginação. Não tem como produzir algo que nunca foi

---

* Leda Maria Martins, *Performances do tempo espiralar: poéticas do corpo-tela*. Rio de Janeiro: Cobogó, 2021.

pensado e que nunca foi imaginado. E imaginar, na verdade, é a inscrição do humano no mundo. Talvez sejamos os únicos animais capazes de imaginar e transmitir conhecimento para as gerações futuras através do imaginar, do exemplo ou do fazer. É o que nos inscreve como seres humanos aqui na Terra.

Essa possibilidade de imaginar é a capacidade do desejo de caminhar. Nós, os povos negros da diáspora, somos os que mais sabem lidar com isso. Dionne Brand,* dramaturga e poeta de origem afro-diaspórica, fala que nós somos frutos, ao mesmo tempo, da imaginação dos impérios — ou seja, eles tiveram que inventar uma historinha sobre a gente para poder nos subjugar — e da autoficção, porque a gente tem que contar a historinha sobre nós para nós mesmos, para que a gente possa suportar viver neste ambiente em que vivemos.

Sonhar com o impossível, mesmo, não faz mal, enquanto a gente está aqui, com o corpo. Eduardo Oliveira diz que as únicas coisas que não roubaram dos nossos ancestrais são o mito (ou seja, a capacidade de contar nossas próprias histórias, lendas, mito fundador etc.) e o corpo. Para esses dois elementos, a gente tem que ter a imaginação mais radical possível. Não temos responsabilidade nenhuma com o sistema que está aí, porque nunca nos incluíram, nunca nos chamaram para construí-lo, nunca quiseram ouvir a nossa opinião para saber como é que ele deveria ser feito. Para mim, rui tudo e vamos construir algo novo por cima, algo a partir de uma nova maneira de nos entendermos e de nos pensarmos.

Para isso, estamos aqui rodando na mesma frequência que Esperança Garcia, que Maria Firmina dos Reis, que Lélia Gonzalez, e tantas outras que foram citadas ou que estão presentes

---

* Dionne Brand é escritora, poeta e ativista negra. Nascida em Trinidad e Tobago e radicada no Canadá, sua obra aborda temas como diáspora, colonialismo, gênero e memória. No Brasil, suas obras *Nenhuma língua é neutra* e *Pão tirado de pedra* foram publicadas pela Bazar do Tempo, em 2023.

neste momento. É olhar para nós, por enquanto, olhar para a nossa história e construir um futuro destruindo. Temos que ter a maior possibilidade possível de estar nas instituições, de estar mais perto do campo do poder.

Está dando muito certo pra branquitude. A gente fala: "O Brasil deu errado", mas o Brasil deu muito certo para eles. O projeto de país é esse mesmo. E eu não quero, realmente, estar em nada que tem a ver com isso. A gente tem história, tem capacidade, tem poder para construir algo muito melhor.

Mario Chagas
Ficou evidente que o futuro é ancestral. Sonia Guajajara já disse isso no seu discurso de posse. Mas ficou explicitada a necessidade de imaginar novos futuros, praticar novas possibilidades de futuro. Imaginar nos remete à imagem, e a imagem nos remete aos monumentos. Há uma revolução no passado necessária para projetar passados no presente e presentes no futuro e futuros e passados em presentes revolucionários. Como construir novas possibilidades?

Galo de Luta
Eu quero contar a minha história, se for para falar disso. Desde ontem estou neste evento e ouvi falar muito sobre a dívida da branquitude. Como é que faz? Os brancos não vão pagar, isso é fato. Os caras não vão pagar. Nós é que vamos ter que tomar as nossas atitudes, assim como temos tomado: Palmares, Revolta dos Malês, Racionais MC's, o hip-hop, o funk, Marielle, Lélia, toda nossa luta. Não são eles que vão pagar, somos nós que vamos avançar, estourar as portas e entrar, assim como temos feito. Isso aqui é um estourar de portas.

Eu trabalhava como entregador, entregava hambúrguer na casa das pessoas. Um dia, me revoltei e fiz um vídeo que falava assim: "Você sabe como é difícil carregar comida nas costas de barriga vazia?". Ele teve 1 milhão de acessos na internet. Só que, dependendo de como você fala, chove gente branca, gente boa, para te ajudar. Aí, apareceu o Luciano Huck querendo me levar no Fasano para comer. O que eu queria falar para ele é que não é essa fome que eu estou falando. É muito mais do que essa fome, é muito mais que comida.

Nessa época, começou a aparecer essa galera mais playboyzona, querendo ajudar. Também estava sendo assediado pelos partidos políticos de direita.

Muita gente ficava brava comigo quando, na época, eu dizia: "Vocês têm que tomar cuidado com essa coisa do 'fica em casa'". Legal, tem que ficar em casa, todo mundo quer ficar em casa, mas nem todo mundo pode ficar em casa. "Eu sei, a pandemia é um problema, o pandemônio é um problema desde sempre. A gente está morrendo há muito tempo. Agora a morte virou novidade para a classe média, mas, pra nós, ela não é uma novidade, sempre foi um criado-mudo na sala, sempre esteve ali."

Quando a covid-19 chegou, eu olhei no olho dela e falei: "Tá vendo aquele cabo da Rota, da Polícia Militar? Você está atrás dele na fila. Se ele não me matar, se a fome não me matar, eu deixo você me matar". Foi assim que eu lidei com a pandemia na época. Muita gente de classe média para cima achava aquilo tudo uma novidade, mas, para nós, já era uma realidade de muito tempo, tanto que a pandemia acabou e o pandemônio continua.

No meio de tudo isso, parou um carro preto na porta da minha casa, desceram dois caras e deram um tiro no braço da minha esposa e um tiro na cabeça do meu cunhado. Lavaram minha filha de sangue. Parecia um filme de terror, desses que você não aguenta ver até a metade. Minha cabeça fez assim: "Ou eu mudo esse mundo, ou eu destruo ele. É um dos dois". Aí é o mundo que vai escolher se vai me dar chance para mudar as coisas ou se vai me transformar em um maluco, para eu destruir tudo de vez.

Eu estava tão na merda que tinha saudades de tomar enquadro. Vocês sabem o que é sentir saudades de tomar um enquadro? Eu tinha trinta anos, nem o racista queria saber de mim. Quando eu tinha 22 anos, andava pela rua todo cheio de mim. Ninguém queria saber de mim, saber o meu nome, mas, pelo menos, eu tomava três enquadros por dia. Algum perigo eu oferecia. De repente eu tinha trinta anos, estava em cima de uma moto, mas ninguém queria saber de mim. Eu era só um pagador de aluguel, um comprador de fralda. Eu não era mais nada! Eu sonhava em ser o Jay-Z. Você ligava a TV na MTV, estava lá o Jay-Z em cima do barco, os caras cantando. Parece uma profecia, eu via e falava assim: "Um dia, eu vou ser desse jeito". Aí você sai na sua rua de terra, que tem até porco nela, está tocando Mastruz com Leite no bar e você fala assim: "Vai ser difícil ser Jay-Z, mano. Mas firmeza, vamos lá". A gente tenta.

Nesse caminho de tentar ser o Jay-Z, de olhar para essas coisas maravilhosas, acabei virando um entregador massacrado. Um belo dia, estava parado na minha moto, esperando um pedido de entrega. Aí vem um moleque, dobrando a esquina lá em Pinheiros. Eu pensei: "Olha lá o malandrão". A polícia encosta, enquadra o moleque, dá um soco nas partes íntimas — porque é assim que o enquadro acontece, eles já dão um soco nas partes íntimas que é para estabelecer quem manda e quem obedece —, coloca o moleque ali na parede, fala tudo o que tinha para falar, puxa o documento e manda o moleque embora. E eu olhando tudo. De repente, o polícia passa na minha frente e me cumprimenta. A polícia me cumprimentou! Eu pensei: "Como assim? Você é maluco? Eu não ia mudar o mundo, eu não ia ser o Jay-Z? Como é que esse cara me cumprimentou? Seria melhor esse cara ter me dado um tiro. O que é isso? O que aconteceu comigo?".

Que vida era aquela? Eu me sentia um merda, mas toda vez que eu abria a porta da minha casa, que a minha filha corria na minha direção e me abraçava, aquilo recarregava as minhas energias e eu pensava assim: "Eu aguento ser um merda mais um dia". Todo dia era isso, pela minha filha: eu aguento ser um merda mais um dia, eu aguento ser um merda mais um dia...

De repente, eu estava ali, minha esposa com um tiro no braço, meu cunhado com a cabeça estourada, minha filha lavada de sangue. Eu achei que a minha filha não fosse passar um terço do sofrimento que passei na minha vida, mas ela viveu coisas que eu nem imaginava na minha infância. Então, ali, eu estourei. Ali surgiu a greve.

Hoje chegam em mim e falam: "Galo, você tem que vir para o meu partido político". Eu respondo assim: "Eu não posso, porque eu já tenho um partido político, ele chama PMN, o Partido da Mobilização Nacional". Todo mundo fala assim: "Eu não acredito que você tá nesse partido de direita, Galo". "É, os caras me deram o caixão e eu dei uma filiação para eles." É assim que eu mato o assunto com a esquerda hoje.

Os caras chegaram primeiro, fizeram um trabalho de base, deram um caixão e eu dei a filiação para eles. Para vocês verem a merda que é num plano geral. Em um dos momentos da greve, quando mataram o George Floyd nos Estados Unidos, surgiu, em São Paulo, o Ato Antifascista e Antirracista. Eu levei dez entregadores para lá e um repórter falou assim: "Galo, como é o nome desse movimento?". Eu olhei o nome do ato, era assim: Ato Antifascista. Daí falei: "Entregadores Antifascistas". Eu não sei por quê, mas a esquerda fez assim: "Ohhhh!". E aí, eu fiz também: "Ohhhh!". Aí a esquerda falou: "Que interessante!". E eu falei: "Que interessante!". Eu disse: "Nós não somos empreendedores, nós é força de trabalho". Aí a esquerda fez: "Ohhhh!". Aí eu fiz: "Ohhhh!". E a classe trabalhadora: "Ohhhh! Os branco tão gostando". E eu fui indo, eu fui indo... e me viciei.

Eu considero as pessoas brancas que apareceram na minha vida nesse momento, me elogiando, como uma cocaína. Eu viciei. Eu era só um entregador. Chegava, entregava a pizza para essa pessoa, para essa moça branca, de olho azul, cabelo loiro, no apartamento tal. Ela antes abria, pegava a pizza, batia a porta, nem um copo d'água me oferecia. Agora, ela estava falando assim: "Galo, você é incrível". Meu Deus, eu viciei nisso. Ninguém falava isso para mim antes. De repente, estava o mundo, gente branca da faculdade, gente branca do museu, gente branca de não sei o quê: "Galo, você é incrível". Naquele momento, eu virei a Amy Winehouse, precisava de reabilitação. E fui indo.

Eu fui viciando naquela atenção que foi me dada, e fui adaptando o meu discurso para aquilo. E aí, o que percebi? Que o meu povo mesmo, os entregadores, não estava me ouvindo, estava me achando estranho. A esquerda estava me achando incrível, mas meus manos estavam me achando estranho. Eu ia conversar com os entregadores e eles falavam assim: "Ah, Galo, vai pra Cuba, ficou louco". E a esquerda: "Galo, você é incrível". Eu estava quase o general dos "criadores de samambaia". Eu ia ser a liderança desse pessoal, mas não era um pessoal igual a mim. Nada contra quem cria samambaia ou quem pensa o mundo desse jeito. Eu acho até bacana, mas não é parecido comigo. Eles não acordam de manhã desesperados com o almoço, já preocupados com o que comer à tarde ou à noite.

Você sabe o que é sua esposa ligar falando assim: "Amor, traz comida". Aí você vira para ela e fala: "Desce lá na minha avó e fica conversando com ela. Vai na hora da janta, vocês comem lá". "O quê?" Você fala: "Não quero ouvir mais nada, dá um jeito aí, que eu não tô conseguindo aqui". Então, se eu estava falando coisas potentes, eu precisava que essas coisas potentes chegassem em pessoas como eu. Onde estava errando?

Eu estava viciado nessa cocaína e precisava tomar uma atitude, mano. Eu tive a minha overdose geral nos atos Fora Bolsonaro, na avenida Paulista. Estavam o carro de som 1, carro de som 2, carro de som 3, a manifestação tinha acabado, estava todo mundo pedindo Uber para ir para casa e eu continuava ali, olhando: "Isso aqui não é a luta da forma que eu tô pensando". Liguei para os meus irmãos da Igreja evangélica, da favela, da torcida organizada, do funk, do futebol de várzea, e falei: "A gente precisa tomar uma atitude, ir para a favela e organizar o Fora Bolsonaro".

Quando a gente chegou na favela e começou a conversar sobre o Fora Bolsonaro, a gente percebeu que ali não funcionaria, porque, na mentalidade do nosso povo, era assim: "Galo, os *boy* são estranhos, eles bateram panela para tirar a Dilma e agora estão batendo panela para tirar o Bolsonaro, não adianta essas coisas". Eles não entendiam.

As coisas que estavam na minha cabeça, que eu estava querendo colocar para o mundo, não iam ser entendidas ali. Eu tinha ido para um lugar que não era o meu lugar, eu precisava voltar para casa. A queima do Borba Gato foi o meu passaporte para voltar para casa. Quando eu saí da cadeia, a quebrada falou: "Aê, Galo". Eu falei: "É isso, mano! Ufa, deu certo".

Muitas pessoas acham que aquilo foi um filme de ação, os jovens da periferia que se organizaram e foram queimar o Borba Gato. Na verdade, foi um filme de comédia. Deu tudo errado e, ao mesmo tempo, deu certo. Nós quase queimamos dois amigos na hora que o irmão nosso tacou fogo na estátua. Eu perguntei: "Como a gente vai fugir, galera?". "A gente vai fugir de metrô, Galo." Respondi: "Beleza, a gente vai entrar numa caixa de ferro que o Estado controla para a frente e para trás, vai dar certo, vamos embora". Não adiantava falar não. E a gente fugiu desse jeito.

Uma imagem fica na minha cabeça até hoje de quando a gente queimou o Borba Gato. Estava indo para o metrô, e uma babá, do outro lado da rua, comemorava. Pensei: "É isso, deu certo, a gente vai tomar cadeia, mas deu certo". Aquela moça estava falando para a gente que deu certo. Nós entramos no metrô, aquele bando de louco, vestidos de preto, com as mãos sujas de borracha, eufóricos. Uma senhora começou a passar mal na cadeira, ter um ataque do coração. Outras pessoas saíram, e a gente não percebia porque estava muito eufórico. O metrô, de repente, parou no meio do túnel e ficou lá por mais ou menos uma hora.

Os amigos que estavam com a gente começaram a sentar no chão do metrô. Falei: "O que você tá fazendo aí sentado?". "Não, Galo, qualquer coisa, eu sou passageiro." "Meu irmão, você tá todo preto, com as mãos sujas de borracha. Não vai colar, mano. Levanta, a gente tem que achar uma solução, nem que seja descer do metrô e ir andando. A gente precisa sair daqui."

Naquele desespero, apareceram oito guardas no vagão. De repente, juntou eu e o Biu — que hoje é o vice-presidente da Gaviões da Fiel[*] — e falou: "Vamos lá". Juntou todo mundo, a gente grudou o segurança pelo pescoço e falou: "Ou vocês botam o metrô pra andar, ou vocês vai pagar o preço aqui hoje". O guarda respondeu: "A única coisa que a gente quer é que vocês não estraguem o metrô, tá bom?". "Combinado!" Eu juro, eu fui falar com Deus na janela. Eu vi Zumbi dos Palmares, eu vi a Marielle, eu vi a Lélia Gonzalez, eu vi Malcolm X empurrando o metrô e falando para mim assim: "Galo, seu otário, não é assim que faz".

A gente saiu na Paulista. Aquilo tudo estava bonito. Estava tocando "Zé do Caroço". Era tudo dando errado e tudo dando certo ao mesmo tempo.

---

[*] Danilo Oliveira, o Biu, foi vice-presidente da Gaviões da Fiel, torcida organizada do Corinthians, no mandato 2021-2024.

Fui preso, minha esposa foi presa, meu camarada foi preso, o motorista do caminhão que eu contratei na OLX foi preso também. Dentro da cadeia, com o caminhoneiro, eu falava assim: "Eu fodi sua vida, né, meu irmão?". Na esperança dele responder: "Não, Galo, tá tudo bem". Mas ele falava: "Você fodeu a minha vida, mano". Deu tudo errado, mas, ao mesmo tempo, deu tudo certo.

Para quem não sabe, eu me tornei muçulmano aos dezesseis anos de idade. Tem dia que eu acredito em Deus, tem dia que não acredito. Eu sou assim. Como eu estava fodido, falei: "Preciso conversar com Deus". Vi um libanês que tinha lá e disse: "Vamos orar, irmão". Sentei lá, começamos a orar.

Aí já chegou um moleque e falou: "Gordão, você queimou uma estátua e fala árabe, você é um terrorista de verdade". É isso, estava na cadeia. Chegou outro moleque, pequenininho: "Irmão, você é muçulmano? Meu vô é muçulmano". "É mesmo?" "Meu vô foi pra Índia." "Então seu vô é hindu, ou seu vô é budista." "Não, meu vô é muçulmano, ele tem um tapetinho, ele ora e fala a mesma coisa que você fala aí. Como é que você virou muçulmano?" Aí eu comecei a contar a história do Malcolm X.

Na cadeia não tem nada, não tem nem relógio para você saber a hora. Então, uma história bem contada é valiosa. Comecei a contar a história para esse garoto, o nome dele era Fuzil. Ele foi ouvindo a história, o olho dele foi brilhando, e eu falando: "Ele foi o *head*. O cara era bandido, o cara conheceu o Islã na cadeia, virou revolucionário, mudou o mundo, irmão".

Ele foi numa cela, voltou com seis caras e falou: "Fala pro Galo como é o meu nome agora!". Os caras responderam: "Malcolm X, Galo". Respondi: "É isso aí, Malcolm Éks". Ele retrucou: "Malcolm Éks não, Malcolm Xis". "Beleza, demorou, Malcolm Xis."

Percebi que o mesmo trabalho que eu estava fazendo na rua, eu também estava fazendo ali na cadeia, e que ali era muito mais potente. Se você for conversar com o moleque que está na rua, o capitalismo é um cordão de ouro, é um tênis da Nike, é uma moto. Na cadeia, o capitalismo é um carcereiro, é uma cela, é uma comida azeda. Ali a luta funciona mais forte. Eu conseguia provar que a gente tinha um inimigo e que a gente precisava fazer de tudo para derrotá-lo.

De repente: "Galo, estão te chamando lá no meio do pátio". Minha cela inteira fez: "Ih, Galo, o cara tá te chamando lá no meio do pátio". "Mas o que tem?" "Quando chamam no meio do pátio é pra bronca e é para todo mundo ver. Alguma coisa você fez de errado." "Eu não acredito, quando as coisas vão parar de dar errado, mano?" Cheguei lá, estavam todos os ladrões. A liderança da cadeia no meio, falou: "E aí, Galo? O que você quer com essas ideias?". Eu respondi: "Irmão, desculpa aí". "Não, não, o que você quer com essas ideias? Onde que você quer chegar com essas ideias? Você tá aí, revolução, eu vi que o Eduardo Suplicy trouxe um livro pra você, eu tô vendo que já vieram três advogados te ver. Não tá vendo que ninguém aqui tem advogado? É tudo advogado do Estado. Você é um cara que as pessoas gostam lá fora. O que você quer, mano?" Eu falei: "Irmão, o que eu quero mesmo é uma revolução, é isso que eu peço. Eu não sou tão matemático, eu sou romântico, pode me tratar como bobão". "O Galo quer uma revolução!" "Eu quero, eu preciso. Eu vi minha filha toda suja de sangue." "Galo, o cálculo não dá certo." "Não importa, eu vou esperar o milagre. Eu quero uma revolução, irmão, de fato." "Então, por que você não sai lá fora e se candidata?"

Aí lá vou eu, o trouxa da esquerda, o viciado em cocaína, falar para o cara: "Não, irmão, você tem que entender a diferença de reforma e de revolução". "Explica para mim." "Reforma seria eu ir lá fora, me candidatar, ganhar, criar um projeto de lei que vai colocar chuveiro quente aqui dentro, não vai mais ter pneumonia, não vai ter mais tuberculose." E ele falou: "Isso não é bom, Galo?". "Isso aí é ótimo, mas eu não sou o cara que quer melhorar a cadeia, eu sou o cara que quer fazer a cadeia deixar de existir. Uma revolução vai fazer a cadeia deixar de existir enquanto a reforma só vai melhorar. O que você prefere, mano?" Aí, de repente, ele olhou pra mim e falou: "Galo, vou falar para você, mano, se eu te ajudar com essa revolução, a gente consegue fazer ela amanhã?". "Não." "Se eu juntar todos esses manos aqui — eu sou a liderança daqui, certo? —, se eu juntar esses manos daqui, de outras cadeias, pra gente fazer essa revolução, a gente consegue fazer amanhã?" "Não, não consegue." "Então, não tem como fazer esse chuveiro quente aqui amanhã e, depois de amanhã, nós fazer essa revolução?" Aí o cara me matou. Eu falei: "Claro, irmão, você tá certo, é por aí mesmo". "Galo, calma, olha o que fizeram com a Marielle. A mulher tinha um papel, era vereadora, você é quem, mano? Vai com calma. Morto você vai servir para quê? Para estampar camiseta? Não faz isso, mano. Talvez, para esses mano na cadeia, a revolução é esse chuveiro quente. Depois que os manos tomarem um banho bem quente e tiverem pensando direito, você fala da revolução e vão te ouvir melhor, tem que ter calma, irmão."

Olha onde eu fui encontrar uma sabedoria divina, na minha frente. Eu me sentindo: "Agora eu vou chegar na cadeia e vou ser o Malcolm X". Tomei uma rasteira. O cara explicou direitinho para mim como a coisa funciona.

Estou querendo contar com essa história que, muitas vezes, a gente fica fazendo vários cálculos: isso dá certo, isso não dá certo, a branquitude nos deve isso, cálculo de não sei o quê, e o que é possível. Mas, muitas vezes, o barato não é tão matemático assim. Às vezes, o barato é mais capoeira. O cara cai, você nem sabe se o cara caiu mesmo. Caiu, gingou, voltou, deu um rodo, subiu. É no instinto, é na ancestralidade. A gente fica enrolando para tomar certas atitudes, fazer certas coisas e nós temos que ir lá e fazer! Queimar o Borba Gato, mesmo.

A juíza perguntou: "Você se arrepende?". Eu tinha vontade de responder para ela: "Você é o quê, padre ou juíza?". Mas lógico que não fiz isso. Eu não me arrependo. Falei: "Fugir de uma fazenda há 150 anos também era um crime, e hoje, não é mais. Quem mantinha aquelas pessoas presas naquela fazenda é que era o verdadeiro criminoso. Talvez o que eu fiz hoje seja considerado crime, mas, daqui cem anos, talvez, o criminoso seja você, juíza". Isso eu falei.

Meu pensamento é o seguinte: a gente queria queimar o Borba Gato. A gente queimou. E agora eu descobri que a gente pode fazer o que quiser. A gente pode tomar as atitudes que quiser, e ir para cima e acreditar. Acreditar que a gente tá vencendo, morô? Se a gente fizer o cálculo do Palmares, não existe povo mais vitorioso que nós.

Mario Chagas

Galo, fiquei aqui pensando que você trabalhava nessa perspectiva de uma macrorrevolução e acabou investindo na microrrevolução, nas pequenas alterações, nas pequenas conquistas, somando, ganhando.

Recuperando nosso ponto de partida, a Ana Maria falou sobre a necessidade de uma revolução nesse passado que não passou. A revolução pode ser a queima de Borba Gato, mas pode ser a descoberta da Esperança ou de outras possibilidades. Ana Maria, abrindo esse diálogo com a fala do Galo de Luta, como você vê a relação da literatura com as lutas das pequenas e grandes revoluções?

Ana Maria Gonçalves

A literatura é uma grande maneira de ampliar o imaginário. O papel aceita tudo, qualquer coisa, sem grandes custos.

Mas queria colocar um pouco mais de lenha nessa fogueira. Falando a partir da literatura, a edição nova de *Um defeito de cor*, comemorativa dos dezesseis anos de publicação, é ilustrada com obras da Rosana Paulino, uma das artistas plásticas mais importantes da contemporaneidade mundial.*

Um dia, conversando com ela sobre o livro, fui até o seu ateliê para separar algumas imagens. Ela, generosamente, abriu tudo, me deixou escolher o que eu quisesse, o que eu achasse que conversava com o livro. Fiquei muito interessada nos trabalhos de colagens que ela vinha fazendo. Ela mencionou uma grande dificuldade de usar as nossas imagens nos nossos trabalhos. A partir dessa conversa com a Rosana, estou escrevendo um mocumentário, um falso documentário, exatamente para conversar sobre quem detém as nossas imagens, o nosso passado.

Estou chamando esse mocumentário de *Álbum de família* pelo seguinte: a Rosana me disse que institutos e coleções particulares cobram um preço muito alto pelos direitos das imagens de escravizados, seja fotos, filmes ou vídeos. Até houve um movimento muito interessante no Instituto Moreira Salles de liberar algumas imagens, mas a grande maioria da iconografia da escravidão no Brasil ainda é detida por grandes institutos e colecionadores, que nos cobram uma fortuna para a gente usá-la no nosso trabalho.

É um contrassenso, um absurdo grande e, ao mesmo tempo, uma falta de ética. Já lucraram com a escravidão, lucram com essas imagens que eram, muitas vezes, encomendadas para

---

* Rosana Paulino é artista visual, pesquisadora e educadora brasileira, reconhecida por suas obras que exploram questões de gênero, raça e memória, com foco nas experiências das mulheres negras no Brasil. Seu trabalho utiliza técnicas como colagem, bordado e gravura para resgatar histórias silenciadas e confrontar as marcas do racismo e da violência colonial. Em 2022, Paulino foi responsável pela criação da capa comemorativa do romance *Um defeito de cor*, de Ana Maria Gonçalves, trazendo uma representação visual que dialoga com os temas centrais da obra.

serem vendidas ou divulgadas na Europa e continuam lucrando agora, alugando para nós essas imagens de gente que, por exemplo, poderia ser meu bisavô. Isso não pode ser cobrado. Nesse mocumentário, eu tento jogar essa conversa para a sociedade. Isso tem que ser disponibilizado de graça já. A gente não conhece muita coisa desse material, exatamente porque não tem acesso, mas é algo que tem que ser disponibilizado. É patrimônio cultural brasileiro e é álbum de família.

O mocumentário é um julgamento de uma artista plástica que foi processada por um instituto por usar imagens que eles não queriam que ela usasse. Aí, ela os processa de volta e fala: "É meu tataravô. Você vai cobrar? Prova que não é". Eles não têm como provar, porque também queimaram os documentos que provavam quem era e quem não era. É um assunto que a gente tem que começar a discutir com grande seriedade. A gente não tem que pagar para usar tais imagens que são nossas, dessa família coletiva negra, dessa ancestralidade que não passa pela biologia, mas passa exatamente pela transmissão de conhecimento de geração em geração.

Eu acho que precisamos começar a conversar com esses institutos. Eles não podem deter essas imagens sem que a gente tenha conhecimento do que é, e não podem cobrar para a gente usá-las. Tem imagem que está sendo cobrado de 25 a 28 mil reais para uma artista plástica usar. É vergonhoso. Eu acho que deviam ter vergonha de continuar lucrando com a escravidão até hoje.

Mario Chagas
Esse ponto se articula com a coleção Nosso Sagrado. É preciso radicalizar mesmo. Essas imagens, incluindo textos e documentos, precisam ser disponibilizadas com acesso gratuito e livre. Isso é fundamental. Assim como também é importantíssimo a crítica àqueles que hoje querem produzir novas imagens

e controlar o direito sobre elas. São novas imagens produzidas sobre acervos, coleções e imagens anteriores. Ou seja, o movimento de aprisionamento continua sendo praticado na atualidade, em nome de direitos autorais e de propriedade de imagens, por exemplo. Esse é um tema que toca arquivos, bibliotecas e museus.

No caso do Nosso Sagrado, isso está sendo encaminhado por uma gestão compartilhada do acervo. O primeiro ponto de partida foi a convocação à institucionalização de um grupo de gestão compartilhada. Esses objetos não são tratados como museológicos, mas como objetos sagrados que foram sequestrados das casas de culto. A invasão policial acontecia no momento da prática espiritual, quando o batuque estava sendo realizado. Hoje temos mais de 214 inquéritos policiais que estão preservados no Arquivo Nacional, e, junto com o Ministério dos Direitos Humanos e da Cidadania (MDHC) e com a Defensoria Pública da União (DPU), está sendo feita uma análise desses inquéritos para uma possível e necessária reparação. Eles indicavam o crime que teria sido cometido pelos praticantes, sacerdotes, sacerdotisas, ialorixás, babalorixás e zeladores. Hoje, eles servem, sobretudo, para testemunhar o crime cometido pelo Estado.

Também é preciso reconhecer a importância das instituições públicas, como o Arquivo Nacional e os museus federais, que garantem o acesso a documentos que podem nos levar a movimentos de reparação.

Eis um bom exemplo. O que se fala sobre as imagens do povo negro acontece com as imagens da Guerra de Canudos. São 68 fotografias cujos originais estão no Museu da República e lá são guardados como Memória do Mundo, com acesso livre e gratuito. É fundamental que seja assim. O acervo Canudos tem o testemunho da barbárie cometida pelo Exército brasileiro pelo que se denominou de jagunços, contra os povos negro, pardo e indígena que lá estavam, contra os nordestinos que lá estavam, contra os conselheiristas.

Galo, queria continuar ouvindo você. Como está se movimentando a revolução periférica agora?

Galo de Luta
É muito difícil organizar as pessoas que estão com fome. Quando saí da cadeia, a revolução periférica estava um caos. Além dessa luta aqui, de estar junto, de falar do negro, do indígena, da mulher, do LGBT, das lutas antiopressão que existem, ao mesmo tempo a gente tem uma luta para pagar um aluguel, uma luta para colocar comida dentro de casa, para comprar fralda para os nossos filhos, para garantir um futuro melhor para eles, e tal. Essa luta pela sobrevivência, que é a primeira que a gente tem, é muito urgente, e muitas vezes vai atrapalhar a segunda luta que você se colocar.

Por isso que esse irmão na cadeia falou para mim que primeiro vem o chuveiro quente, depois essa luta que eu queria organizar. O povo está com muita fome. O roncar da barriga não vai permitir que as palavras cheguem na cabeça das pessoas. A revolução periférica é feita por um grupo de pessoas com muita fome e foi por isso que essas pessoas queimaram o Borba Gato, porque a dor era muito latente. Por exemplo, o Biu da Gaviões perdeu a sobrinha no massacre de Paraisópolis.* Eu vinha dessas tragédias dentro de casa. A Renata Alves ficou presa por sete anos e

---

* Em 1º de dezembro de 2019, nove jovens foram mortos e outros doze ficaram feridos após uma ação policial em um baile funk na comunidade de Paraisópolis, Zona Sul da cidade de São Paulo. Doze policiais foram indiciados, mas, até 1º de dezembro de 2024, nenhum deles havia sido interrogado. Ver Kleber Tomaz, "5 anos após Massacre de Paraisópolis, 12 PMs acusados de matar 9 jovens em baile funk ainda nem foram interrogados pela Justiça". G1, 1º dez. 2024. Disponível em: <g1.globo.com/sp/sao-paulo/noticia/2024/12/01/5-anos-apos-massacre-de-paraisopolis-pms-acusados-de-matar-9-jovens-em-baile-funk-ainda-nem-foram-interrogados-pela-justica.ghtml>. Acesso em: 5 dez. 2024.

hoje ela se transformou em uma militante incrível. Então, era gente com muita fome e muita dor. É difícil organizar a dor, irmão. É difícil organizar as pessoas quando estão com muita dor.

Eu sei que existem motivos para se levantar uma estátua, assim como sei que existem motivos para se derrubar uma estátua. A história não é estática. Em algum momento alguém levantou uma estátua e em algum momento alguém quis derrubar. E precisa se respeitar a história. Tem vários buracos que a chama causou no Borba Gato. De tempos em tempos, eu passo lá para ver se os buracos estão lá. Eu falo: "Não mexe nos buracos, senão vocês vão apagar a história". Foi isso que eles nos acusaram, de querer apagar a história: "Vocês estão apagando a história, Galo. E você não entende, Galo, você é burro. Você não sabe que o Borba Gato nem era tão ruim assim. O Borba Gato era só um caçador de esmeraldas e nada mais que isso". "Tá bom, e quem ele colocou para abrir o mato para ele? Era só isso que ele era, não era mais nada, né?" "Você foi no bandeirante errado, você teria que ir na estátua do Fernão Dias." Mas cadê a estátua do Fernão Dias de treze metros de altura?

O que muita gente não entendeu na queima do Borba Gato é que aquilo era um sinal. Não existe nada que conecte mais as pessoas do que dor e sofrimento. Se você é negro e está andando em um lugar hostil, quando você vê outro negro, faz assim: "Oh". Aí o cara diz: "Oh". Você sabe o que eles falaram? O cara falou: "Tá foda, né?". E você respondeu: "*Tá foda mesmo*".

Por muito tempo, a gente aprendeu a se comunicar de boca fechada porque conversar era muito perigoso. O que o sinhozinho ia pensar quando via dois negros conversando? *Ou eles vão fugir, ou eles vão matar a gente.* Não tem outro assunto. Então, a gente aprendeu a se comunicar de boca fechada. Quando você entra em uma favela, você não entra falando. Em uma favela que não é sua, em um morro que não é seu, se você é novo ali, você entra devagar, sentindo as pessoas, deixando as pessoas sentirem você. De repente, vem uma d. Maria, te oferece um café, você aceita e aí você começa a falar. Não chega falando: "E aí, oi!". Você vai se ferrar se fizer isso. Por muito tempo, a gente aprendeu a se comunicar com a boca fechada.

Quando o patrão fala que o feijão está salgado demais, é porque ele está comendo as lágrimas da d. Maria junto. Ela não pode parar para chorar. Ela tem que chorar em cima do feijão. Quando a d. Maria vai embora no ônibus, ela vê outra d. Maria. Vocês acham que elas precisam falar alguma coisa para se entender? Está no olhar delas, mano, está na pele delas, está na dor delas.

A queima do Borba Gato tem muito pouco a ver com o Borba Gato. O que a gente queria era mandar uma mensagem. Sabe esse moleque de catorze anos que está em Salvador cantando a música "Olho de tigre", do Djonga, que fala "Fogo nos racistas"? Eu só queria mandar uma mensagem para ele: "E aí, meu irmãozinho, organiza o seu ódio".

A gente fala de amor porque a gente é um povo amoroso. Olha as coisas que a gente inventou. Olha as músicas que a gente inventou. Olha as artes, o plantio, os pratos de comida. A gente é puro amor, mano. Só que a gente precisa começar a falar do ódio também. O ódio é uma coisa importante. Eu falo que ele é a bomba nuclear da favela. O dia que a gente aprender a organizar o ódio, a gente vai ter uma bomba nuclear e ninguém mais vai mexer com a gente. Porque esses caras vão falar assim: "Não vai mexer com esse povo. Esse povo é perigoso. Esse povo é altamente organizado. Esse povo toma atitude. Esse povo não aceita a coisa desse jeito".

Tem a história de que o maior número de negros que desceu no porto foi aqui no Brasil. O maior número de africanos escravizados foi aqui. Vocês acham que é muito difícil colocar o povo em um barco e levar para outro lugar? Se eles quiserem, eles criam uma lei ou então fazem e ninguém fica sabendo. Difícil mesmo vai ser quando essa gente descer do barco. Como eles vão manter a gente na condição de escravo? Como vão segurar? O processo de alienação para controlar esse tanto de gente foi poderoso e eu consigo ver ele hoje, manifestado, desenhado.

Às vezes, eu vejo ele na quebrada. Está a minha irmãzona lá, com o cabelo liso — e não é o liso da Beyoncé (que bonito), é aquele liso sofrido, que queima o couro cabeludo. Aí, você olha e fala assim: "Minha irmã, você é linda, não faz isso com você". Você vê o olho dela brilhar e daqui a pouco você vê o olhar dela ficar fosco de novo. De alguma forma, aquilo ali alimenta a alma dela, mas logo a realidade volta a tomar conta e ela fala: "O que você tá falando, Galo? Do que você tá falando?". Dá pra ver a alienação do nosso povo bem desenhada, segurando a gente.

Você anda no baile, os moleques estão querendo parecer com o Cristiano Ronaldo, o cabelo liso dele, cortado para o lado. Na quarta-feira é só tragédia, você vai andando pelas vielas, os cabelos tá tudo arrepiado pra cima e você fala assim: "Pô, mano, olha a tragédia aí. Vocês não tá vendo isso?". Quando a gente conversa com eles, eles entendem e o brilho vem. Você está ali se esforçando para dar um tempo, o brilho vem e, dali a pouco, o brilho apaga. Você vê a alienação bem desenhada.

A gente precisa lutar contra a alienação dentro do nosso próprio povo. Fizeram de tudo para me transformar em um animal. A humanidade que me resta, o amor que me resta, eu dou para os meus iguais: minha mãe, minha esposa, minha filha, as pessoas iguais a mim. Para o resto das pessoas é só ódio. Vocês me perdoem, não fui eu que plantei isso, foram vocês. E quem plantou vai colher, entendeu? Que a gente organize o ódio para ser o mais efetivo nessa matemática e conseguir, um dia, parar de sofrer. E aí, depois do ódio, o amor vencer, de fato.

Mario Chagas
Eu recebi a seguinte pergunta da plateia: quais imagens nos arquivos e nos museus precisariam ser queimadas? Além dessa, quero anexar mais questões.

Ana Maria, em alguns momentos você falou que escreveu um livro que você gostaria de ler. Ao mesmo tempo, você também diz que *Um defeito de cor* é um livro de Xangô. Então, eu gostaria que você falasse um pouco mais sobre essa perspectiva. Claro que é possível ver no livro a justiça, a reparação. Mas Xangô também leva o machado de dois gumes.

E também gostaria de saber uma coisa mais prosaica. Como você disse que escreveu um livro que você gostaria de ler, queria saber se você lê seu livro frequentemente. Você volta nele?

Ana Maria Gonçalves
Não, nunca reli. Eu li escrevendo e reescrevendo, só. É muito trabalho. Eu reescrevi dezenove vezes. Então considero que li dezenove vezes. Eu até já tentei reler. Comecei, mas dá vontade de mudar tudo. Então não leio.

E o livro é de Xangô no sentido literal mesmo. Assim que foi publicado, a Mãe Lindaura,* uma mãe de santo da Bahia que me auxiliou muito durante o processo de escrita, me falou: "Ana, Xangô está pedindo o livro para ele". "É dele. Eu vou discutir com Xangô?" Mas expliquei: "Só que eu não tenho como levar aí agora". Aí ela respondeu: "Faz uma dedicatória para ele, embrulha para presente e guarda aí. Assim que você puder, vem

---

* Mãe Lindaura de Xangô foi uma importante liderança religiosa do candomblé e uma referência cultural na preservação das tradições afro-brasileiras. Sacerdotisa do Ilê Axé Opô Afonjá, localizado em Salvador, dedicou sua vida à valorização da espiritualidade, à transmissão de saberes ancestrais e à luta contra o racismo religioso.

aqui na Bahia e entrega. Eu faço a entrega". Então, o livro realmente está no assentamento de Xangô.

Tem histórias muito bonitas que vão acontecendo de novo com o livro. Sempre que pedem para fazer alguma coisa com ele, eu falo: "Eu autorizo, mas pede para Xangô também". Eu só autorizo quem realmente sei que vai pedir para Xangô, que vai falar com ele. Quando os carnavalescos da Portela* entraram em contato comigo para o livro ser tema da escola em 2024, eu falei: "Autorizo, mas pede para Xangô". O André Rodrigues, um dos carnavalescos falou: "Pode deixar, eu sou filho de Xangô. Vou ver se me entendo com o meu pai". O André ligou para o pai de santo dele, que é de São Paulo, e falou: "Posso fazer o carnaval de Xangô?". O pai de santo respondeu: "Olha, escreve a sinopse e traz aqui para mim", da mesma maneira que ele tinha feito comigo. André escreveu a sinopse e levou em São Paulo para o pai de santo. Então, o livro é de Xangô. E está sendo uma parceria muito interessante obedecer a tudo que Xangô quer para o livro. Ele vai abrindo os caminhos e fazendo justiça.

Mario Chagas
Muito bom. Galo, tem uma pergunta da plateia para você: como você vê a relação entre quilombo, aldeia e favela?

Galo de Luta
Viajar pelo Brasil tem me ajudado muito a entender o Brasil a partir do Brasil. Eu entendia muito o Brasil a partir da periferia de São Paulo. Consigo agora entender o Brasil a partir

---

* *Um defeito de cor* foi o enredo da escola de samba Portela no Carnaval do Rio de Janeiro, em 2024. O desfile foi comandado pelos carnavalescos André Rodrigues e Antônio Gonzaga.

de Salvador, Minas Gerais, Rio de Janeiro, Rio Grande do Sul. Isso tem me feito um bem danado.

Eu fui convidado pela Teia dos Povos a ir ao quilombo Pesqueiro da Conceição de Salinas, em Salinas da Margarida, na Bahia. Lá eu vi os negros indígenas. Conheci um cacique black power. Cheguei nele e falei: "Irmão, o que aconteceu?". "Ah, Galo, minha mãe é quilombola, meu pai é indígena, a gente foi morar na aldeia e eu virei cacique." Eu falei: "Nossa, você é o Brasil, irmão. Tem que levar você para o laboratório e extrair o soro que vai resolver todos os nossos problemas. Você é o Brasil verdadeiro".

Não uso muito a palavra "branquitude" porque, de onde eu venho, as pessoas estranham. Se você fala branquitude, parece que você está falando mal do cara. Tenho usado "ideia branca". A ideia branca é o que vai fazer a Suíça ser o país do chocolate sem ter um pé de cacau lá. Como os pés de cacau estão na América Latina e na África, e a Suíça é o país do chocolate? Não é sobre a pele branca, *é sobre a ideia branca que favorece a pele branca, e como a pele branca se comporta dentro desse favorecimento.*

A ideia branca precisa ser exterminada. Ela faz mal para o mundo, até para quem tem a pele branca. A gente é muito mais bonito, mais feliz, inteligente, forte, dança melhor... Se os brancos abdicarem dessa ideia, vão até aprender a dançar com a gente. Até para eles vai ser bom.

O que penso hoje é que o território dá a liga de tudo. O que faz o africano ser africano é a África, o que faz o quilombola ser quilombola é o quilombo, o indígena ser indígena é a aldeia. Mas, quando você olha a favela, a favela não é um território garantido. A polícia entra nela, mata quem quer e sai. É como se fosse o território deles.

Quando o branco erra, por exemplo, sonegando imposto — olha só os crimes dos caras —, a polícia chega no condomínio, para na porta, dá o mandado de prisão para o porteiro, o porteiro abre a cancela, o policial vai no apartamento e pega o branco. Nisso já deu tempo de o branco chamar o advogado e conversar com ele. Isso quando o branco não é o próprio advogado. Agora, quando eles chegam na favela, eles entram chutando a porta de todo mundo. E se não acharem o preto, qualquer preto serve. "Leva esse aqui que tá bom. Esse povo é tudo igual."

A gente precisa conversar sobre território e como a gente faz para ele ser garantido. Por exemplo, quando a maconha for legalizada, descriminalizada, onde os negros vão plantar maconha? Qual é a terra que a gente tem? Isso vai virar um mercado dos brancos? Isso vai gerar dinheiro para os brancos? Ou esse dinheiro vem para nós, o povo que sempre foi jogado dentro da cadeia?

Basicamente é isso, a ideia branca precisa ser exterminada e a gente tem que começar a conversar não só sobre essa consciência de classe e raça, mas sobre uma consciência territorial. Precisamos garantir os nossos territórios e falar para a ideia branca: "Dessa porta, você não passa".

Mario Chagas
Ana, chegou a seguinte pergunta para você: como você vê a relação entre a oralização e o mundo da escrita na organização da memória? Na sequência da resposta, você pode fazer as suas considerações finais.

Ana Maria Gonçalves
Eu tinha guardado um poema rapidinho para finalizar e acho que ele até responde essa pergunta.

A gente é um povo oral, acostumado a passar as nossas tradições através da literatura. Eu tento fazer com que a minha escrita fique o mais próximo possível de uma fala, para que o leitor, ao ler, ouça uma voz e a substitua por quem ele quiser. No meu caso, a minha narradora foi construída a partir da lembrança da minha avó contando histórias. Não vejo distinção em termos de hierarquia ou de importância entre a oralitura e o que se chama de literatura. São a mesma coisa, a única diferença é o suporte.

Vou terminar, então, com esse poema curtinho do Edimilson de Almeida Pereira, autor mineiro. Ele fala:

Entre silêncio e som
riem tambores e sombras.
Os meninos criaram memória
*antes de criar cabelos.**

Galo de Luta

Estar aqui é importantíssimo, no mesmo palco de Conceição Evaristo, Salloma Salomão, Alex de Jesus, Fernando Baldraia e Justin Hansford. O Justin, aliás, veio para cá em 2006, e morou na quebrada da gente. Foi o cara que ajudou a trazer o Fred Hampton Jr. para cá, em 2007. Esse foi um momento que marcou minha vida, transformou muita coisa.

E queria pedir paciência, que nós estamos aprendendo e a gente erra muito. Às vezes, acerta, às vezes, erra, paciência. E queria também dizer para o meu irmão Alex que eu amo ele. A periferia e a academia estão se conectando. Os negros estão se organizando. Uns são meio de campo; outros, atacantes; outros, laterais. A gente vai criar um jogo. Vou terminar com uma poesia minha também, que está no

---

* Poema presente em Edimilson de Almeida Pereira, *Nós, os Bianos*. Belo Horizonte: Mazza Edições, 1996. A obra aborda temas relacionados à cultura afro-brasileira, explorando memórias e identidades coletivas.

disco do Zudizilla. É o "Tempo (Interlúdio)", do disco *Quarta parede* (v. 3):

> Desconectados de sua terra raiz
> Acorrentados num porão
> Fomos trazidos até aqui
> Alguns sobreviveram por fora
> Mas por dentro foram massacrados
> Tradição, espiritualidade
> Traços, todos demonizados
> Os primeiros a dizer não
> Foram assassinados
> Os segundos foram torturados
> E os terceiros acorrentados
> Os quartos fugiram
> E encontraram Palmares e gritaram
> Aos quatro cantos para quem houvesse coragem
> Milhares e milhares fizeram de Palmares uma nação
> De repente, na Ilha de São Domingos,
> Surge uma rebelião, o Haiti
> A nossa primeira revolução
> Mas também houve um processo de embranquecimento que entrou
> [em ação
> Matar por fora e por dentro, essa era a missão
> Começamos a nos odiar e matar os nossos irmãos
> Pra mulher preta, solidão
> Pro homem preto, detenção
> Favela é tão senzala
> Navio negreiro é um camburão
> Moleque pardo com cara de ladrão
> Assassinado igual a um cão
> Menina mestiça estuprada

Dispensada num valão
E é tragédia que não acaba
E o dia vai amanhecendo
E é melhor não duvidar
Que nós estamos vencendo
Um corpo físico não é capaz de fazer
A Luta só
Coletivos, juntos e unidos somos bem melhor
Zumbi ainda vive
Marielle ainda vive
Marighella que surge em cada menino
Para que sejamos livres
Eu sou você
E você sou eu
O que é meu é seu
E o que é seu é meu
Como zumbis, somos imortais
Caminhando séculos pelos canaviais
Contra o militar ou capataz
Em busca de liberdade e paz
Recuar, jamais
Acredite em mim
Estamos vencendo
Pergunte a um orixá chamado tempo.[*]

Mario Chagas
Eu também quero dizer aqui as últimas palavras em ritmo de poesia:

---

[*] Zudizilla feat. Galo de Luta, "Tempo (Interlúdio)". Disponível em: <www.youtube.com/watch?v=XxRWDw1wVww>. Acesso em: 22 jan. 2025.

exu abre a conversa:
quem é você?
o poeta responde: eu sou você
exu revira: não me engane
o poeta pergunta: quem é você?
exu responde: eu sou você
conversando
vararam
o círculo do tempo*

só a poesia salva
sem poesia não há salvação
só a poesia salva
sem poesia não há salvação
só a poesia põe
só a poesia tira
o demônio do corpo
fantasia
só a poesia traz o seu amor de volta
em quatro dias.**

---

* Mario Chagas, "Doar". In: *Aerograma*. Rio de Janeiro: Espirógrafo, 2023, p. 24.
** Poema não publicado. Autoria de Mario Chagas e Jorge Almeida. Musicado por Gabriel Lorenzo.

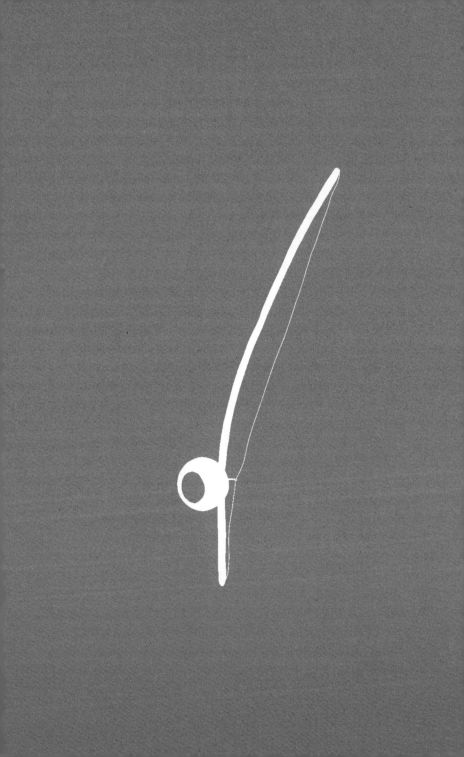

Justiça racial e violência: enfrentando o legado da escravidão

JULIANA BORGES, MÔNICA CUNHA E LUCIANA DA CRUZ BRITO

Luciana da Cruz Brito
Este seminário é resultado de um processo longo, que começou no primeiro semestre de 2023. Nós tivemos uma experiência maravilhosa de imersão nos Estados Unidos, visitando outras iniciativas de memória e política, observando como a reparação e a escravidão reverberam na política e violência raciais de hoje.

Enquanto historiadora, tenho medo de o debate ficar parecendo um Congresso da Associação Nacional de História (ANPUH). Então, não podia trazer, para esta conversa, a escravidão como objeto de pesquisa histórica. A nossa intenção é relacionar a escravidão a um fenômeno transnacional que impacta o mundo. Estou me colocando diferente de outros colegas historiadores que eu admiro. Tivemos uma formação para pensar a escravidão como algo que está no passado, e que trazê-la para um debate sobre violência racial hoje seria um anacronismo. É como se a escravidão ficasse de 13 de maio de 1888 para trás e a gente vivesse outra coisa hoje.

Mas nesta conversa a gente está fazendo uma coisa contrária: situando a escravidão no campo de um passado que não passou, sem dizer "Olha, que pena que os negros vivem assim, é legado da escravidão". A gente entende o racismo como produto da escravidão que vai se renovando no Brasil escravista, depois no pós-escravista, depois se atualizando no século 20 e no século 21. A gente vê formas muito sofisticadas de produção de racismo gerando um resultado comum: o mal viver e a desumanização da vida negra.

A escravidão é um fenômeno que deixa um legado que vai se renovando e produzindo tecnologias de matar gente negra. Elas nos matam literalmente ou nos transformam em mortos-vivos, mesmo que sejam considerados também outros mecanismos de vida, como disse Galo de Luta, Ana Maria Gonçalves e Vovó Cici. As nossas tecnologias de viver também estão sendo consideradas para trabalhar a complexidade que é a vida negra no Brasil.

Trazendo o tema da escravidão como um continuum que ainda faz respingar na gente a violência racial, a minha pergunta para a Juliana é: qual o papel do Estado brasileiro, enquanto instituição escravista por quase quatro séculos, na produção de políticas e protocolos que assegurem os direitos das populações vítimas de violência e que ainda precisam assegurar direitos? A quem desagrada historicamente essa disputa?

Juliana Borges
O Estado brasileiro tem um papel fundamental acerca do reconhecimento do que foi a escravidão enquanto sistema de organização da sociedade brasileira e dos desdobramentos que permanecem marginalizando a população negra de viver o tal Estado democrático de direito.

A população negra não viveu o Estado democrático de direito. Por isso, nos últimos anos foi tão difícil fazer um debate de defesa da democracia nos territórios periféricos. Tive grandes embates com amigos juristas, que falavam: "Nós temos que denunciar o Estado de exceção, fazer a defesa da democracia". Quando se trata de Estado de exceção, é muito difícil convencer os nossos territórios periféricos, porque o Estado de exceção, na verdade, é a normalidade, é uma constante. De que democracia, direito e tipos de defesa a gente está falando? Esse discurso pode acabar sendo um tanto abstrato quando a gente vai defender a democracia em periferias, pois elas estão habituadas a ter uma relação de tensão, de violência e de conflito com o Estado brasileiro.

Sempre fico um pouco incomodada quando participo de discussões que mencionam que há ausência do Estado nas periferias. Não tem ausência coisa nenhuma. Tem uma presença violenta que se estabelece a partir do braço armado, que é a polícia, um instrumento criado para controlar e exterminar a população negra. O Estado é muito presente nos territórios periféricos, mas de maneira violenta. É importante lembrar da afirmação da filósofa Marilena Chaui, que diz que a violência é um mito de fundação da sociedade brasileira. Somos fundados na violência, invasão, expropriação, exploração e dizimação. Isso faz com que a gente, quando pensa em Estado, precise pensar a disputa a partir de outros parâmetros e premissas.

Para nós, população negra, mais do que uma discussão para garantir a democracia — e é óbvio que a gente quer garanti-la —, é preciso começar recuando um pouco mais. Quando falo de reparação, como abolicionista penal, a vejo como consequência primeira de um processo de reconhecimento das violências que continuam sendo reproduzidas, atualizadas e reatualizadas no Brasil.

O abolicionismo penal pode ajudar um pouquinho na discussão entre reparação e revolução. Quando a gente fala de reparação, as pessoas muitas vezes pensam em compensação. Mas o abolicionismo penal não trabalha com o conceito de compensar. Não é possível compensar milhões de corpos escravizados, 60 mil pessoas negras assassinadas por ano. Não tem como compensar mortes, nem marginalizações. Na lógica do abolicionismo penal, quando falamos em "reparar", a gente precisa dos quatro Rs: reconhecer, responsabilizar, reparar e reconciliar. Mesmo quando a gente defende rupturas revolucionárias pela via da violência, não há dicotomia entre uma opção e outra, porque, depois, você vai ter que reparar de alguma maneira, vai ter que reconciliar relações. O debate não se coloca oposto a saídas radicais e revolucionárias. Muito pelo contrário: nelas, a gente ainda vai precisar dos quatro Rs para conseguir lidar com as nossas feridas abertas, frutos da escravização e da sua manutenção.

Como abolicionista, não gosto de falar de crime. Prefiro falar de repetição dessas violências constantes, que são executadas em relação à população negra. O Estado precisa reconhecer o que houve para que a gente consiga estabelecer um processo de responsabilização e de reconciliação. Parar essa guerra contra esses produzidos inimigos internos, que somos nós, pessoas negras, vai demandar da gente um processo de mediação de conflitos e de reconciliações necessárias, para que a gente avance para as reparações que, de fato, tragam efeitos de construção da equidade, de justiça e igualdade.

Luciana da Cruz Brito
Enquanto você respondia, fiquei pensando em uma estética escravista de viver ainda presente na sociedade brasileira. Lembrei do caso de uma senhora que foi resgatada em um trabalho análogo à escravidão na família de um magistrado e que depois retornou para a casa dessa família que a escravi-

zou por décadas.* É uma estética de vida escravista, por parte de quem o faz.

Mônica, podemos perceber a escravidão negra como um fenômeno presente? Os episódios de mulheres negras que vivem em trabalho escravo, assim como trabalhadores rurais, a violência sobre corpos de pessoas odiadas e indesejadas, enfim, a naturalização do padecimento e do sofrimento físico e a humilhação são traços do nosso passado escravista?

Mônica Cunha
Antes de responder, devo falar que hoje para mim é um dia muito difícil. Esse Estado do qual falamos me tirou o meu filho, que hoje completaria 37 anos. Ele ia amar este dia, porque está sol (e carioca adora sol, não gosta de chuva) e esta quarta-feira é dia de Xangô e dia da minha mãe Iansã.

Estar aqui e vocês olharem para a minha cara e para o meu corpo tem a ver com essa pergunta. É isso que o racismo fez ontem e faz hoje. O racismo fica se modernizando. Claro que, de vez em quando, ele tem práticas antigas, como o caso em que

---

* O desembargador Jorge Luiz de Borba e sua esposa Ana Cristina Gayotto de Borba foram denunciados por manter a trabalhadora doméstica Sonia Maria de Jesus, uma mulher negra e surda de 49 anos, em condições análogas à escravidão por quase quarenta anos. Após ser resgatada de sua residência em Florianópolis, Sonia retornou ao local depois de uma visita supervisionada, durante a qual, segundo laudos do Ministério Público do Trabalho, o casal teria utilizado manipulação psicológica para persuadi-la a voltar. As investigações revelaram que Sonia trabalhava sem remuneração, sem descanso, dormia em um quarto mofado e foi privada de educação e documentação. Atualmente, o desembargador busca o reconhecimento de paternidade socioafetiva de Sonia, alegando vínculo familiar. Ver Paula Guimarães, "De volta à casa-grande". *The Intercept Brasil*, 11 dez. 2023. Disponível em: <www.intercept.com.br/2023/12/11/desembargador-denunciado-por-trabalho-escravo-usou-manipulacao-psicologica-para-vitima-voltar-a-sua-casa-revelam-laudos>. Acesso em: 22 jan. 2025.

amarraram o menino no Flamengo,* a vez em que chicotearam um garoto** ou a vez em que deixaram a senhora escravizada. Mas, como a gente está no ano de 2023, o racismo procura se atualizar conforme os tempos.

Iniciei a minha militância por ter um filho que se tornou adolescente autor de ato infracional. E ele foi assassinado pelo Estado. Ele pagou com a vida porque o sistema falou que ele é bandido. O preto paga com a vida. O bandido mesmo, que a gente conhece, que lesa uma nação, não tem que pagar com a vida. Agora, o que é construído na escravidão, que é o bandido preto, o marginal preto, o menino preto que, quando passa na rua, as pessoas escondem a bolsa, quando ele entra no ônibus, olham com medo, esse tem que pagar com a vida. Mulheres como eu têm uma dor eterna, um adoecimento para sempre, e precisam se reinventar todos os dias.

Quando o meu filho se tornou autor de ato infracional, eu conheci o Estatuto da Criança e do Adolescente (ECA). Entendi que ser adolescente autor de ato infracional não é o fim do

---

* Em fevereiro de 2014, um adolescente de quinze anos foi espancado e preso nu a um poste com uma trava de bicicleta, no bairro do Flamengo, Rio de Janeiro, por homens mascarados que o acusaram de roubo. O incidente suscitou discussões sobre justiça pelas próprias mãos e violência urbana. Ver "Adolescente é espancado e preso nu a poste no Flamengo, no Rio". *G1 Rio*, 3 fev. 2014. Disponível em: <g1.globo.com/rio-de-janeiro/noticia/2014/02/adolescente-e-espancado-e-preso-nu-poste-no-flamengo-no-rio.html>. Acesso em: 23 jan. 2025.

** Em abril de 2023, no bairro de São Conrado, Rio de Janeiro, o entregador Max Ângelo dos Santos foi agredido por Sandra Mathias Correia de Sá, ex-atleta de vôlei, que o chicoteou com a guia de seu cachorro após insultos racistas. O caso gerou ampla repercussão e debates sobre racismo e violência contra trabalhadores informais. Ver Rafael Nascimento, "Mulher que chicoteou entregador em São Conrado disse ser prima de Cláudio Castro, mas governo nega parentesco". *G1 Rio*, 11 abr. 2023. Disponível em: <g1.globo.com/rj/rio-de-janeiro/noticia/2023/04/11/mulher-que-chicoteou-entregador-em-sao-conrado-disse-ser-prima-de-claudio-castro-mas-governo-nega-parentesco.ghtml>. Acesso em: 23 jan. 2025.

mundo, porque existe uma lei que diz como as coisas devem ser, mas essa lei nunca é cumprida quando é para nós. Não era para a gente estar em uma situação tão ruim dessa forma, mas acontece que, para eles, a gente não é humano, eles cismam em não nos reconhecer. Então, a gente pula na frente para dizer que a gente é humano. Por isso eu me tornei vereadora. Uma mãe de bandido da cidade e estado do Rio de Janeiro se torna vereadora: isso é pular na frente, e isso, para eles, não pode.

A partir do momento em que nós, mulheres negras, estamos com um microfone na mão, estamos com poder. Falar e fazer com que outras pessoas te ouçam é ter poder. Mas isso não pode, não foi dado a nós. É por isso que, na cabeça deles, estamos muito abusadas, merecemos a morte. Afinal, a gente não pode ter a possibilidade de outras pessoas nos ouvirem e deduzirem que estamos certas e que a situação pode ser diferente.

O racismo acontece quando o branco fala e nós temos que continuar obedecendo. Porém, não vai mais ser assim. Chamo essa galera nova de "geração de pé na porta" com muito orgulho, porque é o que ela está fazendo hoje. Eles estão metendo o pé na porta quando vão para a universidade, fazer sua graduação, seu mestrado, seu doutorado, e falam: "Não vou ser empregado doméstico. Vou trabalhar a partir do meu doutorado". E isso não é uma crítica ao empregado doméstico, porque todo preto vem desse lugar. Eu não só vim, como fui, por conta da minha idade, da minha geração, mas eu não quero mais. Meu filho e meu neto não querem.

Sou do movimento de familiares de vítimas do Estado.* São 22 anos de militância para entender o racismo sobre os nossos

---

* Desde a redemocratização, o Brasil testemunhou a organização de movimentos de familiares de vítimas da violência estatal, que buscam justiça, memória e responsabilização de agentes públicos envolvidos em execuções extrajudiciais, desaparecimentos forçados e outras violações de direitos humanos. Um exemplo emblemático é a Rede de Comunidades e Movimentos

corpos nesta cidade, entender a não aceitação minha e do meu filho, das minhas irmãs... Por que a gente não tem direito de ir e vir? Eu me tornei vereadora para entender que uma simples caneta é o que nos encarcera e nos mata. Por trás dela, há um branco fazendo isso a vida inteira. Então, é preciso entender que a caneta deve estar na nossa mão. A gente tem direito a ela para barrar isso.

No estado do Rio de Janeiro, o movimento de familiares de vítimas é o que mais cresce. Não é normal que todos os meses do ano tenham mães capengando, famílias pretas sendo destruídas. Há dezessete anos mataram o meu filho. Antes disso, a semana inteira eu comemorava. Quando chegava em setembro, para mim era uma maravilha: primavera, criança, era lindo. Mas eu deixei de pensar assim. Há dezessete anos existe em mim uma barreira, um vácuo, nessa época. Como vou comemorar hoje?

Eu fiquei grávida durante nove meses. Eu cheguei lá e botei para fora. O médico me mostrou a cara dele. Eu dei o nome que eu quis dar, mas o Estado está dizendo para mim que não, que eu não pari um ser humano. O Estado me vê como culpada. É como se dissesse que eu tenho o útero errado: um útero sujo por ter parido um bandido. É como se dissessem: "Tu tem que se lascar, tem que sofrer essa dor". Eu tenho que provar todos os dias que não tenho o útero sujo, que não pari bandido, que sou digna, sou competente. Sou uma intelectual para fazer política pública para o meu povo.

→ contra a Violência, que reúne familiares de vítimas da violência de estado no Rio de Janeiro. Fundada em 2004, a rede atua especialmente em casos envolvendo operações policiais em favelas, como chacinas e execuções sumárias. É conhecida por sua presença em manifestações públicas, apoio jurídico às famílias e articulação com organismos nacionais e internacionais de direitos humanos. Ver Rede de Comunidades e Movimentos contra a Violência. Disponível em: <redecontraviolencia.org>. Acesso em: 23 jan. 2025.

E eu fiz. Em abril, lancei a primeira Comissão Especial de Combate ao Racismo no Brasil. Ela não é só única no município: é no Brasil. Não existe outra comissão, e estamos lutando para deixar de ser especial e virar permanente dentro da Câmara de Vereadores. Lá, não sou a primeira preta. Não vamos esquecer de Marielle Franco, ou de Benedita da Silva, que foi a primeira. Estou fazendo uma pesquisa em razão dos cem anos da Câmara e, até eu chegar, fomos apenas seis mulheres pretas vereadoras antes de mim. A gente lembra de todas porque não são muitas, e, com a comissão, eu vou mostrar isso para o Estado. Eles gostam de números, não gostam que a gente só fale. Eu lancei uma comissão naquele lugar para que nós falássemos de pretos. A comissão, através da escuta, mostra o racismo a todo momento. A gente partiu de três eixos: "educação", "saúde" e "cultura e patrimônio". Em cada um, você ouve todo mundo, desde a ponta até o teto, para saber como essas pessoas, dos seus lugares, estão vivendo com o racismo.

A gente tem um prefeito chamado Eduardo Paes que diz que estamos vivendo em uma cidade antirracista. Que cidade é essa? Com a maioria de jovens mortos? Vão dizer: "Ah, mas isso não é responsabilidade da prefeitura, é responsabilidade do estado. A polícia é estadual". Mas a omissão é da prefeitura, porque ela deve administrar a cidade. Por isso, estou mostrando o racismo e construindo relatórios com dados de acordo com o olhar de quem, de fato, o vive. Toda universidade brasileira tinha que ver o que está lá, para a gente saber que cidade maravilhosa é essa, que tem Cristo Redentor e Carnaval na Apoteose, mas tem o chão coberto de sangue preto. Enquanto estamos aqui nos ouvindo, tem um jovem, alguma criança morrendo de "bala perdida". A gente sabe que só tem bala achada neste país.

Para finalizar, quero deixar o nosso lema do movimento de familiares de vítimas do Estado: "memória, verdade, justiça e reparação". Na Câmara de Vereadores, eu estou fazendo memória. Estar aqui com o microfone, falando a narrativa real das coisas, é um modo de reparação. Não é a mídia que está contando sobre o meu filho, sou eu. O nome dele não era 033, como o Estado diz, o nome dele era Rafael da Silva Cunha.

Gostaria de mencionar também que deve existir a reparação financeira. Dinheiro nenhum do mundo vai reparar um filho morto, isso não existe. Mas é preciso dar uma centralidade novamente para essa mãe, para que ela possa aprender a recomeçar. Uma coisa é você parir, ter o nenê, ele aprender a andar, a falar. Outra coisa é você, já velha, ter que recomeçar a partir da dor, do nada. Precisa sim da reparação financeira. É o que a gente tem que fazer para continuar vivo, resistindo. Parem de achar que para os pretos tem que ser tudo no 0800. O Estado tem que pagar o que nos deve, e ele nos deve muito, desde sempre. É óbvio que vou morrer e não vou ver tudo o que estou buscando, mas a minha neta, que tem quatro anos, a Ana Mel, ela sim vai ver. Essa negra vai ver todo o resultado do que nós estamos produzindo hoje, eu tenho certeza disso.

Luciana da Cruz Brito
A fala da Mônica se relaciona muito com os debates anteriores sobre o reconhecimento da nossa condição enquanto gente. Enquanto mãe de um menino de oito anos, isso me toca, porque é uma preocupação real. No mês passado, o filho de uma amiga fez treze anos. Eu escrevi um texto chamado "João fez treze". Com esse título, eu fazia uma alusão ao governo do estado da Bahia,* justo na semana em que o menino Gabriel morreu sen-

---

* Treze é o número da legenda do PT, à época no governo da Bahia.

tadinho na porta, com um tiro no pescoço. Ele queria brincar, no bairro de Portão, em Lauro de Freitas, cidade colada com Salvador. A mãe estava cuidando do filho menor dentro de casa e disse: "Não saia, não. Brinque aí, na porta, que eu posso lhe ver". Gabriel entrou em casa baleado depois de uma operação policial e faleceu dois dias depois.* Naquela semana, fui para o aniversário de João, o filho da minha amiga, um menino negro, amor de criança. Eu a parabenizei, e ela me disse: "Estou com medo". Ela ainda estava muito tocada pela morte de Gabriel. Venho acompanhando, nessa e em outras amigas mães de meninos negros, essa expectativa durante o avançar da idade das crianças.

Gostaria de dar duas informações antes de passar para a minha próxima pergunta. A primeira é que me lembro da pesquisa de Nikole Hannah-Jones sobre os Estados Unidos escravista. Ela diz que a riqueza do senhor de escravos não estava na terra, mas no corpo do trabalhador e da trabalhadora escravizada. Isso se relaciona com o nosso papo anterior sobre sociedade capitalista. Sobre incluir e reparar, porque a riqueza estava no corpo da força de trabalho dessa pessoa negra, e não na terra. Às vezes, os senhores nem fazem mais questão da terra. No Brasil, depois da escravidão, tivemos o mesmo dado.

---

* Em 23 de julho de 2023, Gabriel Silva da Conceição Júnior, de dez anos, foi baleado enquanto brincava na porta de sua casa no bairro de Portão, em Lauro de Freitas (BA). A criança foi socorrida, mas faleceu no dia seguinte. Os policiais envolvidos foram afastados das atividades de rua e a Polícia Civil solicitou a prorrogação das investigações para apurar as circunstâncias do ocorrido. Ver "Um mês após menino de 10 anos ser baleado em ação policial na BA, prorrogação na investigação do caso é solicitada pela Polícia Civil". Disponível em: <g1.globo.com/ba/bahia/noticia/2023/08/23/um-mes-apos-menino-de-10-anos-ser-baleado-em-acao-policial-na-ba-prorrogacao-na-investigacao-do-caso-e-solicitada-pela-policia-civil.ghtml>. Acesso em: 23 jan. 2025.

Ouvindo a Mônica falar do gestar de seu filho, fico muito curiosa para saber qual foi a primeira palavra que ele falou para afirmar a gente enquanto gente. A primeira palavra que o meu filho falou foi "vovó".

Eu me lembro de um livro de Alice Walker chamado *Vivendo pela palavra*,* no qual a narradora diz que está em um lugar vizinho a um estábulo onde havia um cavalo muito bravo. Para amansá-lo, trouxeram uma égua. Enquanto ela passava um período naquele lugar, viu o amansar do animal. Eles foram colocados juntos para reprodução e, tão logo ele amansou, levaram a égua de volta.

Ela percebeu a tristeza do cavalo depois que sua companheira foi retirada. Sempre tinha sido advertida a não chegar perto dele, porque era um animal bravo. Quando percebeu a tristeza do animal, se aproximou e o olhou nos olhos. Ela narra que, ao ver a tristeza em seus olhos, enquanto pessoa negra e afro-americana, a primeira experiência que lhe veio em mente foi a da escravidão. Ela pensou o que era, para as pessoas escravizadas, retirarem delas os entes queridos. Naquele momento, ela se sentiu compadecida, compartilhando a experiência do animal.

Existe um jogo de humanização do animal e de animalização da experiência negra que é muito interessante. O sentimento nos humaniza, mas o mundo animaliza a experiência negra. Outro movimento interessante que Walker faz é de narrar como essa memória da escravidão está viva em nossa experiência, porque é a primeira coisa que ela consegue pensar ao se aproximar do animal.

---

* Alice Walker, *Vivendo pela palavra*. Trad. de Aulyde Soares Rodrigues. Rio de Janeiro: Rocco, 1998.

Com isso, quero perguntar para vocês duas: como fazer uma virada político-histórica e recuperar o passado como forma de reparar as injustiças e as suas permanências no presente? Como cobrar o Estado dessas presenças que se foram? Diante da impossibilidade da reparação, é possível a gente abrir mão e aceitar que não tem jeito? Qual é a estratégia?

Juliana Borges
Essa é a pergunta de milhões: como construir a luta política? O Movimento Negro brasileiro vem nos dando pistas, trazendo soluções. Remeto sempre à frase de Sueli Carneiro, que as pessoas repetem de maneira quase esvaziada: "Entre esquerda e direita, eu continuo sendo preta".* Ela não disse isso para afirmar que podemos ser liberais, é importante pontuar. Na verdade, a esquerda só é esquerda no Brasil graças à luta do Movimento Negro. O movimento, o progressismo e as pessoas que estão interessadas em uma transformação profunda da sociedade precisam mirar e se inspirar na luta do Movimento Negro brasileiro. Os avanços de direitos que a gente tem no Brasil se devem a ele.

Vou puxar a sardinha para o meu lado, trazendo a conversa um pouco para a dimensão da violência policial no Brasil. Começo compartilhando com vocês que, neste momento, discute-se no Senado Federal a nova Lei Orgânica das Polícias. Não há argumento que me faça compreender que uma proposta como essa seja aprovada em um governo progressista, depois de

---

* Frase célebre da filósofa Sueli Carneiro em resposta ao episódio em que o então prefeito de São Paulo Celso Pitta teria dito ser perseguido por ser negro. O trecho completo é: "Não me consta que o Pitta não tenha consciência de sua condição de negro. Não se tem notícia dele como ativista. [...] Somos seres humanos como os demais, com diversas visões políticas e ideológicas. Eu, por exemplo, entre esquerda e direita, continuo sendo preta" (*Caros Amigos*, São Paulo, n. 35, fev. 2000).

tanta luta política no Brasil nos últimos seis anos.* A nova lei tem uma série de problemas. Poderia discutir artigo por artigo, mas, para dar um exemplo, ela estabelece cota máxima de 20% da presença de mulheres nas corporações policiais. Um detalhe importante: as mulheres são as que menos atiram e são as que fazem as abordagens menos violentas. Assim, essa é uma lei que fortalece uma agenda e um Estado policialesco, que não prevê controle social externo da polícia, que sequestra orçamento dos estados brasileiros.

No estado de São Paulo, que é o segundo maior orçamento da União, a Segurança Pública só fica atrás da Educação em termos de verbas disponíveis. A Saúde só veio antes da Segurança Pública durante a pandemia, porque houve suplementação orçamentária, senão, ela permaneceria em terceiro lugar. Estou trazendo essa informação porque a gente tem feito arremedos quando discute a função e o papel das corporações policiais no Brasil. A gente tem dado, muitas vezes, respostas que não são baseadas em evidências científicas, nem na produção dos dados que as organizações da sociedade civil têm produzido nos últimos anos. E temos ouvido falas infelizes de pessoas que estão no Poder Público querendo desqualificar a produção de dados da sociedade civil.

Também queria comentar sobre a desumanização. No Brasil, por muito tempo a saída para a questão da violência policial

---

* A Lei Orgânica Nacional das Polícias Militares e dos Corpos de Bombeiros Militares, sancionada em 23 de novembro de 2023 como Lei nº 14 751/2023, estabelece normas gerais para a organização e funcionamento dessas instituições em todo o país. A tramitação e a aprovação da lei geraram tensões entre o governo federal e setores da sociedade civil, que entregaram documentos ao presidente Lula manifestando oposição ao projeto e apontando possíveis retrocessos na administração da segurança pública. Ver Matheus Meirelles, "Organizações entregam a Lula documentos contra Lei Orgânica Nacional das PMs". *CNN Brasil*, 12 set. 2023. Disponível em: <www.cnnbrasil.com.br/politica/organizacoes-entregam-a-lula-documento-contra-lei-organica-nacional-das-pms>. Acesso em: 23 jan. 2025.

era criar cursos de direitos humanos para os policiais. Isso já se mostrou totalmente ineficaz. Os agentes da Segurança Pública são constituídos em uma lógica de que os corpos que eles vão combater não são humanos. Eles não nos veem como humanos. Como oferecer um curso de direitos humanos para um agente que é formado em uma lógica de guerra, que tem que entender aquela comunidade como inimigo que precisa combater? Não tem como dar certo uma saída dessa.

Outra solução que parece sedutora é o policiamento comunitário, isto é, fazer com que o policial esteja mais próximo das comunidades. Mas, se ele não entende os nossos corpos como humanos, merecedores e detentores de direitos, não tem como ter essa relação. A formação desse policial é para contenção desses corpos.

Tentando responder um pouco a sua questão, acho que a gente tem que complexificar as nossas respostas diante de uma estrutura que é amplamente refinada. Muitas vezes a gente subestima a estrutura do racismo. A Beatriz Nascimento falou que o racismo brasileiro é um "emaranhado de sutilezas".*

E, muitas vezes, a gente importa soluções que não vão dar conta do modo como o racismo é estruturado no Brasil. Estamos diante de algumas propostas, mas nem todas vão responder aos desafios impostos aqui.

A onda do momento são as câmeras corporais. Não advogo, de maneira nenhuma, contra as câmeras corporais. Defendo que a gente avance com elas. Ao mesmo tempo, a gente tem perce-

---

* Beatriz Nascimento descreveu o racismo no Brasil dessa maneira em seu artigo "Nossa democracia racial", publicado em 1974 (apud *Uma história feita por mãos negras*. Org. de Alex Ratts. São Paulo: Zahar, 2021, p. 62). Nesse texto, ela analisa as contradições da sociedade brasileira, destacando como o racismo se manifesta de forma velada, perpetuando a marginalização da população negra sob a falácia de uma suposta democracia racial.

bido que os disparos fatais de policiais acontecem com câmeras desligadas. E, quando não a desligam, não há transparência na corporação policial para investigação. Por exemplo, no caso da Operação Escudo,* que vitimou dezenas de jovens na Baixada Santista, em São Paulo, em uma operação de vingança, até hoje nem a Ouvidoria de Polícia, nem o Conselho de Direitos Humanos, nem os movimentos sociais tiveram acesso às imagens do que aconteceu no Guarujá.

Como a gente pode pensar memória, reconhecimento e reparação a partir das políticas? Mais uma vez deixo claro que eu não nego a importância delas. Elas precisam ser feitas, mas se sempre jogarmos a solução para o fortalecimento das políticas de educação e de cultura sem enfrentar a problemática da violência policial no Brasil, a gente vai criar contradições. Por exemplo, eu vivo uma contradição por ter sido uma mulher negra, periférica, que entrou em uma das melhores universidades do país e ter um irmão egresso do sistema prisional. A gente vai construir uma dinâmica que, de um lado, avança com políticas de ações afirmativas, mas, de outro, assassina esses jovens favorecidos pelas políticas.

O Paulo Ramos construiu o Programa Juventude Viva. Juntos, conversamos muito sobre como deve ser feito o investimento em política pública. Um jovem de uma família beneficiada pelo Bolsa Família frequenta a escola, participa de programas

---

* A Operação Escudo, iniciada em julho de 2023 na Baixada Santista, tem sido alvo de denúncias de graves violações de direitos humanos. Relatórios de organizações como a Conectas Direitos Humanos e a Ouvidoria de Polícia de São Paulo apontam práticas como execuções sumárias, tortura, obstrução de justiça e manipulação de cenas de crime por parte de agentes policiais. Ver "Operação Escudo: relatório revela graves violações de direitos humanos na Baixada Santista". *Conectas Direitos Humanos*, 26 mar. 2024. Disponível em: <www.conectas.org/noticias/operacao-escudo-relatorio-revela-graves-violacoes-de-direitos-humanos-na-baixada-santista>. Acesso em: 23 jan. 2025.

culturais disponibilizados pelo Estado, mas, ao chegar na idade dos quinze anos, é assassinado pela polícia. Se ele consegue ultrapassar os dezesseis, ele vai para o programa socioeducativo. Depois, para o sistema prisional. É preciso lidar com a violência, enfrentando a construção de uma luta política, de um pacto nacional pelas vidas da juventude negra. Não podemos mais ficar presos na discussão de que a educação resolve. Quantas gerações vão ter que esperar? Enquanto a gente vai investindo em educação, gerações vão sendo perdidas. São mais 40 mil que vão sendo mortos.

As soluções que temos são pífias: a crise da Segurança Pública na Bahia é respondida com mais policiamento. A saída do governador foi dizer que haverá contratação de 2 mil novos policiais a cada ano no governo dele, ou seja, ao final do governo serão 8 mil policiais a mais na rua. Para nós, pessoas negras, isso não resolve. Para a branquitude, sim. Para nós, amplia-se a ferida aberta: violência e racismo.

Digo tudo isso porque, quando você pergunta quais são as saídas, eu concluo que é o pacto nacional. E se esse pacto não enfrentar a questão da Segurança Pública, estaremos brincando de fazer política, sem resolver, de fato, as desigualdades no Brasil. Nós somos o oitavo país, entre vinte, com o maior índice de violência no mundo. Não é pouca coisa.

Um pouco antes da pandemia, em 2019, participei de um debate na Universidade Howard. Ao começar, primeiro me desculpei pelo meu inglês. Quando falei o número de jovens que são assassinados no Brasil, um professor levantou a mão e falou: "Desculpe, não quero dizer que você não está falando bem o inglês, mas você deu o número correto? Não são 4 mil?". Então, respondi: "Não, são 45 mil, mesmo. Todo ano". A gente tem um Estado que participa cada vez mais de uma vida armamentista, porque se discute que, se o tráfico está armado, então é preciso armar mais policiais, naturalizar fuzis na rua, garantir uma política e tática de guerra dentro de territórios. A gente não enfrenta essa questão. Falta ao progressismo encarar de fato a violência policial, ou não conseguiremos caminhar no sentido da reparação que precisamos que seja alcançada.

Luciana da Cruz Brito
Quer que repita a pergunta, Mônica? Como fazer uma virada político-histórica e recuperar esse passado como forma de reparar injustiças e suas permanências no presente?

Mônica Cunha
Vou responder a partir do meu lugar enquanto membro do movimento de familiares de vítimas do Estado. Diferente do Movimento Moleque, do qual sou cofundadora com outras mães há vinte anos, o movimento de familiares de vítimas é tributário das Mães de Acari, as primeiras mulheres negras a gritarem nesse país pela vida dos seus filhos, que completou agora 33 anos. Elas são referência para nós, são nossa ancestralidade, de onde os nossos passos vêm. A gente só fala hoje porque outras falaram antes.

Por mais que nós, mulheres negras, vivamos pela nossa ancestralidade, o mundo se modifica a todo momento. A gente tem que se atualizar. O movimento de familiares de vítimas, com a globalização, não é só um dos maiores movimentos, também é um movimento que hoje é composto de algumas mães que, a partir do choro, da dor profunda, começam a ler o sistema, a ler a vida, o que não está necessariamente nos livros. Elas começam a querer buscar respostas. Começam a fazer perguntas: "Se todo mundo rouba e não acontece nada, por que meu filho teve que pagar com a vida? Por que o meu filho está encarcerado?".

A partir desses questionamentos, do olhar diferenciado que se adquire independentemente de ter se chegado a uma universidade, é que a gente chega na resposta para as nossas perguntas: é o racismo que faz tudo acontecer conosco. A partir do entendimento da dor, você começa a compreender sua vida, sua moradia, o trabalho que tem, os relacionamentos que você mantém, e aí, de verdade, você começa a ter letramento racial.

Por mais que o Estado racista ache que toda mulher preta é igual, a coisa não funciona assim. Mesmo as que vivem com dor, cada uma vê e a resolve de uma forma. Ela pergunta e descobre: "Como é que eu vou fazer agora?".

Estamos caminhando. Hoje repetimos uma frase que nasceu com a Débora Maria da Silva,[*] do Mães de Maio: "Vamos parir outro país". Isso significa parir com entendimento, com compreensão, com saber, para, quando formos discutir juntas, no Judiciário, sabermos o que queremos, e não chegarmos com esse aspecto de subalternizada e eles acharem que a gente sempre é a culpada. Afinal, ser favelado, ser pobre não significa ter filho assassinado. Ser favelado ou ser pobre também não tem nada a ver com ter filho encarcerado. O encarceramento vem de outro lugar. A virada política surge a partir do entendimento, de não deixar o outro falar por você e apontar para você. Nós do movimento de familiares de vítimas estamos fazendo a virada dessa forma. Para tanto, é preciso ocupar, como eu ocupo hoje a Câmara. Outras estão em vários outros lugares, porque não necessariamente toda mãe tem que virar parlamentar. Ela pode ser promotora, defensora, juíza, enfim, o que quiser, porque ninguém vai falar da nossa dor melhor do que nós mesmas.

Desse lugar, que é de poder, a gente passa a impulsionar outras pessoas e a elencar prioridades. Se alguém me convidar

---

[*] Ver nota da p. 132.

para falar de violência policial, vou perguntar: de que ponto de vista? Para fazer curso de direitos humanos para a polícia, eu estou fora. Também não me chamem que eu não vou para a rua fazer passeata com faixa branca de paz. Agora, se for para priorizar a juventude negra, massificando políticas públicas, dizendo que o racismo mata porque a polícia é uma instituição racista, aí podemos conversar. O governo do estado do Rio de Janeiro, como da Bahia, de São Paulo, e por aí vai, são racistas. Não dá mais para ficar passando pano, pensar que, se um governo é de esquerda, ele pode matar todo mundo toda hora. O meu filho morreu no governo do Sérgio Cabral Filho, durante o governo do Lula, em quem eu votei naquela época e votei agora de novo. Mas eu não posso abdicar da minha memória. Votei nele, mas, toda vez que tiver uma brecha — e se não tiver, eu caço —, direi: "Meu filho morreu, mas eu não quero que outros morram agora".

É preciso fazer uma política que agregue, que priorize a gente, que é a maioria. Não dá para fingir que não somos. Tenho horror à palavra "minoria". Quem é minoria aqui? Mas o fato é que nem entre nós temos quem priorize essa demanda. Agora está em curso essa campanha poderosa para escolherem uma ministra negra para o Supremo Tribunal Federal. Tem que fazer mesmo, concordo. Mas cadê a campanha massificada pedindo: "Não matem jovem preto"? Isso ninguém faz. Morre um jovem hoje, choram, vão na televisão, na mídia, mas amanhã morre outro e tudo bem, tudo o.k. Ninguém pensa naquela mãe que, ao ver na televisão que morreu outro, não sente essa normalidade. Afinal, porque morreu outro, o dela morre de novo. Quando vamos, de verdade, priorizar a população negra, os jovens negros, as crianças? Tenho quase sessenta anos, sou toda sequelada pelo sistema racista e não tenho mais tempo para brincar.

Juliana Borges
O tema é pesado, mas gostaria de contar sobre a minha aproximação com o movimento de mães. Venho de uma escola do movimento estudantil, movimento feminista. Sempre fazíamos campanha no Congresso Nacional. Um dia, perguntei a uma das mães do movimento: "Você quer dar uma descansada? Como a gente pode articular melhor isso para te preservar?". E ela respondeu: "Não tem essa de preservar e descansar, é radicalidade".

Quando a gente pensa em que saída a gente pode construir, eu acho que a gente tem muito o que aprender com o movimento de mães e familiares. Para elas não tem saída, descanso, articulaçãozinha e não sei o quê. É assim e ponto: radicalidade e não perder a estratégia política. Por culpa delas estou ficando mais revoltada, ando assim "fogo na bomba".

Luciana da Cruz Brito
Alguém da plateia, que também se identifica como abolicionista penal, quer saber da Juliana: como nos posicionarmos diante de posturas antirracistas que veem na criminalização do racismo uma garantia mínima e essencial?

Juliana Borges
Não gosto de usar as palavras "crime" ou "criminalização", para não reforçar esses conceitos. Primeiro, devemos partir da premissa de que crime é um conceito amplo e abstrato, resultado de acordos e disputas, fruto de um processo político e social em que tudo e nada podem ser crime. Ao conversar com advogados negros e negras, eles dizem ter uma postura garantista, ou seja, de que devem garantir a execução da lei. Eu ressalto que isso pode ser uma armadilha para a gente, até porque a criminalização de determinada conduta não faz com que ela deixe de acontecer. No Brasil, a gente tem uma lei que criminaliza o racismo e

nem por isso ele deixou de existir e vidas negras deixaram de ser exterminadas. Uma pesquisadora de origem indiana que vive na Inglaterra resolveu fazer um estudo* quando houve aquela onda de estupros em massa na Índia. Todo mundo achou que ela estava completamente louca porque foi entrevistar os estupradores para entender se a intensificação, a ampliação da criminalização desses crimes tinha trazido alguma reflexão a eles. A imensa maioria achava que era um absurdo eles estarem presos, que não tinham culpa, que foram provocados pelas mulheres abusadas. Davam as desculpas mais esfarrapadas. A pesquisadora chegou à conclusão de que a resposta punitiva não ia resolver o problema dos estupros em massa na Índia, por simplesmente não lidar com a problemática maior do patriarcado, ou seja, com o fato de os homens acharem que têm poder sobre os corpos das mulheres.

Do mesmo modo, criminalizar o racismo não vai fazer com que a branquitude pense que nós, de repente, viramos humanos. Até porque eles não vão ser presos. E mesmo se começarem a ser presos, fico sempre me perguntando se deveríamos apostar em um sistema penitenciário, ou seja, aquele que pressupõe penitência, infligir dor no outro para supostamente alcançar a salvação. Porque isso não é verdade. Essa lógica amplifica sofrimentos, dores, violências.

Quando falo de abolicionismo penal, as pessoas me perguntam se tenho essa postura inclusive para crimes hediondos. No podcast *Crime e castigo*, da Rádio Novelo Apresenta, existe um episódio que trata de um abuso sexual infantil.** O pai da criança abusada diz que, quando houve a denúncia da violência contra

---

* Madhumita Pandey, "What I Learned Interviewing Convicted Rapists in New Delhi". *The New Humanitarian*, 10 ago. 2017. Disponível em: <deeply.thenewhumanitarian.org/womenandgirls/community/2017/08/10/what-i-learned-interviewing-convicted-rapists-in-new-delhi>. Acesso em: 17 mar. 2025.
** Rádio Novelo Apresenta, "Restauração" (ep. 4), *Crime e castigo*, 2 abr. 2022.

sua filha, ele e a menina foram esquecidos no processo. Ninguém se preocupou em acolher a criança e a família. E ele tinha vontade de perguntar para o vizinho perpetrador o porquê daquilo, e se incomodava com o fato de não poder ter essa resposta, de não participar na mediação daquele conflito. Não estou dizendo que o pai, no final do processo, fosse dizer: "Deixe o vizinho solto", mas, com esse caso, quero demonstrar que, ao definir a linha da punição, da criminalização, basicamente se diz que as partes que foram mais violadas em determinado conflito não serão ouvidas.

Por isso acho que não há condição de reparar, reconciliar ou reconhecer pela via criminalizatória ou punitiva. Não é isso que vai ser a saída do racismo, da violação dos direitos da população negra no nosso país. Não adianta fazer festival de criminalização. Agora se equiparou a LGBTfobia ao racismo. E assim se amplia o processo de criminalização de maneira extremamente problemática e sem resolver os nossos conflitos. A mediação ou o acolhimento à pessoa vitimada traz mais resultados. Principalmente a mediação do conflito que inclui a comunidade, que permite mais pessoas participarem do processo.

Para finalizar, gostaria de citar o estudioso Nils Christie — hoje ele já não é mais abolicionista penal, mas segue a linha do direito penal mínimo. No livro *Uma quantidade razoável de crime*,* ele começa contando a história de dois edifícios de um condomínio. Um deles foi entregue pronto para as pessoas que compraram os apartamentos e o outro entregue pela metade, ambos compartilhando uma área social. No segundo edifício, as pessoas tiveram que se reunir em assembleias, fazer discussões para finalizar a construção do prédio. Em um dado momento, as pessoas estavam lá no parquinho, as crianças brincando, o pessoal na pra-

---

* Nils Christie, *Uma quantidade razoável de crime*. Rio de Janeiro: Instituto Carioca de Criminologia, 2011.

ça etc. e chegou um rapaz adulto e abaixou as calças na frente das crianças. Instaurou-se um conflito naquele território. As pessoas que eram do edifício que tinha sido entregue pronto não conheciam aquele homem, então disseram: "Vamos acionar a polícia, ele tem que ser preso". Mas uma senhora do outro edifício falou: "Não, eu conheço esse rapaz. Ele é filho da fulana, veja bem, não vamos chamar a polícia". A conclusão de Nils Christie com essa história é que, quanto mais próximo nós estivermos das pessoas que cometeram algum ato problemático, menor será a resposta punitiva. E eu trago essa reflexão para a gente pensar justamente no caso do abuso sexual infantil, que acontece majoritariamente nas casas, por pessoas que são conhecidas. Qual é a resposta da nossa família? Nunca é punitiva, porque o agressor está próximo, a gente conhece a história de vida daquela pessoa, sabe que ela pode ter sido abusada sexualmente também, conhece todas as problemáticas. Isso não significa que não há vontade de responsabilizar o agressor. O abolicionismo penal não é irresponsável. Deve haver uma responsabilização, mas que ela não seja trancar uma pessoa numa cela, deixando-a lá por dez anos e esperando que ela faça um grande processo de reflexão, saindo renovada da cadeia. Isso não é verdade, isso não acontece. A minha resposta sobre a criminalização do racismo é: não resolve.

Luciana da Cruz Brito
A pergunta que veio da plateia para Mônica é a seguinte: como enfrentar o silenciamento sistêmico por parte do Estado e da mídia hegemônica sobre o genocídio da juventude negra brasileira?

Mônica Cunha
Para enfrentar o silenciamento, o movimento de familiares de vítimas deixou de dar prioridade às mídias hegemônicas, como

Globo e Record, e passou a dar prioridade às mídias alternativas, porque, além de elas nos escutarem, fazem a narrativa real. O alcance dos telefones hoje em dia permite que nós do movimento de familiares de vítimas possamos nos manifestar. A gente se organiza em diversos estados, sobretudo Rio de Janeiro e São Paulo, mas abrangendo um pouco o Nordeste também. Somos um movimento nacional. Todas essas coisas fazem com que a gente saia do lugar de invisibilidade, onde não somos vistas, não somos escutadas.

No mês passado mesmo me reuni com quase todos os movimentos daqui do estado e fomos para a porta do governador. Toda vez que ele matar uma criança nossa, um filho nosso, a gente vai para a porta dele. Vamos ver quanto tempo ele vai aguentar. Estamos nisso há trinta anos. Por mais que, aos poucos, possamos cair, adoecer, morrer, vamos pegando o bastão e passando adiante. As Mães de Acari não estão todas vivas, mas eu estou. Não sei se o governador vai aguentar como a gente aguenta, ele não há de aguentar, então vamos para a porta dele. Vamos fazer lá a nossa manifestação.

Outra ação é que, em toda audiência pública que eu promovo, levo os movimentos de familiares, encho aquela casa de banner, de fotografia de meninos que morreram e que, na sua maioria, são bem pequenos. Então, os demais vereadores são obrigados a transitar dentro daquele lugar e olhar para a nossa cara. Tem uns que não aguentam, passam por trás, não veem os banners. Então, sair do silenciamento é afirmar, todas as vezes que eles fingirem que isso não acontece: "Morreu fulano, morreu ciclano". Nos três dias em que estou na plenária, eu pego o microfone e digo: "Estou pedindo um minuto de silêncio pela morte de fulano, beltrano, ciclano, que o estado matou e a prefeitura é conivente". É preciso parar e usar os argumentos que temos, usar o microfone que eu tenho como forma de comunicação. As plenárias ficam gravadas e podem ser assistidas no canal TV Câmara. Está lá para todo mundo ver.

E, finalizando, você perguntou qual foi a primeira palavra que o meu filho falou. Foi "mãe". A mesma de quando o policial atirou nele no meio da rua e eu não estava. Ele falou para um amigo: "Chama a minha mãe lá que eu vou morrer". É por isso que a gente briga nesse país.

Luciana da Cruz Brito
Obrigada, Mônica. Qual era o nome completo do seu filho?

Mônica Cunha
Rafael da Silva Cunha.

Luciana da Cruz Brito
Em nome da memória de Rafael, eu peço licença. Hoje é quarta-feira, e no dia de hoje carrego uma pessoa, uma entidade, que é responsável por resguardar a memória dos mortos e que as pessoas não sejam esquecidas. Em nome de Rafael da Silva Cunha; Marielle Franco; Cláudia Ferreira da Silva, que foi arrastada por um carro da polícia nessa cidade; Ágatha Félix, que estava com sua avó em uma Kombi voltando da escola; Marcos Vinícius, que retornava da escola fardado com uniforme escolar; João Pedro, que cumpria isolamento social junto com sua família dentro de casa; Maria Eduarda, que estava na quadra da escola e poderia ser atleta; Evaldo Rosa, que estava em um carro alvejado com mais de duzentos tiros; Rodrigo Serrano, enquanto aguardava, em um ponto de ônibus, a companheira que voltava do trabalho. Ele carregava um guarda-chuva que foi confundido com um fuzil... A lista é grande. Estou falando só da cidade do Rio de Janeiro. Que essas pessoas não sejam esquecidas. Nunca deveriam ter ido,

muitas delas são crianças, então, que elas não tenham ido em vão. Orixá que nos guarde, guarde nossas crianças, as pessoas que amamos, que dê à senhora, Mônica, vida, saúde e coragem para o resto de sua vida. Axé.

Memória, reconhecimento e reparação: pensando futuros negros possíveis

NIKOLE HANNAH-JONES E BIANCA SANTANA

Bianca Santana
É uma alegria muito grande estar aqui para conversar com Nikole Hannah-Jones sobre futuros negros possíveis, mas confesso que sinto falta de mais gente nessa roda. Gente que tem discutido memória negra no Brasil e que tem construído, principalmente a partir do ativismo negro, nossos futuros possíveis. Para ficar apenas no Rio de Janeiro, sinto falta do Movimento Negro Unificado (MNU), do Instituto de Pesquisa das Culturas Negras (IPCN), do Instituto de Pesquisas e Estudos Afro-Brasileiros (Ipeafro), do Instituto Cultne, da ONG Criola, da Rede de Historiadoras e Historiadores Negros... Mas este é um seminário com recorte, com limitações de tempo e de espaço. Eu acalmo meu coração sabendo que estamos lá, como Movimento Negro, na Coalizão Negra por Direitos, sonhando e construindo futuros. Eu só não podia deixar de registrar. Assim como não posso deixar de registrar a importância desta conversa. As vitórias que a gente tem são muitas. Elas são fruto do trabalho coletivo do Movimento Negro brasileiro. Por isso, é importante fazer esse registro e essa marcação.

Do livro *The 1619 Project: A New Origin Story* [Projeto 1619: uma nova história de origem], derivado do projeto homônimo que a Nikole coordenou no *New York Times*, eu destaquei um trecho que queria compartilhar, em uma livre tradução feita por mim:

> A crença de que as pessoas negras não eram meramente escravizadas, mas uma raça escrava, é a raiz do racismo endêmico que não podemos purgar dessa nação até os dias de hoje. Se as pessoas negras nunca puderam ser cidadãs, se elas foram uma casta apartada de todos os humanos, então elas não foram sujeitos dos direitos constitucionais e o "nós", do "nós, o povo" da instituição dos Estados Unidos, não era uma mentira.[*]

Eu gosto muito desse trecho porque ele escancara o quanto o Estado norte-americano, assim como o Estado brasileiro, foi constituído como Estado antinegro, e como a democracia, que não garante os nossos direitos, é para quem é cidadão ou cidadã, e não para nós. Se essa é a premissa do Estado, eu queria saber se, para você, há caminho de reparação no Estado.

Nikole Hannah-Jones

O movimento de reparações é muito antigo, começando no Brasil e nos Estados Unidos em 1700. Acho que estamos diante do cenário político mais positivo para reparações que eu já vi na minha vida. É importante que não tenhamos essas conversas isoladamente, porque nossas liberações estão ligadas umas às outras e, se pudermos encontrar sucesso em um só lugar, estaremos plantando as sementes para o sucesso em todos os lugares.

---

[*] Nikole Hannah-Jones, *The 1619 Project: A New Origin Story*. Londres: Oneworld, 2021.

É por isso também que eles lutam tanto contra a mais ínfima reparação: se o sucesso acontece em algum lugar, elimina qualquer desculpa para que não aconteça em outros. Todas as pessoas negras na diáspora sabem que nossas histórias estão interligadas. Ouvindo a Mônica falar anteriormente, eu me lembrei dos meus familiares que perdi para a violência e senti um vínculo de coração.*

Respondendo a sua pergunta, acho que o que estamos fazendo aqui, falando da memória como forma de nos levar para o futuro, é muito importante. No início do *The 1619 Project*, menciono que, quando eu era criança, nunca vi ninguém que parecesse comigo na história dos Estados Unidos. Eu aprendi a história de um país que nos apagava. Mencionava-se a escravidão — porque tivemos uma guerra civil, então era preciso discutir a escravidão para discutir a guerra civil — e depois os pretos desapareceram por um século, até que o dr. Martin Luther King Jr. teve um sonho em Washington e tudo ficou resolvido. E então, desaparecia tudo de novo.

Ao mesmo tempo que não ouço nada sobre nós no passado, também não consigo nos ver no futuro. Leio livros, como o famoso *1984*, e os negros não existem naquele futuro. Assim, concluí que nos apagaram da história do passado porque não querem que existamos no futuro. E sabemos disso com a ajuda dessa citação minha que você destacou.

Os Estados Unidos e o Brasil foram fundados como repúblicas escravistas, apesar de gostarmos de pensar esses lugares como democracias. Acreditando na democracia como "uma pessoa, um voto", certamente os Estados Unidos não tinham democracia até 1965, e só conseguimos o que temos hoje por causa da resistência negra. A citação que você leu, na verdade, vem de

---

* Ver capítulo "Justiça racial e violência: enfrentando o legado da escravidão", p. 209.

uma conhecida decisão da Suprema Corte dos Estados Unidos chamada *Plessy vs. Ferguson*.* Essa decisão tentava determinar se os Estados Unidos poderiam, legalmente, implementar o apartheid racial e ficou também conhecida como a doutrina "separados, mas iguais". Na época, a Corte decidiu que as pessoas negras, descendentes da escravidão, poderiam ser segregadas em todos os aspectos da vida norte-americana, desde que tivessem tratamento igual. É claro que sabemos que a segregação nunca foi igualitária.

Ao apresentar esse argumento, o tribunal determina que pessoas negras não são só escravas, mas vêm de uma raça escrava. Então, isso transforma a escravidão de uma condição na qual você foi colocado para algo inato no seu caráter, algo genético. Se você fosse descendente de africanos, você pertencia a uma raça inferior às pessoas brancas e, portanto, a escravidão seria sua condição natural. O que também foi dito naquela decisão da Suprema Corte, cujos membros eram, em sua maioria, proprietários de escravos, foi que pessoas negras não tinham nenhum direito que os brancos deveriam respeitar.

Temos que entender como o Estado de direito foi arquitetado para as pessoas negras. Ele significa que uma lei é usada para nos privar de direitos, não para garantir nossos direitos, que a lei é usada para garantir que não tenhamos um acesso igual à educação, aos empregos e, até mesmo, à nossa própria

---

* *Plessy vs. Ferguson* foi uma decisão da Suprema Corte dos Estados Unidos em 1896 que estabeleceu a doutrina "separados, mas iguais", legitimando a segregação racial. O caso desafiava o Separate Car Act [Lei dos vagões separados] da Louisiana, que exigia segregação racial em vagões de trem. Homer Plessy, um homem negro, foi preso ao sentar-se em um vagão exclusivo para brancos. Em uma decisão de sete votos contra um, o tribunal considerou que a segregação não era discriminatória, desde que as instalações separadas fossem iguais. Ver *Plessy vs. Ferguson* (1896), National Archives. Disponível em: <www.archives.gov/milestone-documents/plessy-v-ferguson>. Acesso em: 24 jan. 2025.

autonomia corporal. Quando aprovaram as Leis do Ventre Livre no Brasil e nos Estados Unidos — que eram leis de emancipação gradual —, elas eram usadas para determinar se nossos filhos nasceriam livres ou escravizados.

Desse modo, como podemos confiar no Estado construído sobre isso? Eu vou direto ao ponto: o caminho até as reparações pode vir através do Estado? Quando você pensa nessa ideia de que os negros são uma raça escrava, o que realmente está sendo dito é que as pessoas negras não deveriam fazer parte de uma democracia. Pessoas negras foram trazidas para cá como mão de obra, não para serem cidadãs. Não foi uma escolha, não foi imigração. Pessoas negras não faziam parte do projeto democrático no Brasil nem nos Estados Unidos.

Quando falamos de terra e de seu valor, ela não vale nada sem o trabalho. O valor veio do trabalho gratuito necessário para o cultivo da terra e para que tanto indivíduos brancos quanto potências coloniais europeias alcançassem todas essas riquezas.

Não fomos feitos para ser cidadãos, nunca deveríamos ter feito parte do processo demográfico e, ainda assim, estamos aqui após conquistarmos nossa cidadania por meio de lutas e resistências sangrentas. Temos, então, que obter reparações através do Estado. Uma coisa que eu entendo é que as pessoas negras precisam acreditar que o impossível pode se tornar manifesto.

Nos Estados Unidos somos 40 milhões de pessoas de descendência africana. Somos o maior testemunho do fato de que nós existiremos. E, se iremos existir, teremos que lutar por coisas que nós não acreditamos que iremos testemunhar. Quantas abolicionistas, ao longo da escravidão, lutaram para acabar com um sistema que não imaginavam ser realmente capazes de derrotar? Quando pensamos na luta pelos direitos das pessoas negras no Brasil, nos Estados Unidos e no continente africano, a capacidade de alcançar a independência e a igualdade — pelo menos diante da lei — eram coisas que, dez anos antes de eu nascer, muitas pessoas não acreditavam ser possíveis.

Por isso, temos que agitar fora do sistema e também não ceder espaço nos países que nossos antepassados construíram. Estamos aqui e, mesmo que haja alguns de nós que tenham a capacidade de ir para outro lugar, a maioria do nosso povo nunca irá. Então, temos que acreditar que podemos fornecer essa pressão para forçar o Estado a reparar os danos que ele fez, ao mesmo tempo que também acho que as reparações são uma dívida impagável. Portanto, o Estado não é suficiente.

Toda empresa privada que se beneficiou da escravidão precisa pagar. Indivíduos também. Ninguém quer herdar a dívida da escravidão, mas não parecem se importar nem um pouco em herdar toda a riqueza da escravidão, pela qual não trabalharam. Eu acho que todos têm diferentes papéis a desempenhar na promoção dos diversos aspectos das reparações que devem acontecer, mas nunca podemos esquecer o Estado. O Estado, para mim, tem a maior dívida.

Bianca Santana
Você é jornalista, assim como eu. Nós somos menos "sérias" que os historiadores. Estamos nesse lugar de quem populariza pesquisas, algumas delas feitas por nós — porque nós também frequentamos os arquivos. Como é isso de popularizar a informação documental e as entrevistas feitas com metodologia, mas muitas vezes escapando um pouco da formalidade para contar as nossas histórias para mais pessoas? Você pode falar um pouco da importância, mas também dos limites dessa prática?

Nikole Hannah-Jones
Eu sou uma nerd de história e comecei a estudar desde muito jovem, porque a história me acalmava. Eu via meu mundo ne-

gro e pensava: por que nosso bairro parece assim? Por que as pessoas da minha família trabalham tão duro e nunca parecem capazes de progredir?

A partir da segunda série do ensino fundamental, fiz parte de um programa de integração escolar que me tirou da minha escola de bairro negra e me levou para o outro lado da cidade. Era uma hora de ônibus até a escola mais rica e branca do outro bairro. Todos nós tínhamos que pegar o ônibus, enquanto eles caminhavam até a escola. Todos os dias, eu via os pais das crianças brancas indo buscar seus filhos com lindos vestidinhos e ternos. E, então, via os pais do meu bairro voltando para casa vindos dos frigoríficos, com sangue nas roupas. Eles eram como os meus tios, que trabalhavam tanto que, no fim do dia, não conseguiam fechar o punho porque os dedos estavam muito inchados. E eu pensei: os pais deles não podem estar trabalhando mais que os nossos. Na minha cabeça, eu tentava raciocinar: eles dizem que nosso bairro é assim porque nós não queremos trabalhar, e eles dizem que nossas casas são assim porque não nos importamos se nossa propriedade tem boa aparência. Mesmo assim, meu tio está gastando um absurdo de dinheiro na Rent One* porque ele não tem condições de comprar móveis para deixar a sua casa linda.

Quando você estuda história, você entende que tudo isso foi criado, que não tem nada a ver com uma "patologia negra". Por exemplo, nos Estados Unidos, nós tivemos a *redlining*, quando o governo não dava empréstimos imobiliários para os bairros negros. Temos todas essas políticas. Fiquei muito interessada por história, porque, quando comecei a estudar, aprendi que um mundo que não fazia sentido começou a fazer sentido.

Como disse, eu sou uma nerd de história. Não me importo se o texto é excitante ou se é denso, quero as informações e adoro

---

* Rede norte-americana de aluguel de móveis, eletrônicos e eletrodomésticos.

ler sobre isso. Adoro a forma como os livros históricos são escritos, com um tipo diferente de linguagem acadêmica, que também está mudando. E, na verdade, alguns dos meus historiadores favoritos escrevem para um público mais amplo. Mas, enquanto crescia, eu realmente pensava: quero ser capaz de traduzir a história para uma pessoa comum como meus familiares, que não leem, mas precisam de informação. Mais do que isso, queria mostrar que aquilo que no campo da historiografia chamam de "anacronismo" é o presente sendo impactado por essa história.

Essa é a forma que os pretos praticam a história. Aprendi, desde que o *1619 Project* foi lançado, que muitos historiadores brancos pensam que nós deveríamos falar sobre história como se ela fosse divorciada do presente, como se não tivesse nada a ver com a sociedade em que vivemos hoje, mas isso nunca fez sentido para mim. Assim, eu queria ser uma jornalista que usa a história para ajudar a explicar toda a desigualdade racial que vemos, pois, assim como o Brasil, os Estados Unidos são um país proposital e intencionalmente ignorante sobre o seu passado. Eles não aprendem direito nem a parte branca da história, e a parte negra acaba sendo completamente apagada. Você percebe a incapacidade de lidar com uma sociedade onde tudo está dividido por linhas raciais, porque eles não têm ideia da história que construiu isso.

A beleza da relação jornalismo-história, quando é verdadeiramente simbiótica, mostra que eu não conseguiria fazer o meu trabalho sem os historiadores, aqueles que não escrevem para o público geral, mas querem que as pessoas se envolvam com a história que estão criando. Eles querem que essa história tenha relevância para a vida das pessoas, é por isso que as pessoas leem história.

E como isso funciona? Primeiro, faço a minha própria pesquisa, adoro mergulhar nos arquivos, pesquisar, ler textos originais e, então, tento descobrir quais são os fenômenos modernos que estou tentando mostrar. Vou apenas dar um exemplo: um dos nossos muitos assassinatos policiais nos Estados Unidos foi de um jovem chamado Freddie Gray. Ele morava em Baltimore, Maryland, um estado ex-escravista, estado de apartheid. Quando Gray foi morto dentro de uma viatura da polícia por uma força policial em grande parte negra — o que tenho certeza que também não é incomum no Brasil, já que os negros também se envolvem em sistemas de supremacia branca —, grande parte da cobertura da imprensa sobre essa morte foi superficial.

Os negros protestaram por dias e a grande mídia não cobriu. Quando queimaram uma loja de conveniência, toda imprensa do país foi para a frente da loja. O resto de Baltimore não estava queimando, apenas aquela loja de conveniência. Primeiro, vem a questão: por que as pessoas não estão protestando de forma não violenta? Bem, porque elas tentaram dessa forma e vocês não se importaram. Além de que, incendiar uma loja de conveniência, para mim, não é violência. Matar alguém é uma violência.

Todas essas histórias são apenas sobre aquele momento no tempo: por que isso aconteceu com aquele jovem e com aquele departamento de polícia? Mas, se você é negro, os brancos tendem a pensar em tudo como incidentes e pessoas individuais. Mas quando você é negro, você sabe que mil coisas levaram àquele momento, não foi apenas esse jovem naquele carro. O que eu sei, como alguém que estuda história, é que Freddie Gray cresceu em um bairro que passou pelo *redlining* do governo federal, que a cidade dele foi processada por violar os direitos civis dos negros, que ele havia sido envenenado por chumbo quando era criança porque, nos Estados Unidos, os negros são segregados nos bairros com as infraestruturas mais antigas, com tubulação de chumbo que os envenena. E os dados mostram que, se você é exposto ao chumbo, tende a se sair pior academicamente, tende a ser menos saudável e, muitas vezes, entra no sistema de justiça criminal, porque o chumbo afeta o funcionamento do sistema neurológico. Então, essa é a história que eu vou escrever. Eu não vou escrever a história sobre porque Freddie Gray fugiu da polícia e a polícia o matou naquele dia, vou escrever sobre toda essa infraestrutura que levou àquele momento e sobre a nossa interação com tudo isso.

A única limitação que eu encontro na forma é a falta de espaço. Essa é outra diferença entre como os historiadores escrevem e como eu escrevo. Faço declarações longas, amplas e abrangentes, posso escrever um ensaio abrangendo quatrocentos anos. Os historiadores não tendem a fazer isso. Eles conseguem cavar algo verdadeiramente profundo e nós jornalistas temos que ser mais amplos. O benefício do que fazemos é que podemos, então, destacar e trazer essa história para um leitor ou espectador comum e, realmente, atingir um público para o consumo em massa. De certa forma, acho que é menos limitante em alguns aspectos, por causa da forma.

Bianca Santana
Você escreveu para crianças, que imagino que também seja um modo de formar as futuras gerações. São muitos produtos derivados de um mesmo projeto. Você tem ideia de quanto ele custou? Muitas vezes, parece que no Brasil nós temos menos possibilidade de construir coisas maravilhosas por causa da questão financeira. Por isso é que queria saber quanto custou.

Nikole Hannah-Jones
Eu realmente não sei. Sei quanto é o meu salário, mas não sei quanto o projeto custou. O *1619 Project* foi incomum em um lugar como o *New York Times* e eu estava muito consciente quando pro-

pus esse projeto ambicioso. Então, para ser clara, eu não sou um exemplo da maioria dos jornalistas negros dos Estados Unidos. A maioria nunca teria a capacidade de obter apoio para um projeto como esse e eu acho que acontece o mesmo no Brasil.

Não é que a ambição não exista, não é que a criatividade não exista, não é que a habilidade não exista, mas nossas redações funcionam da mesma forma hierárquica que a nossa sociedade, e não tendemos a estar em posição de poder para propor algo assim e obter o suporte e os recursos adequados. Também sabemos que jornalistas brancos propõem grandes projetos o tempo todo, que talvez deem certo e depois eles podem fazer outros. Se nós lançarmos um projeto que não seja um grande sucesso, não só nunca mais teremos a chance de fazer de novo, como todos os outros negros depois de nós não terão a chance de fazer novos projetos.

Converso com meus alunos na Universidade Howard, que é uma faculdade historicamente negra nos Estados Unidos, e digo a eles o tempo todo que não se pode controlar nada além de nós mesmos: estamos em uma sociedade racista, você será julgado, as pessoas não vão querer lhe dar oportunidades, você precisa apenas controlar sua própria excelência, tem que tentar se colocar em uma posição inegável, mesmo que eles te neguem. Você pode ser irrecusável e, ainda assim, ser recusado.

O jornalismo é provavelmente a profissão mais autoengrandecedora do mundo. Ninguém dá mais prêmios para si do que os jornalistas norte-americanos. Então, se conquistar muitos desses prêmios, que é com o que os editores se preocupam, você consegue bastante liberdade para fazer as coisas que quer. O que eu propus foi um projeto incrivelmente ambicioso e eu sabia quais eram os riscos. O *1619 Project* foi criado por negros para o *New York Times*. Quase todos os escritores eram negros, os fotógrafos eram negros e estávamos determinados a contar uma história para e sobre os negros, entendendo quem é o público do jornal.

Mas eu disse, desde o início, que iríamos contar essa história de maneira inabalável e foi por isso que o projeto foi tão atacado. Se ele tivesse sido publicado em um veículo negro, o poder não teria se importado com ele. Mas contar essa história dos negros, chamar os Estados Unidos de "escravocracia", poder dizer que fomos fundados sobre uma mentira, que a fundação do nosso país não deveria ser em 1776, com a Declaração da Independência, mas sim, em 1619, quando começaram a escravidão africana, e, depois, apresentar esse argumento em documentos registrados, isso nunca tinha sido feito.

Ninguém estava mais convencido do que eu de que ninguém leria, porque eles não querem lidar com a escravidão e essas são dezenas de milhares de palavras sobre a escravidão. Mas eu também sabia que, no dia do 400º aniversário da venda do povo africano para o que se tornaria os Estados Unidos, merecíamos nosso acerto de contas, merecíamos que nossa história fosse contada nos corredores do poder por pessoas negras. Na noite anterior à publicação, eu não consegui dormir, fiquei aterrorizada de ter convencido meus chefes brancos do *New York Times* a desembolsar esse dinheiro. Não sei quanto foi, mas foi muito: uma edição inteira da revista, uma série de podcasts, uma edição especial do jornal, e isso foi tudo em que eu e muitas outras pessoas trabalhamos durante nove meses.

Após ter conseguido todos esses recursos para contar uma história negra, se os negros não lessem, eu teria falhado. Se outras pessoas não lessem, o jornal teria considerado um fracasso. Foi paralisante. Mas o sucesso do projeto mostrou que existem pessoas prontas o suficiente para conversar sobre a verdade, que existem muitos de nós que olham para a sociedade e dizem: "Esta sociedade não faz sentido, com base na história que nos ensinaram". Queremos construir uma coletividade que se recusa a continuar nos prejudicando em nome da história. Se você tratar as pessoas com inteligência, for honesto, inabalável e centralizar as vozes daqueles que estão por baixo, nunca mais precisaremos repetir isso. Como disse Frederick Douglass: "O meu trabalho é contar a história do escravo". Se fizer isso, as pessoas vão entender, e esse é o poder do que fazemos.

O jornalismo é a sua própria forma de ativismo, porque os jornalistas entendem que narrativas impulsionam a política. Se você não tem a narrativa — e este é, penso eu, muitas vezes o maior problema dos progressistas ou das pessoas de esquerda, porque somos muito didáticos, e amamos dados e nuances só para mostrar que somos inteligentes e temos uma conversa inteligente —, tudo fica muito mais difícil quando você está enfrentando pessoas que usam os métodos de propaganda. Precisamos ser capazes de criar uma narrativa que sustente o trabalho de ativistas e políticos.

Se você acredita que, nos Estados Unidos, algumas pessoas fizeram a maldade da escravidão, mas não foi lá grande coisa, que nós somos o maior país da história do mundo, que, mesmo que a gente estivesse envolvido na escravidão, fomos o primeiro país a acabar com ela — o que não é verdade, mas a maioria dos norte-americanos acha que os Estados Unidos foram o primeiro país a abolir a escravidão —, se você acredita que cada pessoa nos Estados Unidos, agora, tem chances iguais de oportunidades e, portanto, o fato de os negros estarem por baixo de tudo é só por uma questão patológica, só porque somos inferiores, porque não queremos nada melhor, então você apoia políticas conservadoras que tentam consertar pessoas negras e não o país ou os sistemas.

Mas, se você puder contar uma história diferente, pode confrontar como toda essa desigualdade foi criada, estruturada e construída de forma intencional. Pense em uma sociedade como a brasileira, em todos os recursos que foram investidos para criar essa desigualdade, o dinheiro, as leis, as artes, as universidades, os sistemas educacionais, tudo isso foi usado para criar a desigualdade. E quando chega a hora de consertar a desigualdade, queremos gastar dois dias e cinco centavos.

Queremos contar uma história que diz que a sociedade que vemos não é natural, não é impreterível, que não precisava ser assim, que as pessoas escolheram que fosse assim, que podemos capacitar pessoas a escolherem políticas que consertem a sociedade e não políticas para consertar pessoas negras, que não estão quebradas. Este é, para mim, o poder do jornalismo enquanto ativismo, e é o que estava tentando fazer com o *1619 Project*.

Bianca Santana
A sua resposta me lembrou outro trecho do seu livro que eu gostaria de citar, também em tradução livre:

> Por séculos, norte-americanos brancos estão tentando resolver o "problema negro". Eles têm dedicado centenas de páginas a esse empreendimento. É comum pontuar os índices de pobreza das pessoas negras, nascimentos fora do casamento, crime e presença nas universidades, como se essas condições, em um país construído sem sistema de castas raciais, não fossem totalmente previsíveis. Mas crucialmente, você não pode olhar para essas estatísticas ignorando outra: a que as pessoas negras foram escravizadas por mais tempo aqui do que estão em liberdade.

Com este trecho, quero perguntar: é possível falar em liberdade quando, no Brasil, além do extermínio de crianças, jovens, adultos e idosos negros, a gente tem também pessoas escravizadas? Vou perguntar outra coisa, sobre os brancos tentando resolver o problema negro. As alianças para enfrentar o racismo são necessárias, mas as entre pessoas negras e brancas têm sido efetivas?

Nikole Hannah-Jones
Na primeira parte do trecho que você citou, eu tentava falar com as pessoas negras, porque nós internalizamos a forma que a sociedade supremacista branca nos vê e começamos a acreditar que somos o problema. Além disso, somos criados em uma sociedade que está sempre tentando nos consertar. Eu sei que no Brasil existem relatos semelhantes que foram escritos há mais de um século, assim como nos Estados Unidos, tentando descobrir o que as pessoas pretas têm de errado. Mas, como meu amigo Andre Perry, que é acadêmico nos Estados Unidos, costuma dizer: "Não há nada de errado com pessoas pretas que o fim do racismo não conserte". Nós não somos o problema, nunca fomos e não deveríamos ter que afirmar isso, mas nós o fazemos.

Sempre fico surpresa quando dizem que os negros gostam de ser vítimas, porque não conheço ninguém que seja mais duro com pessoas negras do que outros negros. Não queremos ser vítimas e, de fato, reconhecer a forma como fomos vitimizados muitas vezes nos faz sentir como se estivéssemos perdendo nossa própria agência. Então, nos culpamos para que possamos manter nossa agência: eu deveria ter tentado mais, você deveria ter tomado decisões melhores, você deveria ter feito assim. Não é possível decidir por si só qual a melhor saída de um sistema de supremacia branca de quatrocentos anos. Ninguém consegue.

Diante dessas questões e do desejo de nos pintar como o problema, a Declaração de Durban, da ONU, fala: não importa

onde estejamos, sempre enfrentamos os mesmos problemas.*
Estamos todos na base da nossa sociedade, não importa onde a gente esteja. Isso vem de um país que não consegue se encarar. Existem países que querem acreditar, e os Estados Unidos, provavelmente mais do que qualquer outro no mundo, acreditam nessa ideia de que são excepcionais. Não conheço outros países que realmente acreditem nesse mito de única nação fundada sob o ideal de que todos os homens foram criados iguais. O homem que escreveu essas palavras era dono de 250 pessoas. Como se lida com essa hipocrisia? Apagando as mentiras.

Mantendo a degradação das pessoas negras justifica-se a hierarquia construída porque, então, você pode dizer que está no topo não porque fez coisas terríveis, mas porque é melhor do que os outros. Tudo o que os negros fizeram foi colher algodão em uma plantation qualquer.

Para começar, pessoas negras têm que parar de tentar solucionar o problema como se nós fôssemos o problema, e os brancos precisam começar a solucionar o problema, porque eles são o problema, apesar de eles realmente não acharem que são. Mesmo que você não seja o problema, a questão da desigualdade sistêmica é que você pode ser uma ótima pessoa antirracista e, mesmo assim, vai se beneficiar do sistema que foi criado com ou sem o seu consentimento. Os brancos têm que demolir esse sistema ativamente.

Precisamos de alianças? É uma questão diferente no Brasil e nos Estados Unidos, embora a resposta para ambos seja sim. Nos Estados Unidos, nós somos 13% da população. Somos uma minoria no país que nos escravizou, o que significa que não conquistamos nada sem alianças brancas. Agora, a posição em

---

* Declaração e Programa de Ação resultantes da III Conferência Mundial contra o Racismo, Discriminação Racial, Xenofobia e Intolerâncias Correlatas, realizada em setembro de 2001, em Durban, na África do Sul.

que isso nos coloca é a de sempre ter que abrir mão e convencer um número suficiente de brancos no poder a nos ajudar a alcançar e manter os nossos direitos básicos de cidadania.

Às vezes eu acho que pessoas que vêm de outros países negros não entendem como isso funciona nos Estados Unidos. Sempre tivemos que convencer um número suficiente de pessoas que pertencem ao mesmo grupo que permitiu a escravidão e o apartheid racial. Até uma década antes de eu nascer, nós tínhamos apartheid racial nos Estados Unidos. (Eles não gostam de usar essa terminologia — chamamos isso de Jim Crow porque os norte-americanos adoram eufemismos.)* Meu pai nasceu em um estado com 100% de apartheid racial, o Mississipi, que linchou mais negros do que qualquer outro estado no país. Então sim, nós temos que construir alianças e encontrar o suficiente de norte-americanos brancos que também acreditem na verdade, na igualdade e na justiça. Acho que eles existem, mas essa atenção é frágil.

Olhando para 2020, que era para ter sido um enorme acerto de contas, o que foi alcançado? Nenhuma reforma policial em nível federal, quase nenhuma reforma policial em nível estadual. A coisa mais básica que se pode fazer em uma sociedade é dizer que o Estado não deveria poder matar sem sofrer consequências por isso. Parece ser a coisa mais básica que alguém pode pedir, mas nós sequer conseguimos isso. Algumas empresas assumiram compromissos de gastar um pouco de dinheiro com a população negra e agora descobrimos que nem isso fizeram. Estamos em um período de reação racista. Nossa Suprema Corte acabou de derrubar ações afirmativas, estamos

---

* As leis de Jim Crow, instituídas no sul dos Estados Unidos entre 1877 e 1964, impuseram a segregação racial por meio de leis estaduais e locais. Promulgadas por legislaturas dominadas pelos democratas após a Reconstrução, elas segregavam negros em diversos aspectos da vida, desde a educação até o transporte.

vendo ataques contra o voto, vimos uma insurreição no Capitólio, todos vocês sabem como funciona. Então, estamos em uma posição constantemente precária, na qual sinto que, enquanto negra nos Estados Unidos, nunca haverá um período em que não estaremos lutando. Nunca haverá um período em que não estaremos tendo que lutar e resistir, porque somos 13% e estamos diminuindo, em algumas maneiras.

No Brasil, o que eu adoro na trajetória do Movimento Negro é como cada vez mais os brasileiros se identificam como negros e compreendem o absoluto poder em números que têm, algo que nos Estados Unidos não acontece. Agora, isso é diferente de ter poder político e econômico, e, ainda, é claro, algumas alianças são necessárias. O que torna os negros únicos é o medo que os brancos tinham no fim da escravidão de que nós iríamos tomar o poder e fazer com eles o que fizeram conosco. Mas isso não é o que somos.

Se quisermos ter uma democracia multirracial, deveríamos estar sempre tentando fazer alianças com outros trabalhadores, com outras pessoas que estão lutando para que todos possam dividir os frutos de um país que queremos construir coletivamente. Eu não acho que não deveríamos construir essas alianças, mas não devemos se isso for comprometer os direitos e a igualdade que os negros vêm tentando alcançar. Nos Estados Unidos, adotamos um léxico de diversidade e inclusão e ele parece ser sobre todo mundo, exceto as pessoas que descendem da escravidão e dos povos indígenas. Então, ao fazer isso, ainda temos que falar dessa experiência específica e singular que é descender dos escravos em uma sociedade, de onde isso nos coloca no coletivo, enquanto também lutamos por uma verdadeira democracia multirracial.

Fazendo um adendo, essa é também uma razão pela qual alguém se torna jornalista. Eu apenas escrevo sobre os problemas e vocês têm que descobrir como consertá-los. Eu não tenho as respostas, apenas olho para o passado e recebo orientação dele.

Penso na minha própria história pessoal. Venho de uma família de meeiros, minha avó nasceu em uma plantation de algodão no Mississipi, meu pai também. A própria avó do meu pai teve que ser parteira da filha, porque pessoas negras não podiam dar à luz no hospital público da cidade. Minha avó trabalhava como meeira. Quando ela saiu do sul norte-americano rumo ao norte, atrás da liberdade, descobriu que a liberdade, para os negros, não pode ser encontrada nos Estados Unidos. Não importa onde você more. Depois, ela foi empregada doméstica e zeladora. Morreu antes de eu me formar na faculdade. Penso em cada sonho que ela teve que engolir. Ela tinha todo tipo de ambição como qualquer ser humano teria. Ainda assim, viveu em uma sociedade onde não podia realizar nada. O melhor trabalho que ela teve foi ser zeladora no tribunal da cidade. Ainda consigo imaginá-la, porque ela era a minha avó e eu sempre ficava animada em ir ao tribunal e vê-la. Ela ficava lavando a janela e eu observava todas as pessoas entrando e a tratando como se ela fosse invisível. Estou indo encontrar com essa mulher digna, mas as pessoas a tratam como se ela não tivesse nenhuma dignidade. Eu penso nisso o tempo todo. Ela suportou para que eu pudesse viver a vida que eu vivo e ela jamais poderia ter imaginado que, um dia, a neta dela estaria no Brasil, conversando com nossos parentes da diáspora, tentando conseguir reparações para o nosso povo.

Essa é a audácia das pessoas de quem viemos. Então, para mim, é nossa obrigação coletiva lutar pelos sonhos que nossos ancestrais não puderam viver, para quitar essa dívida. Todos os dias, sinto que estou trabalhando para pagar a dívida que devo a ela, ao meu pai e a todos os nossos ancestrais coletivos que nos colocaram nesta sala.

Toda hora as pessoas perguntam: "Como você continua?", "Você não está cansada?". Não tem um único dia em que eu não acorde grata. No meu pior dia, eu ganho a vida escrevendo, falando com pessoas e lendo. Viemos de pessoas que fizeram um trabalho real. Agora, quando vou para casa, ninguém da minha família vive como eu. Eu tenho que mandar o dinheiro que eu gastaria em um bom jantar para impedir que alguém da minha família seja despejado. Essa é a vida que levamos e essa é a obrigação que devemos. É por isso que eu fico com tanta raiva quando as pessoas pensam que não devem nada para nós. As pessoas acreditam que, de alguma forma, estamos reivindicando uma dívida que nunca poderá ser paga, mas essas pessoas poderiam colocar um pouco de dinheiro para pagar essa dívida. De alguma forma, estamos pedindo algo que merecemos.

Sinto que acabou o tempo de perguntar. Agora estamos exigindo e devemos nos recusar a voltar para casa sem conseguir aquilo que viemos buscar. Acredito que a beleza de estarmos juntos é entender que não estamos lutando sozinhos. Não estou lutando isoladamente nos Estados Unidos. Vocês não estão lutando isoladamente no Brasil. E quando eles virem nossos números e nos virem exigindo, acredito que teremos sucesso.

Bianca Santana
Eu acho que este é um bom momento para eu ler a ementa desta mesa, que é muito bonita, porque começa com uma epígrafe da Beatriz Nascimento, que foi uma importante pesquisadora e ativista negra no Brasil, vítima de feminicídio em 1995:

> A memória são conteúdos de um continente, da sua vida, da sua história e do seu passado, como se o corpo fosse documento. Não é à toa que a dança para o negro é um momento de libertação. O homem negro não pode estar liberto, enquanto ele não esquecer o cativeiro, não esquecer no gesto que ele não é mais um cativo.[*] Em 2001,

---

[*] Beatriz Nascimento, *Beatriz Nascimento, quilombola e intelectual: possibilidades nos dias da destruição*. Org. de UCPA. São Paulo: Filhos da África, 2018.

lideranças negras e chefes de Estado, presentes na Conferência de Durban, deram dois passos importantes em direção a uma agenda global, igualitária e antirracista. Acordou-se que enfrentar o passado seria condição fundamental para que diversas sociedades fossem alicerçadas em valores de igualdade, solidariedade e justiça. Reconhecia-se que as políticas de reparação, além de seu caráter simbólico, também envolviam políticas públicas de combate à pobreza, com investimentos nas áreas de saúde, educação e renda para a população negra. Resultado de décadas de militância do Movimento Negro brasileiro, as políticas de ação afirmativa, como a política de cotas nas universidades, os programas específicos de saúde para a população negra e a lei que institui obrigatório o ensino da história e cultura afro-brasileira são exemplos de políticas que vieram na esteira dos compromissos estabelecidos em Durban. O afrofuturismo e os estudos do pensamento negro radical refletem sobre a interrupção de futuros negros imaginados e a necessidade de pensar o amanhã em conexão com o presente e o passado. Após 22 anos da construção dessa agenda, esta mesa tem como objetivo refletir sobre o futuro das políticas reparatórias, considerando o papel do Estado e dos movimentos negros.

Talvez, valha dizer também, considerando o papel das narrativas. Posso lhe pedir para comentar esse mar de informações boas?

Nikole Hannah-Jones
Não podemos subestimar a importância de Durban para legitimar a luta por reparação. As pessoas precisavam dela para definir que essa luta está conectada com toda diáspora, e para exigir que o que estamos realmente pedindo é uma reestruturação social. Que uma sociedade construída sobre um sistema de castas, que permitiu que os seres humanos fossem catego-

rizados como propriedade, com tentáculos alcançando todos os aspectos da sociedade, não pode simplesmente ser reparada, tem que ser reconstruída.

As pessoas me chamam de pessimista, eu acho que sou realista. Eu não sou uma pessoa que tende a ser esperançosa, embora eu vá me contradizer, porque sou humana e é assim que nós agimos. Mas temos que imaginar um futuro que não se pareça com o que temos hoje. Temos que ser capazes de sentir que estamos trabalhando para uma sociedade que merecemos. E me lembrei de uma citação que li ao fazer uma pesquisa para um artigo, que dizia que a abolição era o início do trabalho rumo à libertação, e não o fim.

Vivemos em sociedades que se beneficiam do pensamento de que, uma vez abolida a escravatura, você tinha uma ficha limpa e que o trabalho estava feito. Estamos em um projeto em andamento, para que realmente se alcance a libertação, não apenas para remover as algemas, mas para nos tornarmos um povo verdadeiramente livre. Então, Durban nos ajudou a criar a linguagem acadêmica para fazer o que organizadores políticos, de base, têm feito e falado desde os anos 1700 e 1800.

Eu adoro essa citação: "Os negros não podem ser livres até que saibam que não estão mais em cativeiro". Temos que reconhecer e enfrentar a história, mas não podemos ser mantidos em cativeiro por ela, temos que dizer a verdade sobre a história, para que possamos imaginar um passado que se desprende disso tudo para trás. Não há quantidade de dinheiro ou programação social capaz de pagar a dívida devida, que ainda está acumulando, porque Durban também disse que não é só reparar o dano no passado, mas parar de prejudicar agora e no futuro. Não há um único aspecto da nossa sociedade que não está sendo prejudicado agora. Como construímos esse futuro onde não estamos apenas pagando, tentando consertar o mal que foi feito, mas construindo o futuro onde não estaremos mais sendo prejudicados? Eu não tenho as respostas. Honestamente, tenho dificuldade em pensar que é possível, especialmente morando nos Estados Unidos, um país em que, no dia seguinte à abolição, já dizia aos negros que não lhes devia nada após 250 anos de escravidão, onde uma maioria branca pode eleger um homem que foi indiciado em quatro estados, um nacionalista branco, como presidente de novo.*

Mas deixo os sonhos para aqueles mais inclinados à esperança. O meu trabalho é realmente com a vergonha. Estou tentando envergonhar as pessoas para que elas façam algo diferente. O que estou tentando dizer é: olhem para si mesmos, parem de negação e escolham fazer algo diferente. É aí que os ativistas e aqueles que têm esperança entram, nesse momento de vergonha. Espero que nos orgulhem rumo ao futuro que todos merecemos. Mas o que eu realmente quero é um futuro onde a nossa liberdade e libertação não dependam deles para nada. Como construímos esse futuro? Eu não sei. Provavelmente há algumas pessoas mais inteligentes do que eu que podem nos ajudar a resolver isso. Mas já passou a hora da nossa libertação, de parar de depender dos caprichos daqueles que escravizaram os nossos ancestrais.

Bianca Santana
Quero ler um texto escrito por Abdias Nascimento, em 1977. Ele escreveu com a intenção de apresentá-lo no II Festival Mundial de Artes e Culturas Negras e Africanas, realizado na Nigéria. Ele apresentaria esse texto, mas foi impedido pelo regime mi-

---

* Em novembro de 2024, Donald Trump, do Partido Republicano, foi eleito para o seu segundo mandato, após vencer Kamala Harris, candidata do Partido Democrata, com maioria dos votos, tanto dos eleitores quanto nos colégios eleitorais.

litar brasileiro; mesmo assim, ele distribuiu cópias desse documento. O texto está publicado em *O genocídio do negro brasileiro*. Nesse livro, Abdias nos dá algumas respostas. Quando eu me sinto sem respostas, retomo Abdias e penso: não é possível que, em 1977, ele tenha listado tudo que a gente tinha que fazer e até hoje não fizemos. O trecho é o seguinte:

> Este colóquio recomenda que o governo brasileiro localize e publique documentos e outros fatos e informações possivelmente existentes em arquivos privados, cartórios, arquivos de Câmara Municipal de velhas cidades do interior, referentes ao tráfico negreiro, à escravidão e à abolição. Em resumo, qualquer dado que possa ajudar a esclarecer e aprofundar a compreensão da existência do africano escravizado e seus descendentes.*

Esse excerto me emociona profundamente, porque a gente viveu, por muito tempo, no Brasil, com uma ideia de que todos os documentos haviam sido queimados. Realmente, Ruy Barbosa, em 1889, mandou queimar os do Ministério da Fazenda. Eu e muitas pessoas crescemos com o imaginário de que tudo havia sido queimado. Em 1977, o Abdias Nascimento estava lá escrevendo que nem tudo foi queimado e que a gente tem que procurar esses documentos, organizá-los e utilizá-los.

Ana Maria Gonçalves fez um trabalho maravilhoso de pesquisa historiográfica em arquivos para construir um romance, que, para mim, é o melhor romance já publicado no Brasil e o meu livro preferido, *Um defeito de cor*, que traz a história da Kehinde, batizada Luiza, a partir de muitas histórias de mulheres e homens negros que viveram no Brasil no século 19. Então,

---

* Abdias Nascimento, *O genocídio do negro brasileiro: processo de um racismo mascarado*. São Paulo: Perspectiva, 2016, p. 172.

a gente precisa lembrar que muitas dessas respostas já foram escritas e retomar é importante.

E agora, vou fazer uma pergunta que havia chegado da plateia: você vê o afrofuturismo como reconhecimento e reparação desse futuro negro possível? Como você vê esse movimento nos Estados Unidos?

Nikole Hannah-Jones
Acho que o afrofuturismo nos Estados Unidos é, de várias maneiras, diferente das reparações. O afrofuturismo é uma reparação que vem de dentro de nós, não é algo que estamos tentando obter de fora. Prega que vamos imaginar nossas vidas e construir nosso mundo com ou sem os outros. Eu acho que isso é muito poderoso.

Eu sou afropessimista, mas adoro o fato de que outras pessoas não são, já que precisamos de todos nós. Talvez eu consiga ser convencida um dia. Mas acredito que isso é diferente da reparação que estamos exigindo daqueles que trouxeram nossos ancestrais para cá. Aí está o ponto de tensão: simultaneamente, nós temos que pressionar pelo que nos é devido, pelo que terá o maior impacto sobre nosso povo, mas também devemos criar nossos futuros por conta própria, sem esperarmos pelos brancos.

Uma coisa que venho falando há muito tempo nos Estados Unidos, e imagino que haja um movimento semelhante no Brasil, é sobre focar na construção de instituições pretas, porque o que recebemos do Movimento pelos Direitos Civis nos Estados Unidos foram as nossas próprias instituições, que fomos forçados a construir durante a segregação. Uma vez que tivemos a integração, nós passamos a definir toda nossa vida e status em tentar entrar em instituições brancas. Queremos nos mudar para bairros brancos, enviar filhos para escolas brancas, trabalhar em jornais brancos, ir para faculdades de brancos. Depois, ficamos o tempo todo reclamando de como eles nos tratam mal, do quão injustos são conosco, e de como não conseguimos ascender dentro dessas instituições. Enquanto isso, paramos de investir em nossas próprias instituições, em nossos próprios bairros, em nossas comunidades.

Eu cheguei em um ponto em que sinto que já provei tudo o que tinha que provar às instituições brancas. Cansei. Eu nunca saí de bairros negros, sempre escolhi permanecer em bairros negros de baixa renda, coloquei a minha filha em uma escola pública negra de baixa renda no nosso bairro, rejeitei uma faculdade branca e escolhi ir para Universidade Howard e construir um centro de pesquisa lá, porque penso que temos que encontrar as respostas em nós mesmos.

Agora temos o direito de trabalhar em qualquer espaço que quisermos, de morar no bairro que quisermos, mas talvez a gente devesse começar questionando por que escolhemos isso. E por que, em vez disso, não escolhemos usar os recursos que temos para construir algo nosso e cuidar dos nossos. Para mim, é aí que está o futuro da vida dos negros, em não definir mais o nosso status e a nossa estatura pelos espaços que nos degradam e em dizer abertamente que o melhor lugar para mim é junto dos meus.

Bianca Santana
Tem um pedido da plateia para você falar um pouco sobre Ida B. Wells e a importância dela para você.

Nikole Hannah-Jones
É difícil para mim falar só um pouco sobre Ida B. Wells. Quero dizer que, até uns anos atrás, a maioria dos norte-americanos não a conhecia, o que, para mim, era uma grande tragédia. Ida B. Wells é a minha madrinha espiritual. Ela foi uma mulher que nasceu no período da emancipação, durante a escravidão, e se

tornou uma das maiores repórteres investigativas, ativistas e sufragistas dos Estados Unidos.

Ela nasceu no período em que pessoas negras não tinham direitos, depois conquistaram alguns direitos durante a Reconstrução e viram esses poucos direitos serem perdidos novamente. Em uma época em que as mulheres não podiam votar, independentemente da raça, Wells não tinha nem um metro e meio de altura, era extremamente atrevida e não tolerava insultos, o que eu admiro.

Ela nasceu no Mississipi, ficou órfã por volta dos dezesseis anos, criou seus irmãos para manter a família unida quando se mudaram para Memphis. Wells trabalhava em uma escola negra segregada quando começou a escrever artigos de jornal sobre como aquela escola não pagava aos professores o mesmo que se pagava em escolas brancas, e como as crianças não recebiam os mesmos recursos. Agora, quantos de vocês publicariam artigos contra o seu próprio empregador? Claro, ela foi demitida. Mas isso nos diz o tipo de mulher que Wells era, que falava a verdade mesmo que isso lhe custasse.

Memphis, naquela época, era um lugar em que negros norte-americanos conseguiam ter muito sucesso fora da escravidão. É por isso que sempre temos que perguntar a quem serve a narrativa. A narrativa da escravidão, que perdura até hoje, é: "Olhe quanto os negros não avançaram", mas eu gosto de focar no progresso admirável que pessoas que foram escravizadas por 250 anos fizeram no fim da escravidão. Os negros eram donos de empresas, fundavam suas próprias escolas e igrejas, há uma classe média negra em Memphis e isso faz com que os brancos, que estão acostumados em ver pessoas negras no fundo, fiquem muito raivosos.

Um bom amigo de Wells tinha um armazém que ficava perto do comércio que pertencia a brancos. Esses brancos se irritavam com as pessoas negras que compravam na loja do amigo de Wells, onde eram tratados com respeito. Então, eles vão atacá-lo, ele se defende, e um dos homens brancos é morto. Eles lincham esse íntegro cidadão negro e amigo. E isso muda a vida de Ida B. Wells porque, até então, a narrativa sobre homens negros era de que eles eram linchados porque estavam estuprando mulheres brancas.

Agora, só para ficar claro, mesmo que isso fosse verdade, ainda não seria uma justificativa para linchamento em uma sociedade que supostamente acredita no Estado de direito. O linchamento era extrajudicial, o que significa que as pessoas não tiveram oportunidade de serem julgadas ou condenadas, foram linchadas por uma multidão. E Wells, como a maioria dos negros, acreditava nisso, nessa justificativa para linchamento, até que seu amigo foi linchado. Então, ela viu que os negros estavam sendo linchados, como ela disse, "não por crimes, mas por conquistas". Ela entendeu que o linchamento era um crime econômico, uma forma de destruir a riqueza negra, de destruir aqueles que haviam alcançado sucesso e de enviar uma mensagem para os outros negros. Você lincha porque é dominante, e esse é um ato de terror.

Ela escreve sobre esse linchamento, dizendo: "Não só os homens brancos estão linchando por crimes econômicos, mas, muitas vezes, quando acusam um homem negro de estupro, trata-se de uma relação consensual, que uma mulher branca queria". No sul dos Estados Unidos, naquela época, não se podia dizer que homens negros e mulheres brancas estavam tendo relações consensuais. Por isso, o jornal dela foi queimado e Wells se tornou uma refugiada. Ela não podia voltar para casa e não voltou para o sul por quarenta anos.

Resumindo, Ida B. Wells se tornou uma das cofundadoras da Associação Nacional para o Avanço das Pessoas de Cor (NAACP). Todos pensamos em W. E. B. Du Bois como seu fundador, porque Ida era uma mulher. Ela não ficou no lugar dela e foi excluída dessa narrativa. Ela lutou pelo direito de votar, lutou contra mulheres brancas que tentavam manter mulheres negras fora do movimento sufragista e contra homens negros que estavam tentando manter as mulheres negras fora do movimento pelos direitos civis. Ela foi a interseccionalista original e durona. Foi uma mulher que se recusou a ficar no seu lugar. Mudou seu sobrenome em 1800, antes era Ida Wells Barnett. Adiou o próprio casamento cinco vezes porque tinha trabalho para fazer e não tinha tempo para se casar. Quando teve filhos, ela levava o bebê quando ia investigar um linchamento, porque era uma mãe trabalhadora.

Enquanto crescia, nunca vi um exemplo de uma mulher negra que estava fazendo o que eu queria fazer, que era me tornar uma repórter investigativa. Essa mulher nasceu mais de um século antes de mim, desafiou todos os sistemas possíveis, mas foi um pouco apagada da história. Eu passei a última década trabalhando com a família dela para tentar trazer seu nome de volta. E temos uma rua em homenagem a ela em Chicago. Conseguimos o primeiro monumento a uma mulher negra em Chicago, construído para ela. Ela é um exemplo muito forte.

Se na infância eu tivesse aprendido sobre mulheres negras como Ida B. Wells, isso teria expandido as possibilidades para mim. E é aí que você entende que é por isso que a palavra "memória" é a primeira palavra no título deste simpósio, porque o que consideramos história não é história, é memória.

Ida B. Wells existiu. Nós simplesmente não aprendemos sobre ela. E, então, nos perguntamos: por que quem molda a memória desse país são pessoas que têm poder? E o que eles querem que essa memória nos diga? Eles querem que essa memória justifique o poder que eles possuem, e que justifique as hierarquias que temos para que não as desafiemos. Então, quando você conhece uma memória diferente, você imagina um futuro diferente. E eles não querem o futuro que as pessoas querem imaginar.

Bianca Santana

Quando você falou da importância de ver uma mulher negra como exemplo do que você gostaria de ser, eu lembrei da Sueli Carneiro contando da primeira vez que ouviu Lélia Gonzalez, na Biblioteca Municipal de São Paulo, falando sobre gênero, raça e classe. Na década de 1970, Sueli, do auditório, pensou: "Agora eu sei quem eu quero ser quando crescer". Sueli Carneiro hoje é uma das nossas principais referências no Movimento de Mulheres Negras, no Movimento Negro.

Também lembrei do vídeo que o Instituto de Defesa da População Negra (IDPN) lançou. É uma campanha muito linda, com uma criança negra brincando e se vestindo das referências que ela conhece e de quem ela pode ser. Em um diálogo com a mãe, a menininha mostra que ela pode ser uma artista, que ela pode ser uma mulher na política. A mãe pergunta: "Você sabe que você pode ser ministra do Supremo Tribunal Federal?". E a menina questiona: "Posso, mãe?".*

Joel Luiz Costa e IDPN, muito obrigada por essa campanha sobre a importância de termos uma mulher negra no STF, porque a justiça é negra. Como bem lembrou Ana Maria Gonçalves, nós inauguramos o sistema de justiça neste país com Esperança Garcia e com Luiz Gama. Mas também precisamos de referências para construirmos o que para nós é primordial para que exista futuro. Para que a gente possa imaginar futuro, a gente tem que estar vivo.

Temos mais uma pergunta do público. Mulheres negras são as mais atacadas nas redes sociais. O *1619 Project* e você particularmente foram atacados pelo supremacismo branco. Gosta-

---

* O vídeo mencionado é *Todo mundo tem um sonho*, do IDPN, dirigido por Mayara Aguiar. Disponível em: <www.youtube.com/watch?v=lJhgasv61zU>. Acesso em: 2 jan. 2025.

ria que você dividisse essa experiência. Além disso, como vê a potência de mulheres negras para esses futuros possíveis?

Nikole Hannah-Jones
Vou dizer duas coisas: se o projeto não tivesse sido atacado, ele teria fracassado, porque significaria que contamos uma história confortável que não deixou as pessoas poderosas preocupadas. O poder não ataca coisas que não têm medo de subvertê-lo. Eu sabia que haveria ataques ao projeto. Eu esperava que houvesse, mas não consegui prever o que seria. Uma coisa é ser atacada por *trolls* no Twitter e outra coisa é pelo presidente dos Estados Unidos, especialmente um presidente que alimenta a violência. Com certeza houve alguns dias sombrios. É bom terem em mente que o projeto foi lançado no outono de 2019 e os ataques começaram para valer por volta do início de 2020.

Então, entramos em uma pandemia. Temos George Floyd, as tensões raciais se intensificam ainda mais, e foi aí que os republicanos decidiram que eles iriam usar *1619* como meio de alimentar a reação racial. Mas isso também foi incrível porque, naquele verão, vimos pessoas pintando "1619" com spray em monumentos aos escravizados, enquanto estavam derrubando estátuas para escravizadores e dizendo: "Essa é uma luta de quatrocentos anos". Elas sabiam contra o que estavam lutando e começou a ficar perigoso para quem estava no poder.

No auge dos protestos em favor de George Floyd do Black Lives Matter, quase metade dos republicanos diziam que o racismo era uma questão primária e um obstáculo para os negros norte-americanos. Os republicanos são do partido da responsabilidade individual, que diz que, se os negros têm dificuldades, é porque os negros escolheram ter dificuldades. Eles não acreditam que haja qualquer racismo, apenas algumas pessoas ruins.

Eu consumi muito uísque, muito mesmo. Tive que parar de beber Bourbon quando percebi que o estava colocando em uma xícara de café às três horas da tarde e minha filha não sabia que eu estava bebendo. Um amigo, o escritor Ta-Nehisi Coates, falou: "Você disse que estava fazendo esse trabalho para o seu povo, mas você vai se matar. Se não estiver com boa aparência, se você não se cuidar, vai ter deixado atingirem exatamente o que eles querem atingir". E foi aí que percebi que, na verdade, eu precisava me divertir com os ataques, porque eu não poderia me fazer um elogio maior do que ter um presidente nacionalista branco racista, que odeia tudo o que eu represento, falando sobre o meu trabalho em vez de fazer o trabalho dele. Isso é um grande elogio. E eu tive que encarar dessa forma, que essas pessoas ficaram abaladas apenas por um trabalho de memória, uma obra de história que os desmonta como os únicos heróis norte-americanos e desafia a sociedade que nós construímos.

Sempre recebo uma pergunta assim e é sempre de uma mulher negra. Penso no Combahee River Collective, um grupo de feministas negras, a maioria feministas queer, que se reuniu em 1977. Elas o batizaram em homenagem ao rio Combahee, o lugar onde Harriet Tubman se tornou a primeira mulher nos Estados Unidos a liderar um ataque militar e resgatou mais de duzentas pessoas negras que estavam em um campo de prisão de guerra. Elas diziam: "Se as mulheres negras forem livres, então todas as pessoas serão livres", porque as mulheres negras estão no centro de toda opressão. Quando pensamos nossos sonhos de liberdade, sabemos que será liderado por mulheres negras.

Nos Estados Unidos e no Brasil, as mulheres negras são as eleitoras e pensadoras mais progressistas em qualquer comunidade. Votamos na comunidade em detrimento de nós mesmas. Escolhemos políticas. Somos as maiores vítimas de crimes e, ainda assim, as mais propensas a serem abolicionistas. Somos nós que trabalhamos com os salários mais baixos, mas somos as mais propensas a dizer, sobre as pessoas de outros países, "deixem eles entrar", mesmo que estejam competindo pelos mesmos empregos de baixo salário que nós temos. Quando penso em liberdade, sei que sempre será liderada por mulheres negras. E não é que nós sejamos mágicas, mas é essa a essência de estar na base de tudo. Isso nos dá uma visão tão expansiva da humanidade que, para você salvar seus filhos, para salvar a sua comunidade e salvar a si mesma, você tem que tentar salvar o mundo. Não deveríamos ter que, mas é o que fazemos.

POSFÁCIO

Sobre a importância vital e revolucionária de lembrar

LUCIANA DA CRUZ BRITO

Quando nos reunimos no Rio de Janeiro em 2023, já sabíamos da relevância do seminário Memória, Reconhecimento e Reparação, organizado pelo Instituto Ibirapitanga. Aquele seria o momento para discutir a importância da memória para o avanço de uma agenda comprometida com os direitos da população negra brasileira. Os debates foram conduzidos segundo a metodologia de resgatar a agenda política do Movimento Negro, suas conquistas e ainda o que estaria por vir, suscitando novas questões. Ao organizar o seminário, nossa intenção era, também, destacar que essa agenda não era somente nacional, mas fruto de lutas políticas acumuladas por décadas de atuação de lideranças negras, o que teve como marco a Conferência de Durban em 2001.

Portanto, a ideia era reafirmar a importância de se fazer um balanço dessas lutas e atualizar as pautas (se fosse o caso) a partir da escuta de lideranças novas e de outras que estiveram presentes e fizeram parte daquele momento histórico na África do Sul. À época do seminário, já sabíamos que o mundo estava em retrocesso, que a extrema direita tinha um profundo viés supremacista branco, fundamentalista, LGBTfóbico e antissemita, e que os direitos não estavam de todo garantidos.

Agora, em 2025, temos a alegria de finalmente oferecer a um público amplo o registro de todos os debates ocorridos durante aqueles dias de encontro, o que nos chega em boa hora. Embora no Brasil estejamos sob a governança de uma presidência de um partido de esquerda, sabemos que o país faz parte de uma rede internacional e que nesse âmbito global a extrema direita está muito bem articulada e com uma agenda voltada principalmente para a negação de direitos, a violência como discurso político — justificada por uma suposta "liberdade de expressão" —, a meritocracia, o "racismo ao contrário" e, pasmem, a promoção de "igualdade de condições".

Enquanto escrevo, o mundo assiste perplexo às políticas anti-imigratórias do presidente dos Estados Unidos, Donald Trump, que violam práticas comprometidas com os direitos humanos, mas não só. Não são todos os tipos de imigrantes que não são bem-vindos, e esta diferenciação tem um forte componente racial. Teorias conspiratórias, como a da substituição, que prega a existência de um grande complô das esquerdas mundiais para tornar a população branca minoria através da imigração e da mistura racial, têm servido de argumento para que os direitos civis garantidos nas políticas de ação afirmativa voltadas para pessoas negras nos Estados Unidos estejam sendo alvo, neste exato momento, de ameaças e ataques.

As políticas de reparação, resultado de longas lutas do Movimento Negro daquele país desde a década de 1950, foram medidas fundamentais que garantiam o acesso a empregos em empresas públicas e privadas, além de programas de cotas nas universidades para pessoas negras e latinas. Os grupos ultraconservadores dos Estados Unidos inspiram e insuflam outros semelhantes em diversos lugares do mundo, que atuam em rede. Dessa forma, pessoas e grupos interessados em um mundo mais desigual e excludente, mais racista e violento, estão articulados nos Estados Unidos, na Europa, na África do Sul e, obviamente, no Brasil.

Aqui, por exemplo, o projeto de genocídio dirigido a pessoas negras periféricas tem sido "disfarçado" sob argumentos de defesa da segurança e de guerra às drogas. Quanto às políticas públicas de promoção de igualdade, assim como nos Estados Unidos, têm sido questionadas pelo discurso da meritocracia, do suposto vitimismo das populações beneficiadas por essas políticas. Tais argumentos ignoram desigualdades históricas provocadas por cerca de quatrocentos anos de escravidão, seguidas de políticas de promoção da pobreza e de exclusão das pessoas negras desde a República. Os números escandalosos da desigualdade brasileira estão demonstrados em pesquisas, levantamentos, dossiês e, ainda assim, nada disso convence aqueles e aquelas que chamam de identitárias pessoas defensoras de políticas públicas que insiram o Brasil no caminho da igualdade de oportunidades e de direitos.

Como disse Vovó Cici: a quem interessa apagar a memória de um grupo?

Assim, carece-se ainda de lembrar e discutir o papel fundamental dessas políticas e o momento político-histórico no qual elas foram construídas, debatidas e implementadas. Falar de memória e reparação, portanto, está na ordem do dia.

Ao longo de três dias de seminário, constatamos nas falas das lideranças ali presentes que não é nada fácil convencer a sociedade brasileira de que a violência policial e toda agressão letal têm um público padrão. Os dados da violência demonstram aquilo que esteve nas falas de Mônica Cunha, Juliana Borges, Vilma Reis, Edson Cardoso e tantas e tantos outros participantes que apontaram um projeto nacional de exclusão, de medo e desigualdade como parte naturalizada do cotidiano das pessoas negras no Brasil.

Tratar de memória, portanto, torna-se fundamental para que tanto nós quanto os que não pensam como nós saibamos que as lutas por amplitude de direitos, igualdade racial e democracia são lutas históricas e não novas. São fruto da organização de coletivos, produtos da resistência negra forjada nas comunidades, nas universidades, nos espaços de trabalho e nas ruas. Toda pauta política dessas populações em sua diversidade, seja nas periferias das grandes cidades ou nos quilombos, sendo ela voltada para a luta das mulheres negras que "enegreceram" o feminismo, como bem disse Sueli Carneiro, e no colorir também de negro as lutas das populações LGBTQIAPN+, tudo isso faz parte de análises produzidas por décadas. Durante o seminário entendemos como é importante lembrar do quão longe vêm esses passos forjados nas subjetividades das nossas heranças africanas nas Américas, como disse Salloma Salomão.

Aliás, de acordo com Conceição Evaristo e Leda Maria Martins, a memória é viva e dinâmica na nossa ancestralidade, na circularidade e nas cosmologias negras presentes na cultura popular das classes trabalhadoras, rurais, ribeirinhas e até mesmo nos olhos das nossas mães. São alternativas "contracoloniais" de viver, como disse Nego Bispo, que pouco depois do seminário tornou-se ancestral... encantou-se.

A fala de Galo de Luta sobre os direitos dos entregadores sob condições de trabalho precárias, que trabalham inclusive expostos à violência racial, mostra como essa luta tem origem nos movimentos negros em defesa de políticas reparatórias que incluíssem direitos diversos, sobretudo de educação do direito ao lazer. Somente com essa elucidação e melhoria dos direitos romperemos radicalmente com os resquícios do escravismo nas relações de trabalho, tão bem denunciadas pelas trabalhadoras domésticas desde as décadas de 1970 e 1980, sob a liderança de Laudelina de Campos Melo.

Em sociedades nas quais a violência, o privilégio, assim como eventuais rupturas com a democracia, ainda são ações renovadas e justificadas sob o argumento de serem mecanismos de garantirem uma suposta "ordem", a memória nos leva a um dissenso. Através dela podemos conhecer as histórias dissidentes de grupos e pessoas afetadas pelos efeitos de políticas e ações individuais "ordeiras". A Comissão da Verdade, como disse a historiadora Fernanda Thomaz, é resultado disso. Sem a comissão não conheceríamos histórias de pessoas afetadas fatalmente pela violência de Estado e acreditaríamos que as práticas policiais contemporâneas são novas tecnologias de violência.

E ao conhecer o que aconteceu no país, percebe-se que não há inocência no processo histórico, tampouco acaso. É por isso que as falas de ativistas, militantes, pesquisadoras, pesquisadores e intelectuais presentes no seminário e agora publicadas neste livro são registros fundamentais para se entender a história do Brasil e, portanto, da sua desigualdade e da resistência dos povos negros da diáspora.

Para pessoas negras e indígenas, o passado ainda não passou. É preciso lembrarmos disso todos os dias, mas sobretudo entendermos o porquê de ele ser insistentemente presente.

Nessa nação fundada sobre o colonialismo e a escravidão, até hoje a ordem do poder não foi invertida, ou pelo menos equilibrada. Então, não só lembrar, mas reparar torna-se algo revolucionário, como disse Valdecir Nascimento.

Para terminar, deixo aqui novamente as palavras de Vovó Cici:

"Que Oyá nos tire da morte, que Oyá nos tire da doença, que ela leve todas as coisas negativas de nossas vidas."

Axé.

Sobre os autores e autoras

ALEX DE JESUS é coordenador do grupo de pesquisa desAiyê: Ferida Colonial e Dissolução de Mundos e autor dos livros *Corupira: mau encontro, tradução e dívida colonial* (2019) e *Notas sobre a atualidade da ferida colonial* (2022), ambos pela Titivillus Editora.

ANA MARIA GONÇALVES é autora de *Um defeito de cor* e vencedora do prêmio Casa de Las Americas, em 2007. Roteirista, professora de escrita criativa e curadora da exposição *Um defeito de cor*, que ficou em cartaz no Museu de Arte do Rio (MAR) entre setembro de 2022 e agosto de 2023, além de temporadas em Salvador e São Paulo.

ANTÔNIO BISPO DOS SANTOS (1959-2023) foi lavrador, formado por mestras e mestres de ofício. Estudou até a oitava série do ensino fundamental e morou no Quilombo Saco-Curtume, em São João do Piauí (PI). Escreveu inúmeros artigos, poemas e os livros *Colonização, quilombos: modos e significações* (INCTI/UnB/INCT/MCTI/CNPq, 2015) e *A terra dá, a terra quer* (Ubu, 2023).

BIANCA SANTANA é jornalista, mestre em educação e doutora em ciência da informação pela Universidade de São Paulo (USP), com tese sobre memória escrita de mulheres negras. Autora de *Arruda e gui-*

né: resistência negra no Brasil contemporâneo (Fósforo, 2022), *Continuo preta: a vida de Sueli Carneiro* (Companhia das Letras, 2021) e *Quando me descobri negra* (Fósforo, 2023). É fundadora e diretora-executiva da Casa Sueli Carneiro, que compõe a Coalizão Negra por Direitos.

CONCEIÇÃO EVARISTO é escritora, ficcionista, ensaísta e doutora em literatura comparada pela Universidade Federal Fluminense (UFF). Sua primeira publicação foi em 1990, nos *Cadernos Negros* do Quilombhoje. Tem sete livros publicados, cinco deles traduzidos para o inglês, francês, espanhol, árabe e eslovaco. É vencedora do prêmio Jabuti com *Olhos d'água* (Pallas, 2014).

EDSON LOPES CARDOSO é bacharel em letras pela UFBA, mestre em comunicação pela UnB e doutor em educação pela USP. É coordenador do Ìrohìn — Centro de Documentação e Memória Afro-Brasileira e foi editor dos jornais *Raça & Classe* e *Jornal do MNU*. Autor de *Nada os trará de volta* (Companhia das Letras, 2022), entre outros livros.

FERNANDA THOMAZ é coordenadora da Coordenação-Geral da Memória e Verdade da Escravidão e do Tráfico Transatlântico de Pessoas Escravizadas (CGMET), criada em 2023 pelo Ministério dos Direitos Humanos e da Cidadania (MDHC). Também é historiadora e professora da Universidade Federal de Juiz de Fora (UFJF).

FERNANDO BALDRAIA é doutor em história pela Universidade Livre de Berlim, com pós-doutorado pela mesma universidade no Centro Brasileiro de Análise e Planejamento (Cebrap). Tem como objeto central dos seus estudos a relação entre teoria da história e estudos raciais críticos, com foco no papel da historiografia brasileira da escravidão na formação do Atlântico Negro. É editor de diversidade na Companhia das Letras.

GALO DE LUTA [PAULO ROBERTO DA SILVA LIMA] é fundador do Movimento dos Entregadores Antifascistas, que luta contra a precarização do trabalho e pelo ganho da consciência de classe dos trabalhadores.

ÌYÁ ÀGBÀ CICI nasceu em 1939 e foi iniciada no culto aos orixás em 1972. É anciã do terreiro Ilê Axé Opô Aganjú, exímia contadora de histórias conhecida também como Vovó Cici de Oxalá, e pesquisadora da Fundação Pierre Verger, em Salvador. Em 2022, recebeu o título de Cidadã de Salvador e, em 2023, o título de doutora honoris causa pela Universidade Federal da Bahia (UFBA). Vovó Cici é coautora do livro *Cozinhando histórias: receitas, histórias e mitos de pratos afro-brasileiros* (Fundação Pierre Verger, 2015) e autora do livro *Oxalá, o grande pai que olha por todos* (Arole Cultural, 2025).

JULIANA BORGES é escritora, ensaísta e atua na área de *advocacy* da Iniciativa Negra por uma Nova Política sobre Drogas. É conselheira da Plataforma Brasileira de Política de Drogas e autora dos livros *Encarceramento em massa* (Pólen, 2019) e *Prisões: espelhos de nós* (Todavia, 2020). É feminista negra, decolonial, antiproibicionista e antipunitivista.

JUSTIN HANSFORD é professor, diretor-executivo e fundador do Marshall Civil Rights Center e membro do Fórum Permanente das Nações Unidas para Afrodescendentes. Também é pesquisador e ativista nas áreas de teoria racial crítica, direitos humanos e relação entre os direitos humanos dos movimentos sociais.

LIA VAINER SCHUCMAN é professora adjunta da Universidade Federal de Santa Catarina (UFSC) e doutora em psicologia social pela Universidade de São Paulo (USP), com estágio e doutoramento pela Universidade da Califórnia. É autora dos livros *Entre o encardido, o branco e o branquíssimo* (Veneta, 2020) e *Famílias inter-raciais: tensões entre cor e amor* (Fósforo, 2023), além de co-organizadora do livro *Branquitude: diálogos sobre racismo e antirracismo* (Fósforo, 2023).

LUCIANA DA CRUZ BRITO é historiadora e especialista nos estudos sobre escravidão, abolição e relações raciais no Brasil e nos Estados Unidos. É autora dos livros *Temores da África: segurança, legislação e população africana na Bahia oitocentista* (Edufba, 2016) e *O avesso da raça: escravi-*

dão, abolicionismo e racismo entre os Estados Unidos e o Brasil (Bazar do Tempo, 2023). Também é professora da UFRB e colunista no *Nexo Jornal*, além de cocuradora do seminário que originou este livro.

MARIO CHAGAS é poeta, museólogo, filho da Sylvia e do João. Mestre em memória social pela Universidade Federal do Estado do Rio de Janeiro (Unirio) e doutor em ciências sociais pela Universidade do Estado do Rio de Janeiro (UERJ). Criador do Programa Pontos de Memória do IBRAM e militante da Museologia Social.

MÔNICA CUNHA é mulher negra, mãe e defensora dos direitos humanos. Trabalha na defesa de direitos de adolescentes e jovens. Iniciou a sua trajetória nos anos 2000, quando seu filho ingressou no sistema socioeducativo. Organizou outras mães e familiares na mesma situação em defesa dos seus direitos. É fundadora do Movimento Moleque. Coordenou a Comissão de Direitos Humanos da Assembleia Legislativa do Estado do Rio de Janeiro (Alerj). É vereadora e preside a Comissão Especial de Combate ao Racismo.

NATHÁLIA OLIVEIRA é socióloga, pesquisadora, ativista, fundadora e diretora-executiva da Iniciativa Negra por uma Nova Política sobre Drogas. Atua na construção de uma agenda de justiça racial e econômica, propondo reformas na atual política de drogas.

NIKOLE HANNAH-JONES é criadora do *1619 Project*, vencedora do prêmio Pulitzer, repórter do *New York Times* e autora de *The 1619 Project* (OneWorld, 2021) e do livro infantil *Born on the Water* (Kokila, 2021).

SALLOMA SALOMÃO é pesquisador e artista. Doutor em história pela PUC-SP e pesquisador associado ao Instituto de Ciências Sociais da Universidade de Lisboa. Consultor das Secretarias Municipais e Estaduais de Educação de São Paulo em projetos de formação continuada de educadores. Tem oito álbuns musicais lançados e textos publicados em diferentes revistas especializadas. Em 2021, publicou os livros

As aventuras do pequeno Samba e *Pretos, prussianos, índios e caipiras* pelo selo Aruanda Mundi.

SELMA DEALDINA é quilombola do Morro da Arara, território Sapê do Norte (ES). Ativista, integra o coletivo de mulheres da Coordenação Nacional de Articulação das Comunidades Negras Rurais Quilombolas (Conaq) e é vice-presidente do Fundo Casa Socioambiental.

TÁSSIA MENDONÇA é cientista social com mais de dez anos de experiência em organizações da sociedade civil, atuando na gestão de programas, fortalecimento de coletivos liderados por mulheres negras e promoção da justiça social, racial e de gênero. Atualmente, é Fellow do Black Feminist Fund e doutoranda no Pós-Afro (UFBA), onde pesquisa a relação entre gênero e colonialidade nas religiões de matriz africana.

VALDECIR NASCIMENTO é coordenadora-executiva do Odara — Instituto da Mulher Negra, coordenadora brasileira da Rede de Mulheres Afro-Latino-Americanas, Afro-Caribenhas e da Diáspora (RMAAD), e compõe a secretaria executiva do Fórum Permanente pela Igualdade Racial (Fopir).

VILMA REIS é socióloga, professora, ativista e cofundadora da Coletiva Mahin, organização de mulheres negras para os direitos humanos. Em 2019, liderou o Movimento Agora É Ela: Mulheres Negras na Prefeitura de Salvador.

YNAÊ LOPES DOS SANTOS é doutora em história social pela USP e professora no Instituto de História da UFF. É autora de *Racismo brasileiro: uma história da formação do país* (Todavia, 2022) e *Além da senzala: arranjos escravos de moradia no Rio de Janeiro (1808-1850)* (Hucitec/Fapesp, 2010), entre outros.

Vídeos do seminário

Acesse os QR Codes para assistir na íntegra às mesas que fizeram parte do seminário Memória, Reconhecimento e Reparação.

 Raízes da memória negra: ancestralidade e resistência no silêncio e na voz

 Da memória à reparação: caminhos de reconhecimento da dívida histórica

 Nada os trará de volta: políticas de reparação e seus limites

 Memória em disputa: monumentos, acervos e museus nas políticas de reparação

 O que deve a branquitude? Memória como dispositivo de poder

 Justiça racial e violência: enfrentando o legado da escravidão

 Memórias da luta: reparação já! Da política de cotas à garantia plena de direitos

 Memória, reconhecimento e reparação: pensando futuros negros possíveis

Referências bibliográficas

VIII Encontro de Negros do Norte e Nordeste: o negro e a educação, 1988, Recife. Recife: MNU-PE/Escola Maria da Conceição, 1988.

ACHEBE, Chinua. *O mundo se despedaça*. Trad. de Vera Queiroz da Costa e Silva. São Paulo: Companhia das Letras, 2009.

AMARAL, Marina; FUENTES, Marina; ARBEX Jr., José; VESPUCCI, Ricardo; FRENETTE, Marco. "Uma guerreira contra o racismo". Entrevista com Sueli Carneiro. In: *Caros Amigos*, São Paulo, n. 35, fev. 2000.

ARENDT, Hannah. *Eichmann em Jerusalém: um relato sobre a banalidade do mal*. Trad. de José Rubens Siqueira. São Paulo: Companhia das Letras, 1999.

BRAND, Dionne. *Nenhuma língua é neutra*. Trad. de Lubi Prates e Jade Medeiros. São Paulo: Bazar do Tempo, 2023.

_____. *Pão tirado de pedra: raça, sexo, sonho, política*. Trad. de Lubi Prates e Jade Medeiros. São Paulo: Bazar do Tempo, 2023.

BUTLER, Octavia. *Kindred*. Trad. de Carolina Caires Coelho. São Paulo: Morro Branco, 2017.

CAPANEMA, Sílvia. *João Cândido e os navegantes negros: a Revolta da Chibata e a segunda abolição*. Rio de Janeiro: Malê, 2022.

CARNEIRO, Édison. "A Lei do Ventre Livre". *Afro-Ásia*, Salvador, n. 13, pp. 13-25., 1980

CÉSAIRE, Aimé. *Discurso sobre o colonialismo*. Trad. de Claudio Willer. São Paulo: Veneta, 2020.

CVENB. "Direito à vida: reparação da escravidão negra x política de extermínio". OAB-RJ, 28 ago. 2023. Disponível em: <www.youtube.com/watch?v=FGgdTMfKRPE>. Acesso em: 28 ago. 2024.

CHAGAS, Mario. "Doar". In: *Aerograma*. Rio de Janeiro: Espirógrafo, 2023.

CHRISTIE, Nils. *Uma quantidade razoável de crime*. Rio de Janeiro: Instituto Carioca de Criminologia, 2011.

CIPRIANO, Lara Carvalho. "Por uma história do homem negro: Beatriz Nascimento". *Literafro*, 4 out. 2023. Disponível em: <www.letras.ufmg.br/literafro/resenhas/ensaio/1829-beatriz-nascimento-uma-historia-feita-por-maos-negras-2>. Acesso em: 17 jan. 2025.

CRUZ, Eliana Alves. *Água de barrela*. Rio de Janeiro: Malê, 2018.

_____. *O crime do cais do Valongo*. Rio de Janeiro: Malê, 2018.

DAVIS, Angela Y.; DENT, Gina; MEINERS, Erica R.; RICHIE, Beth E. *Abolicionismo. Feminismo. Já*. Trad. de Raquel de Souza. São Paulo: Companhia das Letras, 2023.

EVARISTO, Conceição. *Becos da memória*. Rio de Janeiro: Pallas, 2017.

_____. *Olhos d'água*. Rio de Janeiro: Pallas, 2014.

_____. *Ponciá Vicêncio*. Rio de Janeiro: Pallas, 2017.

_____. *Insubmissas lágrimas de mulheres*. Rio de Janeiro: Malê, 2016.

FANON, Frantz. *Pele negra, máscaras brancas*. Trad. de Raquel Camargo e Sebastião Nascimento. São Paulo: Ubu, 2020.

FRANCO, Marielle. *UPP: a redução da favela a três letras*. Niterói: Universidade Federal Fluminense, 2014. 136 pp. Dissertação (Mestrado em Administração).

GLISSANT, Édouard. *Introdução a uma poética da diversidade*. Trad. de Enilce do Carmo Albergaria Rocha. Juiz de Fora: Editora da UFJF, 2005.

GOMES, Núbia Pereira de M.; PEREIRA, Edimilson de Almeida. *Negras raízes mineiras: os Arturos*. 2. ed. Belo Horizonte: Mazza Edições, 2000.

GONÇALVES, Ana Maria. *Um defeito de cor*. Rio de Janeiro: Record, 2006.

GONZALEZ, Lélia. *Por um feminismo afro-latino-americano*. Org. de Flavia Rios e Márcia Lima. São Paulo: Zahar, 2020.

GRAEBER, David. *Dívida: os primeiros 5 mil anos*. Trad. de Rogério Bettoni. São Paulo: Zahar, 2023.

HAMPÂTÉ BÂ, Amadou. *Amkoullel, o menino fula*. São Paulo: Palas Athena, 2003.

HANNAH-JONES, Nikole. *The 1619 Project: A New Origin Story*. Londres: Oneworld, 2021.

HARTMAN, Saidiya. "Vênus em dois atos". *Dossiê Crise, Feminismo e Comunicação*, v. 23, n. 3, 2020. Disponível em: <revistaecopos.eco.ufrj.br/ecopos/article/view/27640/pdf>. Acesso em: 17 jan. 2025.

_____. *Vidas rebeldes, belos experimentos: histórias íntimas de meninas negras desordeiras, mulheres encrenqueiras e queers radicais*. Trad. de floresta. São Paulo: Fósforo, 2022.

HURSTON, Zora Neale. *Seus olhos viam Deus*. Trad. de Marco Santarrita. Rio de Janeiro: Record, 2021.

ILÊ AYIÊ. "População magoada". In: *Canto negro*. São Paulo: Velas, 1996.

JAMES, Cyril Lionel Robert. *Os jacobinos negros: Toussaint L'Ouverture e a revolução de São Domingos*. Trad. de Afonso Teixeira Filho. São Paulo: Boitempo, 2000.

JESUS, Carolina Maria de. *Diário de Bitita*. São Paulo: Sesi-SP Editora, 2014.

KOPENAWA, Davi; ALBERT, Bruce. *A queda do céu: palavras de um xamã yanomami*. Trad. de Beatriz Perrone-Moisés. São Paulo: Companhia das Letras, 2015.

KRENAK, Ailton. *Ideias para adiar o fim do mundo*. São Paulo: Companhia das Letras, 2019.

LÉVI-STRAUSS, Claude. *Antropologia estrutural*. Trad. de Beatriz Perrone-Moisés. São Paulo: Ubu, 2018.

LIMEIRA, José Carlos; SEMOG, Éle. *Atabaques*. Rio de Janeiro: Max, 2006.

MANDELA, Winnie. *Parte de minha alma*. Org. de Anne Benjamin. Rio de Janeiro: Rocco, 1986.

MARTINS, Leda Maria. *Afrografias da memória: o reinado do Rosário no Jatobá*. São Paulo: Perspectiva, 2021.

_____. *Performances do tempo espiralar, poéticas do corpo-tela*. Rio de Janeiro: Cobogó, 2021.

MILLS, Charles W. *O contrato racial*. Trad. de Téofilo Reis e Breno Santos. São Paulo: Zahar, 2023.

NASCIMENTO, Abdias. *O genocídio do negro brasileiro: processo de um racismo mascarado*. São Paulo: Perspectiva, 2016.

NASCIMENTO, Beatriz. "Nossa democracia racial" [1974]. In: *Uma história feita por mãos negras*. Org. de Alex Ratts. São Paulo: Zahar, 2021.

_____. *Beatriz Nascimento, quilombola e intelectual: possibilidades nos dias da destruição*. Org. de UCPA. São Paulo: Filhos da África, 2018.

_____; LOPES, Helena Theodoro; SIQUEIRA, José Jorge. *Negro e cultura no Brasil: pequena enciclopédia da cultura brasileira*. São Paulo: Unesco/Unibrade-Centro de Cultura, 1987.

NATIONAL ARCHIVES. *Plessy vs. Ferguson*, 1896. Disponível em: <www.archives.gov/milestone-documents/plessy-v-ferguson>. Acesso em: 24 jan. 2025.

OGAWA, Yoko. *A polícia da memória*. Trad. de Andrei Cunha. São Paulo: Estação Liberdade, 2023.

OLIVEIRA, Eduardo. *A ancestralidade na encruzilhada: dinâmica de uma tradição inventada*. Rio de Janeiro: Ape'ku, 2021.

ORWELL, George. *1984*. Trad. de Heloisa Jahn e Alexandre Hubner. São Paulo: Companhia das Letras, 2009.

PARRISH, Mary E. Jones. *A nação precisa acordar: meu testemunho do Massacre Racial de Tulsa em 1921*. Trad. de Carlos Alberto Medeiros. São Paulo: Fósforo, 2022.

PEREIRA, Edimilson de Almeida. *Nós, os Bianos*. Belo Horizonte: Mazza Edições, 1996.

RANCIÈRE, Jacques. *Dissensus: On Politics and Aesthetics*. Trad. de Steven Corcoran. Nova York/Londres: Bloomsbury, 2010.

RATTS, Alex; RIOS, Flavia. *Lélia Gonzalez: retratos do Brasil negro*. São Paulo: Selo Negro Edições, 2010. (Coleção Retratos do Brasil Negro.)

REIS, Vilma. *Atucaiados pelo Estado: as políticas de segurança pública implementadas nos bairros populares de Salvador e suas representações, 1991-2001*. Salvador: Universidade Federal da Bahia, 2005. 247 pp. Dissertação (Mestrado em Ciências Sociais).

ROBINSON, Randall. *The Debt: What America Owes to Blacks*. Nova York: Penguin Random House, 2000.

ROLPH-TROUILLOT, Michel. *Silenciando o passado: poder e a produção da história*. São Paulo: Cobogó, 2024.

ROMANDINI, Fabián Ludueña. *A comunidade dos espectros, 1. Antropotecnia*. Trad. de Alexandre Nodari e Leonardo D'Ávila. Florianópolis: Cultura e Barbárie, 2012.

RUBIM, Linda; ARGOLO, Fernanda (Orgs.). *O golpe na perspectiva de gênero*. Salvador: Edufba, 2018.

SEIFERT, Charles. *The Negro's or Ethiopian's Contribution to Art*. Nova York: The Ethiopian Historical Publishing Co., 1938.

SANTOS, Antônio Bispo dos. *A terra dá, a terra quer*. São Paulo: Ubu, 2023.

_____. *Colonização, quilombos: modos e significações*. Brasília: INCTI/UnB, 2015.

SILVA, Denise Ferreira da. *A dívida impagável: uma crítica feminista, racial e anticolonial do capitalismo*. Trad. de Nathalia Silva Carneiro, Viviane Nogueira, Jéfferson Luiz da Silva, Roger Farias de Melo e Nicolau Gayão. São Paulo: Zahar, 2024.

SILVA, Mário Augusto Medeiros da. "Livrarias negras no Sudeste brasileiro (1972-2018)". *Dados*, v. 67, n. 2, 2024. Disponível em: <www.scielo.br/j/dados/a/RdZJYXTMkKFHjNcbSPjyVth>. Acesso em: 17 jan. 2025.

SPIVAK, Gayatri Chakravorty. *Pode o subalterno falar?* [1988]. Trad. de Sandra Regina Goulart Almeida, Marcos Pereira Feitosa e André Pereira Feitosa. Belo Horizonte: Editora UFMG, 2010.

THEODORO, Helena. *O negro no espelho: implicações para a moral social brasileira do ideal de pessoa humana na cultura negra*. Rio de Janeiro: Universidade Gama Filho, 1985. 258 pp. Tese (Doutorado em Filosofia).

WALKER, Alice. *Vivendo pela palavra*. Trad. de Aulyde Soares Rodrigues. Rio de Janeiro: Rocco, 1998.

WILDERSON III, Frank B. *Afropessimismo*. Trad. de Rogerio W. Galindo e Rosiane Correia de Freitas. São Paulo: Todavia, 2022.

WRIGHT, Richard. *Filho nativo*. Trad. de Fernanda Silva e Sousa. São Paulo: Companhia das Letras, 2024.

Índice remissivo

1619 Project, The: A New Origin Story [Projeto 1619: uma nova história de origem] (Hannah-Jones), 238-9, 244, 246-7, 250, 266
1984 (Orwell), 239

abolição, inconclusa, 132
abolicionismo penal, 211-2, 230, 232
Abolicionismo. Feminismo. Já. (Davis, Dent, Meiners e Richie), 119
Achebe, Chinua, 103n
ações afirmativas, 8, 34, 74, 118, 153-4, 224, 253, 271
África do Sul, 137, 167, 270
África e a reparação, 117
African-American Redress Network [Rede de Reparação Afro-Americana], 147
afro-americanos, relação com afro-brasileiros e afro-latinos, 167
afro-brasileiros, 34-5, 51
afro-confluente, 38
afrofuturismo, 261
Afrografias da memória (Martins), 123
afro-latinos, 167
Afropessimismo (Wilderson), 88, 106
afro-pindorâmico, 38
Água de barrela (Cruz), 76n, 111
Aiyê (mundo), 84

Alabama, Museu do Linchamento, 150
Álbum de família (filme), 193
alfabetização, 30
alianças contra o racismo, 252, 254
Almeida Pereira, Edimilson de, 26, 204
alimentos ultraprocessados, 87
Alves, Renata, 196
ancestralidade, 83
ancestralidade na encruzilhada, A: dinâmica de uma tradição inventada (Oliveira), 179
Andrada e Silva, José Bonifácio de, 59
Angelou, Maya, 143
animalidade, 90, 92
Anísio, Chico, 68
Antígona (Sófocles), 67
Antropologia estrutural (Lévi-Strauss), 95n
apartheid, 167-8, 253
Araújo, Vera Lúcia Santana, 122
Arendt, Hannah, 45
Arquivo Nacional, 195
Assessoria de Verdade da Escravidão, 63
Associação Comercial da Bahia (ACB), 49
Associação Nacional para o Avanço das Pessoas de Cor (NAACP), 264
ativismo negro feminino, 113

Ato Antifascista e Antirracista (São
    Paulo), 185
Atucaiados pelo Estado (Reis), 124
Ayangalu (orixá), 21

Bâ, Amadou Hampâté, 45, 61
Bahia, segurança pública na, 110
Bairros, Luiza, 118
Baldraia, Fernando, 73-107
Baltimore, Maryland, 245
Banco Mundial, 162-3
Barbados, 152
Barbosa, Ruy, queima dos arquivos
    da escravidão, 131-2, 260
Barroso, Luís Roberto, 135
Becos da memória (Evaristo), 32-3, 35
Benim, 19-21, 152
Benjamin, Anne, 136
Bento, Cida, 79
Bíblia, 18, 37
Biblioteca Municipal de São Paulo, 266
Biden, Joe, 161
Biko, Steve, 49, 168; sobre a memória, 49
Biu da Gaviões, 188, 196
Black Lives Matter, 145, 156, 161, 267
blackface, 66
Bland, Sandra, 145
Bolsa Família, 224
Borba Gato (estátua em São Paulo),
    queima, 187, 192, 196-8
Borel, chacina do, 65
Borges, Juliana, 209-35, 272
Bósnia, 61
Brand, Dionne, 181
branquitude, 73-107; capitalismo,
    modernidade e, 81, 87, 92; como
    resultado do racismo, 98; conceito,
    74-5; débito da, 101-2; e reparação, 78
Brito, Luciana da Cruz, 125, 270-4
Brown, Mike, 145, 156
Buarque, Chico, 67, 123
Bush, Cori, 156
Butler, Octavia, 83

Cabral Filho, Sérgio, 228
Cadernos Negros (Quilombhoje), 39
Camões, Luís de, 55
Campos, Laudelina, 273

Capanema, Sílvia, 63
capitalismo: branquitude e, 81, 87, 92;
    entrelaçamento com o racismo, 81
Cardi B, 167
Cardoso, Edson Lopes, 45-70, 85, 99,
    112, 118, 123, 128, 272
Cardoso, Sérgio, 66
Caribe, 62, 159; e a reparação, 117
Caricom (Comunidade do Caribe), 152,
    163
"carne, A" (canção), 90
Carneiro, Édison, 68, 69n
Carneiro, Sueli, 137, 221, 266, 273
Carvalho, Flávia Martins de, 122
Castro Alves, Antônio, 50
CeAfro, 56
Centrão, 66, 137
Centro de Direitos Civis Thurgood
    Marshall, 145
Césaire, Aimé, 117
Chagas, Mario, 175-207
Chaui, Marilena, 211
Chico City (programa de TV), 68
Christie, Nils, 231-2
Cici de Oxalá *ver* Ebomi Cici de Oxalá
cidadania, direito do negro à, 51-2, 112,
    238, 241
Ciudad Juarez (México), 111
Coalizão Negra por Direitos, 124, 237,
    276
Coates, Ta-Nehisi, 268
coletivo André Rebouças, 138
coletivos negros, 82
Colômbia, 152
colonização, 42, 45; ONU como parceira
    do projeto colonial, 159
*Colonização, quilombos: modos e
    significações* (Bispo), 38
Combahee River Collective, 268
Comissão da Anistia (2002), 133
Comissão da Verdade, 274
Comissão de Direitos Humanos (Rio de
    Janeiro), 63, 111
Comissão Especial de Combate ao
    Racismo no Brasil, 217
Comissão Estadual da Verdade da
    Escravidão Negra (CVENB), 63n, 178
comunicação, na favela, 197

comunidade dos espectros, A (Romandini), 90n
comunidades quilombolas *ver* quilombos
Conceição Júnior, Gabriel Silva da (vítima da violência policial), 219n
concentração de renda, mundial, 107
Conferência Mundial contra o Racismo, Discriminação Racial, Xenofobia e Intolerância Correlata (Durban, 2001), 65, 143, 257, 270
Confins (MG), 33
Congo, 193
Congresso Nacional Africano (CNA), 167, 168n
Congresso Nacional e as candidaturas negras, 134
Constituição Brasileira (1988), descendentes de africanos e indígenas na, 52
Constituinte de 1946, 138
contrato racial, O (Mills), 79-80
Convenção do Congresso Negro (EUA), 168
Cony, Carlos Heitor, 54-5
Correio Braziliense, 63
Costa, Humberto, 53
Costa, Joel Luiz, 266
cotas, política de, 64, 115, 123; *ver também* ações afirmativas
covid-19, pandemia de, 183, 267
crime do cais do Valongo, O (Cruz), 111
Crime e castigo (podcast), 230
Criola (ONG), 237
Cruz, Eliana Alves, 76, 111
Cuba, 21; relação com os afro-americanos, 168
cultura afro-brasileira, 15
culturas ancestrais, cristianismo e, 28
Cunha, Mônica, 209-35, 272
Cunha, Rafael da Silva (vítima da violência policial), 234

Davis, Angela, 119
De, Jeferson, 135
Dealdina, Selma, 109-41
Declaração de Durban (ONU), 251
defeito de cor, Um (Gonçalves), 16n, 34, 193, 200, 260

Defensoria Pública da União (DPU), 195
democracia, 85, 94, 112
democracia racial, mito da, 86, 133
Dent, Gina, 119
desAiyê (grupo de pesquisa), 84, 275
desenvolvimento, 94
Diário de Bitita (Jesus), 27
diáspora negra, 145-6
dilatação da humanidade, 67
direitos dos entregadores, 273
direitos humanos, 140; violação pela polícia de São Paulo, 224n
Dissensus (Rancière), 105
ditadura militar, 133, 260
Dívida: os primeiros 5 mil anos (Graeber), 106
dívida impagável, A (Silva), 83n, 98n
Djonga, 198
d. Dalva (Maria Dalva Correia), 65
Douglass, Frederick, 249
Du Bois, W. E. B., 264
Durban, Conferência de *ver* Conferência Mundial contra o Racismo, Discriminação Racial, Xenofobia e Intolerância Correlata (Durban, 2001)

Ebomi Cici de Oxalá, 9, 15-22, 25, 31, 81, 115, 210, 272, 274
educação: currículo inclusivo, 171; ensino da história negra e indígena, 52-4, 74, 169
Egungun, 21
Eichmann em Jerusalém: um relato sobre a banalidade do mal (Arendt), 45n
encarceramento, 227
envolver vs. desenvolver, 39
Escola Beatriz Nascimento, 125
escravidão, 46-7; apagamento da, 132; como crime de lesa-humanidade, 66, 78-9, 85, 143; como genética do negro, 240; direitos humanos e, 133; esquecimento como reação à, 48; esquerda, supremacia branca da, 112; Estado brasileiro, reconhecimento do papel da escravidão, 210; historiografia

da, 73; negação do crime pela desumanização do negro, 86-7; no Brasil, 198; nos Estados Unidos, 219, 238-69
Estado de exceção, como normalidade na vida periférica, 211
Estado democrático de direito, população negra e, 210
Estado-nação, projeto de, 59; Estado de direito, 240, 264
Estados Unidos, 62, 85, 106, 144-72, 209; e a reparação, 117; ensino da história negra nos, 149, 244; escravidão nos, 219, 238-69; extrema direita nos, 271; hipocrisia na fundação dos, 252; linchamentos, 151; proporção de negros nos, 252
Estatuto da Criança e do Adolescente (ECA), 214
estupro, 85
"Eu, mulher negra, parlamentar, favelada: resistir é pleonasmo" (Franco), 120
Evaristo, Conceição, 25-42, 51, 76, 111, 128, 273
exclusão, 91
extrema direita, avanço mundial da, 110, 271

Fanon, Frantz, 76, 89, 96
Felisberto, Fernanda, 119
Félix, Ágatha (vítima da violência policial), 234
Ferguson, Missouri, 156
Fernandes, Florestan, 138
Ferreira da Silva, Cláudia (vítima da violência policial), 234
Ferreira da Silva, Denise, 61, 97
Ferreira, Ben-Hur, 52-3
Ferreira, Viviane, 135
Filho nativo (Wright), 118-9
Floyd, George, 160, 185, 267
Folha de S.Paulo, 54, 65
Fonte de Nanã (Salvador), 57
Ford, 52
Fórum Permanente das Nações Unidas de Afrodescendentes, 145, 162, 167, 169

França, 107, 152
Franco, Marielle, 111, 120, 217, 234
Freire, Paulo, 31
Freyre, Gilberto, 59
Fundação Palmares, 50, 126
Fundação Pierre Verger, 21
Fundo Monetário Internacional (FMI), 162-3
funk, 82, 182

G20, 62, 162
Galo de Luta, 175-207, 273
Gama, Luiz, 266
Gana, 152
garantismo, 229
Garcia, Esperança, 178, 181, 266
Garcia, Léa, 136
garimpo ilegal, 103
Garvey, Marcus, 125, 166; sobre a memória, 125
genocídio do negro brasileiro, O (Nascimento), 260
George Floyd Justice in Policing Act [Lei George Floyd de justiça no policiamento] (EUA), 160
Glissant, Édouard, 26
GloboNews, 102
golpe na perspectiva de gênero, O (Rubim e Argolo, orgs.), 120
Gomes, Nilma Lino, 68
Gonçalves, Ana Maria, 34, 175-207, 260, 266
Gonzalez, Lélia, 35, 96, 111, 121, 138, 181-2, 266
Graeber, David, 106
Gray, Freddie, 245
Grossi, Esther, 53
Grupo Tez de Campo Grande, 52
Guajajara, Sonia, 182
Guardian, The, 62
Guarujá (SP), 224
guerra às drogas, 140, 226; como complô racista mundial, 164-5
guerra civil dos Estados Unidos, 239
Guerra de Canudos, 195
Guimarães Rosa, João, 33

Haiti, 82, 106; e os afro-americanos, 168; movimentos de reparação financeira, 152
"Haiti" (canção), 64
Hall, Stuart, 69
Hampton Jr., Fred, 204
Hannah-Jones, Nikole, 219, 237-69
Hansford, Justin, 143-72, 204
Hartman, Saidiya, 83n, 85
Hegel, Georg Wilhelm Friedrich, 82
Helping Families Heal Act [Lei para ajudar as famílias a se curarem] (EUA), 156
Hermes, Manuellita, 122
Higienópolis (estação de metrô em São Paulo), 120
hip-hop, 144, 147, 153, 167, 182
história, 244
história africana, ensino nas escolas brasileiras, 52-4, 74, 169
história do Brasil: contribuição dos descendentes de africanos e indígenas na, 52-5
história feita por mãos negras, Uma (Nascimento), 119
Holanda, 158; dívida com os afro-brasileiros, 163-4
Holocausto, 78-9, 88
hooks, bell, 116
Huck, Luciano, 183
Hurston, Zora Neale, 121

Iansã, 21
Ibirapitanga, Instituto, 66, 111, 270
identitarismo, 84
Ilê Aiyê, 84n, 130
Ilexá (Nigéria), 21
imigração nas Américas, 26
Índia, estupros em massa na, 230
Inglaterra, 62, 230
Iniciativa Negra por uma Nova Política sobre Drogas, 164
Instagram, história negra no, 170
Instituto Cultne, 48n, 237
Instituto de Defesa da População Negra (IDPN), 266
Instituto de Pesquisa das Culturas Negras (IPCN), 237
Instituto de Pesquisas e Estudos Afro-Brasileiros (Ipeafro), 237
Instituto do Patrimônio Histórico e Artístico (Iphan), 50, 99-100
Instituto Moreira Salles (IMS), 193
Instituto Nacional de Colonização e Reforma Agrária (Incra), 123
Insubmissas lágrimas de mulheres (Evaristo), 40, 119
integração, 105
"intelectual do ano, O" (Cony), 54n
internet, 87
Irohin (jornal), 56
Islã, 20

Jay-Z, 184
Jesus, Alex de, 73-107, 112-3
Jesus, Carolina Maria de, 27, 33, 126
João Pedro (vítima da violência policial), 234
João VI, d., 50
Johnson, Lyndon B., 154
Jornal Nacional, 68, 102
jornalismo, 244; ativismo e, 249-50
judeus, 88

Kindred (Butler), 83
King Jr., Martin Luther, 239
Kitabu Livraria Negra, 119
Kopenawa, Davi, 97
Krenak, Ailton, 38, 92

Larkin, Elisa, 61
Lei da Anistia (1979), 133
Lei de Ação Afirmativa (EUA), 146
Lei de Segurança Nacional, 138
Lei Orgânica das Polícias, 221
Lévi-Strauss, Claude, 95
LGBTfobia, 231
LGBTQIAPN+, 273
Lima Barreto, Afonso Henriques de, 60-1
Limeira, José Carlos, 120
linchamento, 150-2, 264-5; como crime econômico, 264

linguagem, 37, 75, 79, 82, 91-2, 160, 244, 258
línguas africanas, 35
línguas indígenas, 35
Lira, Arthur, 131
literatura, 203
Londres, 170
Lula da Silva, Luiz Inácio, 63, 131
Lusíadas, Os (Camões), 55

M8 (filme), 135
Machado de Assis, Joaquim Maria, 138
maconha, legalização da, 164-6, 203
Mãe Bernadete (Bernadete Pacífico), 113, 122-3; assassinato de, 109-10
Mãe Lindaura de Xangô, 200
Mãe Meninazinha de Oxum, 177
Mães de Acari, 226, 233
Mães de Maio, 132
Magalhães Neto, Antônio Carlos, 127
Mahin, Luíza, 121
major Denice, 121n
Malcolm X, 189
Malcolm X Grassroots Movement, 144
Mandela, Nelson, 136, 168
Mandela, Winnie, 136
Marçal, Debora, 136
Marco Temporal, 140
Marcondes, Heloisa, 119
Marcos Vinicius (vítima da violência policial), 234
Maria Eduarda (vítima da violência policial), 234
Marighella, Carlos, 137
Márquez, Francia, 152
Martin, Trayvon, 145
Martins, Leda Maria, 26, 123, 179-80, 273
Marx, Karl, 31, 67
marxismo, 31
Mastruz com Leite (banda), 184
mediação de conflitos, 212
Meiners, Erica, 119
Melo, Laudelina de Campos, 126
memória, 28, 45, 49, 56-7, 73-107, 114, 127, 129, 150, 175-207, 265, 273; Beatriz Nascimento sobre, 256; coletiva, 86; como parte da reparação, 143, 149-50, 152, 154, 156, 175, 177, 272; comunitária, 57, 76; da luta, 109-41; histórica, 77, 83, 169, 268; negra, 25-42, 102, 220, 237, 273
Memória do Mundo, 195
Memphis, Tennessee, 263
Mendonça, Tássia, 25-42
Mills, Charles, 79-80, 87
Milošević, Slobodan, 61
Minas Gerais, 26
Ministério dos Direitos Humanos e da Cidadania (MDHC), 195
monoteísmo, 31, 36-7, 41
Moser, Ana, 137
Mott, Luiz, 178
Mottley, Mia, 152, 163
Moura, Wagner, 137
movimento de familiares de vítimas, 215, 226, 233
Movimento de Mulheres Negras, 118, 266
Movimento Moleque, 226
Movimento Negro e Educador (MNE), 68
Movimento Negro Unificado (MNU), 50, 52-3, 102, 118, 128, 130, 221, 237, 254, 266
Movimento pelos Direitos Civis (EUA), 261
mudanças climáticas, caráter transnacional das, 163
mulher negra: negação da, 128; opressão e, 268; *ver também* negro
mundo se despedaça, O (Achebe), 103
Muniz, Jamira, 137-8
Muniz, Raimundo, 137-8
Museu da História e da Cultura Afro-Brasileira (MUHCAB), 47n
Museu da República, 175, 195
Museu da Tortura Policial de Chicago, 151
Museu de Arte do Rio (MAR), 126
Museu do Linchamento (Alabama), 150
Museu Nacional da História Afro-Americana (Washington), 152

Nascimento, Abdias, 61, 259-60
Nascimento, Beatriz, 46, 69-70, 111, 114, 119, 121, 138, 223, 256

Nascimento, Valdecir, 274
Naturale (empresa), 124
Nego Bispo (Antônio Bispo dos Santos), 25-42, 74, 76, 79, 92, 97, 273
negro: cidadania e, 51-2, 112, 238, 241; desumanização do, 86-7, 91, 101, 117, 220, 222; "problema negro", 250-2; *ver também* mulher negra
negros, Os (peça teatral), 60
negros, pretos e pardos, 121
neoliberalismo, 81
New York Times, The, 238, 246-8, 278
Nigéria, 20
Nosso Sagrado (coleção de objetos religiosos), 175, 194

Obama, Barack, 152, 161
Odara, Instituto, 119
ódio, 129, 198; como impulso, 126; racial, 110
Oeiras (Piauí), 28
"Olho de tigre" (canção), 198
Olhos d'água (Evaristo), 39-40, 111
Oliveira, Eduardo, 179, 181
Oliveira, Flávia, 102
Oliveira, Nathália, 143-72
ONU, 143, 145; como parceira do projeto colonial, 159; Conselho de Segurança, 162
Operação Escudo (polícia paulista), 224
oralidade, 30, 32, 34-5, 203
Ordem dos Advogados do Brasil (OAB), 178
Orum, 18
Ouro Preto (MG), 51
Oxalá, 20
Oxóssi, 22
Oxum, 19
Oyá, 19, 22
Oyó, 20

Pacífico, Bernadete *ver* Mãe Bernadete
Paes, Eduardo, 217
Países Baixos *ver* Holanda
Palmares, 182
pan-africanismo, 166-9
Papa-Léguas (Ademar Olímpio da Silva), 119

Paraisópolis, São Paulo, massacre de, 196
Paredão (festa de periferia em Salvador), 127
Parte de minha alma (Mandela), 136
Partido da Mobilização Nacional (PMN), 185
Partido Novo, 134
partilha do sensível, 89
patrimônio, 99
Paulino, Rosana, 193
Pele negra, máscaras brancas (Fanon), 96
Performances do tempo espiralar (Martins), 180
permacultura, 31
Pernambuco, 135
Perry, Andre, 251
Pesqueiro da Conceição de Salinas, 202
Piauí, 28, 178
Pitanga dos Palmares, 123
Plano Safra, 115
Plessy vs. Ferguson (caso judicial), 240
"Pode o subalterno falar?" (Spivak), 91
polícia: racismo da, 228; violência da *ver* violência policial
polícia da memória, 56
politeísmo, 36
Ponciá Vicêncio (Evaristo), 27
Portela (escola de samba), 201
Portinari, Cândido, 50
Portugal, dívida com os afro-brasileiros, 163-4
"problema negro", 250-2
Programa Juventude Viva, 224
PSOL, 134

quantidade razoável de crime, Uma (Christie), 231
Quarta parede (v. 3) (álbum), 205
"Que tal um samba?" (canção), 67, 123
queda do céu, A (Kopenawa, Albert), 97
quilombo do Caipora, Bahia, 109
quilombos, 57, 129

raça, 16
Racionais MC's, 182

racismo, 45-7; antinegro, 68-9; como hegemônico, 96; como produto da escravidão, 210; criminalização do, 232; entrelaçamento com o capitalismo, 81; estrutural, 89; lei contra, 230; policial, 228
Rádio Novelo Apresenta (podcast), 230
Ramos, Paulo, 224
Rancière, Jacques, 105
rap, 144
Rappa, 90
Rede de Historiadoras e Historiadores Negros, 237
redes sociais, 91
Regents of the University of California vs. Bakke (caso judicial), 154
Reis, Maria Firmina dos, 181
Reis, Vilma, 49, 56, 109-41, 272
religiões afro-brasileiras, 176
Rent One, 243
reparação: capitalismo e, 107; cinco elementos da, 149; como essencial para a democracia, 63; como objetivo da luta, 62; conceito indígena de, 159; e a dignidade das pessoas escravizadas, 66; financeira, 146; futuro e, 258-9; justiça racial e, 147; memória e, 55, 150; na ONU, 145; no nível local, 161; nos Estados Unidos, 148; ônus do Estado, das empresas e pessoas beneficiadas pela escravidão, 242; revolução e, 105-6, 113, 211; satisfação e, 158; termo, 74
Revolta da Chibata, 63
Revolta dos Malês, 182
revolução vs. reparação, 105-6, 113
Richie, Beth, 119
Rihanna, 146
Rio de Janeiro, 216n
Robinson, Randall, 168
Rodrigues, André, 201
Roland, Edna, 65
Rolnik, Iara, 92
Rolph-Trouillot, Michel, 46
Rosa, Evaldo (vítima da violência policial), 234
Rubim, Linda, 120

Salinas da Margarida (BA), 202
Salomão, Salloma, 45-70, 74, 81, 107, 273
Salvador (BA), 56, 137, 198; população negra de, 136
Santana, Bianca, 237-69
Santos, Antônio Bispo dos *ver* Nego Bispo
Santos, Ivanir dos, 62, 65
Santos, Ynaê Lopes dos, 45-70, 112
São Paulo: segurança pública em, 222
satisfação, como elemento da reparação, 158
saúde pública, disparidade entre brancos e negros, 154
Schucman, Lia Vainer, 73-107, 117, 141
Secretaria do Patrimônio da União (SPU), 123
Segundo Festival Mundial de Artes e Culturas Negras e Africanas (Nigéria), 259
segurança pública, câmeras corporais, 223
Selassie, Haile, 19
Senado Federal, 221
Serrano, Rodrigo (vítima da violência policial), 234
Seu Jorge, 137
Seus olhos viam Deus (Hurston), 121n
silêncio, 25, 27
Silva, Ademar Olímpio da (Papa-Léguas), 119n
Silva, Benedita da, 141, 217
Silva, Luiz Orlando da, 118
Soares, Elza, 90
sociedade urbana, natureza e, 94
songai (povo), 179
SOS Corpo, 135
Spivak, Gayatri, 91
Suplicy, Eduardo, 190
Suprema Corte (EUA), 154, 240
Supremo Tribunal Federal (STF), 140; movimento por ministras negras no, 122, 131, 178, 228, 266

tecnologia, 87
Teia dos Povos, 202
"Tempo (Interlúdio)" (poema), 205-6

terra dá, a terra quer, A (Bispo), 30, 36, 38
Theodoro, Helena, 26
Thomaz, Fernanda, 109-41, 274
TikTok, 170
tortura, 156
trabalhadoras domésticas, 126, 273
tráfico de africanos, como crime de lesa-humanidade, 66, 143
TransAfrica, 168
Trump, Donald, 157, 259n, 271
Tubman, Harriet, 268
TV Câmara, 234

União Africana, 152, 162
Universidade Columbia, 148
Universidade da Pensilvânia, 157
Universidade Federal da Bahia (UFBA), 179; Faculdade de Comunicação da, 120
Universidade Federal do Recôncavo da Bahia (UFRB), 141
Universidade Howard, 148, 154, 156, 225, 247, 262

UPP: a redução da favela a três letras (Franco), 120
utopias, 81, 113
Vaz, Lívia, 131
Veloso, Caetano, 64
violência, 59, 64, 70, 106, 110, 209-35; negra e revolucionária, 107; no Brasil, 225; vítimas negras da, 65, 109-11, 113, 124, 218, 245
violência policial, 65, 127, 156, 211, 221, 226, 245, 272; como fonte de estresse, 157; nos Estados Unidos, 157, 160-1
Vivendo pela palavra (Walker), 220

Walker, Alice, 121, 220
Wells, Ida B., 262, 264-5
Wilderson III, Frank B., 88
Wright, Richard, 119n

Xangô, 19-21, 200-1

yanomami, 97, 103-4

Zudizilla, 205

Copyright © 2025 Autores desta edição

Todos os direitos reservados. Nenhuma parte desta obra pode ser reproduzida, arquivada ou transmitida de nenhuma forma ou por nenhum meio sem a permissão expressa e por escrito da Editora Fósforo.

Fósforo
DIRETORAS EDITORIAIS Fernanda Diamant e Rita Mattar
EDITORAS Eloah Pina e Juliana de A. Rodrigues
ASSISTENTE EDITORIAL Millena Machado
PREPARAÇÃO Leonardo Ortiz
REVISÃO Fernanda Campos e Pedro Siqueira
ÍNDICE REMISSIVO Probo Poletti
ILUSTRAÇÕES Mayara Ferrão
DIRETORA DE ARTE Julia Monteiro
CAPA Equipe Fósforo
PROJETO GRÁFICO Alles Blau
EDITORAÇÃO ELETRÔNICA Página Viva

Ibirapitanga
IDEALIZAÇÃO E CURADORIA DO SEMINÁRIO Andre Degenszajn, Iara Rolnik, Luciana da Cruz Brito e Tássia Mendonça
COORDENAÇÃO EDITORIAL Iara Rolnik, Juliana Maia Victoriano e Tássia Mendonça
EDIÇÃO E REVISÃO Iara Rolnik, Mohara Valle e Tássia Mendonça

CIP-BRASIL. CATALOGAÇÃO NA PUBLICAÇÃO
SINDICATO NACIONAL DOS EDITORES DE LIVROS, RJ

R336

    Reparação : memória e reconhecimento / organização Ibirapitanga, Luciana da Cruz Brito ; apresentação Ebomi Cici de Oxalá ; posfácio Luciana da Cruz Brito. — 1. ed. — São Paulo : Fósforo, 2025.

    ISBN: 978-65-6000-106-0

    1. Movimentos sociais — Brasil. 2. Negros — Brasil. 3. Racismo — Brasil. 4. Identidade racial. 5. Antirracismo. 6. Racismo — Aspectos sociais. I. Instituto Ibirapitanga. II. da Cruz Brito, Luciana. III. Cici, Ebomi.

25-96922.0
CDD: 305.896081
CDU: 323.1(81)

Gabriela Faray Ferreira Lopes — Bibliotecária — CRB-7/6643

Editora Fósforo
Rua 24 de Maio, 270/276, 10º andar, salas 1 e 2 — República
01041-001 — São Paulo, SP, Brasil — Tel: (11) 3224.2055
contato@fosforoeditora.com.br / www.fosforoeditora.com.br

Este livro foi composto em GT Alpina e
GT Flexa e impresso pela Ipsis em papel
Golden Paper 80 g/m² para a Editora
Fósforo em maio de 2025.

A marca FSC® é a garantia de que
a madeira utilizada na fabricação
do papel deste livro provém de
florestas gerenciadas de maneira
ambientalmente correta, socialmente
justa e economicamente viável e de
outras fontes de origem controlada.